KB004821

내면의 삶

인생은 어떻게 풍요로워지는가

Petit traité de vie intérieure by Frédéric Lenoir
Copyright © 2010 by Plon

All rights reserved.
This Korean edition was published by Mindcube in 2023 by arrangement with
PLON, a department of Place des éditeurs through KCC(Korea Copyright Center
Inc.), Seoul.

이 책은 (주)한국저작권센터(KCC)를 통한 저작권자와의 독점계약으로 마인드큐브에서
출간되었습니다. 저작권법에 의해 한국 내에서 보호를 받는 저작물이므로 무단전재와
복제를 금합니다.

Petit traité de
vie intérieure

내면의삶

인생은 어떻게 풍요로워지는가

프레데리크 르누아르 지음 강만원 옮김

내면의 자유를 얻고
행복하게 살기 위한

삶의 지혜 20

마인드큐브

일러두기

1. 외국 고유명사는 '외래어 표기법'을 기준으로 삼았다.

2. 본문에서 인용한 성서구절은 『공동번역성서 개정판』(2017년, 대한성서공회 발행)을 저본으로 삼았다.

3. 원주는 본문에 숫자로 표시하고 본문 아래에 실었다.

4. 프레데리크 르누아르의 Petit traité de vie intérieure는 2014년에 『젊은 날, 아픔을 철학하다』(강만원 역, 창해)라는 제목으로 국내에서 출판되었다. 『내면의 삶』은 Place des éditeurs와 정식 계약을 맺고 새로 번역한 책이다.

행복은 바깥에서 찾는 것이 아니라
내면에 있는 것을 발견하는 것이다!

− 아우구스티누스 −

프롤로그

존재는 사실이며 삶은 예술이다

존재한다는 것은 사실이며, 산다는 것은 예술이다. 우리가 삶을 선택하지 않았지만, 우리는 피아노를 배우고 요리를 배우고 돌과 나무로 조각하는 방법을 배우듯 우리는 '행복하게 사는 방법'을 배워야 한다. 가르치는 것은 물론 교육의 역할이다. 그러나 현대 교육은 점점 실용적인 관점에서 '성공하는 방법'에 몰두할 뿐, '행복하게 사는 방법'을 말하려 하지 않는다.

외부의 도전에 대해서는 많은 말을 하면서도 정작 '좋은 삶'을 살기 위해 반드시 필요한 내부의 도전에 대해서는 별로 말하지 않는다. 그러나 '좋은 삶'은 외부의 조건을 향상시키는 데 만족하지 않는다. '내면의 삶'을 아름답게 가꿔야 하며, 삶의 본질에 대해 과감하게 묻고 대답할 수 있어야 한다. 간단하게 요약하자면 다음과 같은 질문이다.

사람은 어떻게 자신, 그리고 다른 사람과 더불어 평화롭게 지낼 수 있는가?

어떻게 고통에 대응하는가?

어떻게 자신을 알 수 있으며, 내면의 모순과 갈등을 해결할 수 있는가?

어떻게 내면의 자유를 얻을 수 있는가?

어떻게 사랑하는가?

결론적으로 어떻게 우리는 재물의 축적과는 다른, 자신과의 내적 관계에서 비롯되는 진실하고 지속적인 행복에 다다를 수 있는가?

수천 년 동안 종교는 나름대로 내면의 삶에 대해 가르치는 역할을 해왔지만, 시간이 흐르면서 선도의 기능이 점점 퇴색했다. 현대 종교는 외형의 규범에 치우치면서 서서히 본질적 가치를 잃고 있다. 내면의 삶을 바른 방향으로 인도하기 위한 종교의 본래 기능을 제대로 해내지 못하기 때문이다.

종교가 인간의 정신세계에 대한 영향력을 잃어가는 이유는, 지나치게 경직된 종교 이념을 내세우며 다른 가치에 대해 배타적 태도를 보이기 때문이다. 사람들은 삶의 '의미'를 찾고 있는 반면 종교는 '규범과 교리'를 제시하기에 급급하다.

종교는 소수의 신봉자들만 관심을 갖는 규범과 교의를 제정하려고 지나치게 노력한다. 그러면서 더 이상 인간의 아픈 영혼을 어루만지기 위해 종교가 바라보는 눈길과 언어와 방법을 새로 바꾸려는 노력은 좀처럼 기울이지 않는다. 현대인은 이제 종교의 교리나 규범에는 별로 관심이 없다. 그들은 바르게 사는 방법과 존재의 수수께끼에 초점을 맞추기 때문에 점점 형식적인 종교에 등을 돌리게 된다.

비인간적인 소비만능과 강압적인 교리를 강조하는 종교의 틈새에서 우리는 종교 대신 인성을 중시하는 철학과 인류의 소중한 지혜에 차츰 주목하게 된다. 공자에서부터 스피노자, 에피쿠로스와 플라톤, 그리고 아리스토텔레스를 거치면서 인류의 현인들은 내면의 삶에 필요한 양식과 함께 삶의 참된 가치를 개발하는 열쇠를 제공했다.

인성 철학의 새로운 지침을 통해 사람들은 삶을 추상적 관념의 대상으로 보지 않고 '있는 그대로'의 사실로 바라보고, 마침내 사실을 인정하며 이념적 허상이 아닌 실제에서 삶의 가치를 발견하기 시작했다.

삶을 있는 그대로 받아들인다는 말은 먼저 자신을 알고 현재의 삶, 즉 '지금, 여기에서' 살아가는 삶을 선택해야 한다는 말이다.

더불어, 자신을 다스리고, 내면의 침묵을 배우며, 가치 있는 선택이 무엇인지 깨닫는 것이다. 우리는 내면의 침묵을 통해서 마음의 동요를 가라앉히고 자신과 남을 용서하는 방법을 배운다.

현인들이 제공한 지혜의 열쇠는 오늘날에도 본질적 기능을 잃지 않았다. 여전히 우리에게 "어떻게 살아야 하는가?"라는 근본적인 질문에 해답을 제시하며 우리가 제대로 살아갈 수 있게 돕는다. 우리가 사는 세상은 비록 외적으로 많이 변했지만 인간의 내면은 본질적으로 언제나 같기 때문이다. 세상은 변하지만 인간의 본질은 변하지 않는다는 엄연한 진리가 존재하는 한, 현인들이 제시한 삶의 지혜는 시간과 공간을 뛰어넘어 우리에게 '좋은 삶'의 지침이 된다.

이를테면 2,500년의 역사를 지닌, 매우 오래된 가르침이지만 인간의 본성에 대한 붓다의 진단은 행복과 불행을 가름하는 진리로서 내면의 삶에 참된 가치를 부여한다.

무지(無知)가 모든 악의 근원이라는 소크라테스의 주장은 오늘날에도 완벽한 현재성을 지닌다. 미덕과 우정에 대한 아리스토텔레스의 가르침도 낡은 유물이 아니다. 또한 인간의 운명이나 자유의지에 대한 에픽테토스, 세네카, 아우렐리우스의 금언은 지금도 우리에게 변함없이 진실을 들려준다.

나 개인의 삶을 돌아보면, 나는 많은 독서를 통해 지혜의 스승들에게 조금이나마 가까이 다가설 수 있었다. 풍부한 독서는 인생의 아름다움과 진실, 선(善)의 가치를 일깨워 주었으며, 플라톤의 가르침은 삶의 위대한 원형을 다시 만나게 해 주었다. 특히 철학

공부는 나의 단조로운 지식을 깊이 있게 다듬어주고 내면의 삶에 대한 심층 탐색을 도와주었다. 종교의 영성과 인간의 심리라는, 성격이 다른 두 근원을 보다 풍부하게 가르쳐 준 것이다.

　나는 열여섯 살에 불교를 처음 만났다. 그때 만난 붓다의 가르침은 나의 내면에 서서히 뿌리내리면서 당위성과 실용성의 의미를 일깨워 주며 나에게 깊은 감동을 안겨주었다. 인도에 오랫동안 체류하면서 티베트 라마승들을 통해 불교의 가르침을 더욱 깊이 접할 수 있었고, 나의 삶에 긍정적인 변화를 안겨준 명상의 기초를 다질 수 있었다.

　열아홉 살에 다시 읽은 「복음서」는 나에게 더 깊은 감동을 안겨주었다. 그리스도에 대한 새로운 발견으로 예수는 나의 내면의 삶에 더 이상 과거의 스승으로만 머무르지 않게 되었다. 그리스도는 기도를 통해 언제나 다시 만날 수 있는, 영원히 살아있는 존재로서 나의 삶을 결정지었다. 나는 어린 시절 교리문답에서 배웠던 막연한 기억과는 전혀 다른, 새로운 그리스도교를 이해하게 되었다. 그때부터 나는 책 속의 그리스도가 아니라 삶의 그리스도, 실존하는 예수를 만난 것이다.

　곧이어 프로이트와 융을 통해 만난 정신분석학의 발견은, '자기개발'에서 유래하는 치료법과 마찬가지로 내면의 상처를 치유하는 계기가 되었다. 좀처럼 사라지지 않고 기생충처럼 끈질기게 달라 붙어 나를 심각한 열등감에 빠뜨렸던 마음의 상처들을 사실로 인정하자 고통을 치유하는 데 큰 도움이 되었다.

이 책은 동서양의 철학 사조부터 시작해서, 규범의 외피를 과감하게 벗어던진 그리스도의 살아있는 영성과 심층적인 심리학을 바탕으로 다듬어진 개인적 성찰의 열매다. 고통의 수렁에 갇혀있던 나를 새롭게 살 수 있게 돕고 일으켜 세워준 소중한 가치들을 독자들과 함께 나누는 것 외에 다른 바람이 없다.

조금 더 많은 독자들이 접근할 수 있도록 나는 이 책을 두 번에 나누어 작업했다. 강의 형식의 구어체로 기록한 내용을 글로 다듬어 다시 작업했음에도 구어체 흔적이 여전히 남아 있다. 여기에 담긴 내용들을 살펴보면 이전의 책들에 비해 개인적인 경험을 많이 다룬 것이 특징이다.

내가 영감을 받아 종종 인용하는 현인들의 경험을 주로 기록했고, 많이 망설였지만 말하지 않을 수 없었던 나의 경험을 덧붙였다. 이유는 간단하다. 나 자신에 대해서 솔직하게 말하지 않으면서 어떻게 다른 사람들의 내면의 삶에 대해 말할 수 있겠는가.

그러나 나 자신을 결코 하나의 위대한 모델로 삼지 않았다는 것만은 분명하다. 나는 여전히 마음 한구석에 삶의 어두운 부분을 간직하고 있으며, 내가 여기에서 다룬 현인들의 가르침을 제대로 지키며 사는 것도 아니다.

그러나 당당히 말할 수 있는 것은, 내가 전보다 분명 밝아졌고 많이 안정되었다는 사실이다. 나는 과거에 비해 훨씬 행복하다. 이 책이 나처럼 고통으로 신음하며 치유의 빛을 찾고 있는 다른 영혼들에게 도움이 되기를 바란다.

사랑은 우리 가까이에 있고, 내면의 자유를 얻을 수 있으며, 삶에는 반드시 기쁨이 존재한다는 사실을 깨달을 수 있을 것이다. 삶의 진정한 가치를 발견하려면 마음의 눈, 지성과 감성의 눈을 뜨기만 하면 된다.

감사의 글

이 책의 제작을 위해 소중한 도움을 준, 제난 카레 타르에게 진심으로 감사의 마음을 전한다. 또한, 훌륭한 저서들을 통해서 지적 탐색을 가능하게 도와주고, 나의 정신세계를 풍요롭게 만들어 준 철학자 친구들, 사무엘 루비루와, 앙드레 콩트-스퐁빌, 에드가 모랭, 레지스 드브레, 릭 페리, 알렉산드르 졸리안, 미셸 라쿠루아, 파브리스 미달에게 일일이 감사의 뜻을 전한다.

— 프레데리크 르누아르 —

차례

당신의 삶에 "예!"라고
대답하라

Petit traité de vie intérieure

우리는 종종 스스로 선택하지도 원하지도 않았지만 삶에 주어지는 피할 수 없는 많은 사실과 만나게 된다. 자신의 의지와 상관없이 삶에 주어진 사실들이라는 의미에서 나는 그것들을 삶의 '기저' 또는 간단히 '사실'이라고 부르겠다.

기저의 범주에는 우리의 고향, 가족, 우리가 사는 시대, 신체, 개성, 지성, 능력, 성격뿐 아니라 한계와 장애도 포함된다. 말하자면 끊임없이 일어나는 사건들이 기저가 될 수 있으며, 삶에 당장 영향을 주지만 우리가 통제할 수 없거나 마음대로 다룰 수 없는 것들이 삶의 구체적 기저가 된다. 우리가 맞닥뜨리는 사실에는 질병과 경제적 부침(浮沈)도 있으며, 늙음과 죽음도 있다. 많은 사람은 이런 사실들이 결국 인간의 운명을 결정짓는다고 말한다.

우리는 주어진 사실들을 마음속으로 거부할 수 있고 상황이 달라지기를 기대할 수 있다. 우리 모두 늙지 않고 병들지 않기를 바라며, 죽지 않고 오래 살기를 바란다. 어떤 사람은 자신에게 강요되는 사실의 굴레에서 벗어나기 위해 이미 익숙해진 문화와 가정을 버리고 고향을 등지기도 한다. 그런가 하면 어떤 사람은 자신들의 타고난 외모를 싫어하고 성품을 미워하며, 정신적·육체적 제약 때문에 매우 괴로워한다. 이런 반응은 너나없이 모두가 느끼는 마음의 자연스러운 움직임이기 때문에 이를 거부하려는 태도는 당연히 이해될 수 있다.

그렇지만 마음의 평정이나 내적 평안과 기쁨은 사람의 동의 없이 저절로 주어지지 않는다. 이런 것들은 의지적 동의를 통해 얻을 수 있는 능동적 가치이기 때문이다. 우리에게 주어진 삶을 '있는 그대로' 인정하지 않고 회피하거나 부정한다면 결코 이런 가치들과 만날 수 없다. 진정한 행복은 자신의 삶을 떠나서는 발견되지 않으며, 삶의 기저를 인정하고 조화를 이룰 때 비로소 자기 것으로 만들 수 있기 때문이다.

삶에 '예!'라고 대답한다는 것은 변화해야 할 것들을 변화시키지 말라는 말이 아니다. 또한 피할 수 있는 장애물들을 애써 피하려 노력하지 않고 그대로 감수하라는 말도 아니다. 삶의 기저란, 피하려고 해도 피할 수 없는 엄연한 현실, 즉 사람의 의지와 상관없이 일어나는 불가피한 사실을 말한다.

사람들은 자신의 의지에 따라 자유를 억압하는 나라를 떠날 수 있으며, 질식할 것 같은 가정에서 벗어날 수 있다. 개인의 자질을 유익하게 개발할 수 있으며, 신체적 장애를 고칠 수 있고, 마음의 상처를 치유할 수 있다. 이런 것들을 방치하는 것은 삶에 대한 긍정이 아니라 오히려 부정이다. 마음만 먹으면 치울 수 있는 장벽을 그대로 두면 삶은 성장하고 전진할 수 없기 때문에 사람의 의지로 변화시킬 수 있는 대상은 적극적으로 변화시킬 때 비로소 성공의 수단이 된다.

그러나 이런 변화에는 하나의 전제가 있다. 변할 수 있는 대상에 한해서만 가능하다는 것이다. 다시 말해 삶의 기저를 거부하지 않고 받아들일 때 비로소 변화를 시도할 수 있다. 외모의 변화에는 개입할 수 있지만, 인간의 몸이 늙는다는 불가피한 사실을 자신의 의지로 막을 수는 없다. 우리는 부모나 가족과 거리를 두고 살수는 있다. 그러나 그 거리가 지속적인 원한과 끈질긴 증오, 거부에 따른 '거리'라면 가정을 떠나는 것이 잠시 위안은 될지 모르지만 근본적인 평안이 될 수는 없다. 진정한 삶의 지혜는 피할 수 없는 사실을 긍정적으로 받아들일 때 비로소 시작되며, 사실에 대한 정당한 변화를 전제로 할 때만 가능하다.

이런 주장은 스토아학파라고 불리는 고대 그리스-로마의 위대한 철학 사조에 근거한다. 스토아학파라는 명칭은 아테네의 스토아 포이킬레Stoa Poikile에서 유래했다. 스토아는 그리스어로 주랑(柱廊)을 뜻하며, 프레스코풍으로 장식된 유명한 주랑인 스토아 포이킬레는 스토아학파의 교부 제논이 강의를 했던 곳이다.

수많은 사상가들이 기원전 4세기부터 서기 6세기까지 근 1,000년 동안 스토아 철학에 탐닉했다. 1세기의 철학자 에픽테토스는 그의 저서 『안내서』에서, '우리에게 종속되는 것들'과 '우리에게 종속되지 않는 것들'의 차이를 명백히 구별했다. 우리에게 종속되는 것들은 개인의 의견이나 욕망, 호감이나 반감처럼 우리가 자유롭게 바꿀 수 있는 것을 말하며, 우리에게 종속되지 않는 것들은 외모나 출생의 조건, 명예처럼 우리가 어쩔 수 없이 받아들여야 하는 사실들을 말한다.

에픽테토스는 아울러 사람들이 자신에게 종속되지 않는 것들을 억지로 바꾸기를 원하는가 하면, 정작 바꿔야 하고 또한 바꿀 수 있는 것들은 바꾸고 싶어 하지 않을 수 있다는 사실에 주목했다. 다시 말해 사람들은 때때로 가치를 생각하지 않고 단지 욕망과 여건에 따라 행동하는데, 그런 태도는 결국 우리를 불행과 원망으로 이끌 뿐이다.

페르소나persona, 즉 가면의 비유가 전하는 깊은 의미가 있다. 스토아 철학자들의 관점에서 보면 우리는 삶의 주인이 아니다. 우리는 다만 각자에게 주어진 역할을 맡아 각본대로 움직이는, 무대의 등장인물일 뿐이다. 무대의 주인은 등장인물에게 가면을 씌우고 미리 정해진 '역할'을 부여하는 감독이다. 그는 관객에게 각각의 인물이 수행하는 역할을 보여주며 사실처럼 인정하게 만든다. 왕이나 노예나 신부(新婦), 배신자, 주인공 등은 모두 자신의 의지나

기대와 상관없이 맡겨진 역할을 수행한다. 이처럼 각 사람들은 가면을 쓴 채 살아가는 것이다.

스토아 철학자들은 지혜에 대해 프로아이레시스proäirésis, 즉 고유의 역할이 아니라 자신에게 주어진 역할을 맡은 등장인물로서 살아가는 방법을 알게 하는 것이라고 말한다. 다시 말해, 주어진 역할을 잘 수행하는 방법을 터득하는 것이 지혜다. 결국 어떤 역할을 맡으려고 하는 의지가 아니라 자신이 맡은 역할을 제대로 처리하는 능력이 지혜의 핵심인 것이다.

에픽테토스는 우리의 역할에 대해 이렇게 설명했다.

당신은 극작가가 원하는 대로 무대에서 정해진 역할을 하는 배우라는 사실을 잊지 말아야 한다. 그가 당신의 역할이 단순하기 원한다면 당신은 마땅히 단역이 되어야 하고, 그가 당신에게 중요한 역할을 주기 원하면 당신의 역할이 중요해질 것이다.

그가 당신이 거지 역할을 맡는 게 좋다고 판단하면 당신은 힘껏 그 역할을 수행해야 한다. 당신은 절름발이가 될 수도 있고 법관이나 평범한 시민이 될 수도 있다. 어쨌든 당신은 운명의 주인이 아니며, 당신에게 종속하는 것은 당신에게 주어진 역할을 잘 하는 방법을 찾는 것이다.[01]

01　에픽테토스, 『안내서』, 17

사회적 신분이나 외모 같은 신체 조건과, 타고난 성격이나 태생적 결점은 인간의 운명으로, 우리가 다룰 수 있는 역할이 아니다. 그러나 각각의 등장인물이 자신이 맡은 역할을 어떻게 수행하느냐에 따라서 훌륭한 배우 또는 무능한 배우가 되는 것처럼, 모든 개인은 자신에게 주어진 역할을 제대로 수행하면서 마침내 가치 있는 삶을 살 수 있는 것이다.

실제 우리의 삶으로 돌아가서 말하자면, 우리는 좋은 삶을 살 수 있을 뿐 아니라 살아야 한다. 우리는 무대의 배우가 아니라 삶의 주인이기 때문이다. 물론 배우가 역할을 마음대로 선택하지 못하는 것처럼 우리는 임의대로 삶을 선택할 수 없다. 그러나 우리에게 주어진 사실들이 연극의 무대처럼 우리의 역할을 결정짓지 못한다. 삶의 기저는 물론 불가피한 실제지만 운명을 결정짓는 불가피한 장벽은 아니다.

철학자 세네카는 "멈추지 말라. 너의 일을 완수하고, '좋은 사람'의 역할을 수행하라"[02]고 말했다. 그는 각자에게 주어진 초기의 '역할'이 무엇이든, 개인은 내면의 성장과 자기실현을 통해 삶의 진정한 주인이 될 수 있다고 강조했다. 무대의 등장인물과 달리 실

02　세네카,『선행에 관하여』, 1, 2, 4

존의 개인에게는 자유가 있고 자유롭게 결정할 의지가 있기 때문
이다.

　이런 이원론적 관점이 바로 인도의 싯다르타 왕자가 깨달은 기
저의 실제 개념이다. 기원전 4세기에 인도에서 태어난 미래의 붓
다는 보통 사람들과는 분명 다른 환경에서 자랐다. 불교의 구전(口
傳)은 싯다르타 왕자가 어른이 될 때까지 불행이 무엇인지조차 모
르고 살았다고 말한다. 젊고 건강한 사람들이 언제나 왕자의 주변
을 둘러싸고 있었다. 왕은 싯다르타 왕자가 궁궐 밖으로 나가는 것
을 금지시켰다. 이는, 세상의 추하고 더러운 사실들과 맞닥뜨리지
않게 하려는 배려이자 궁궐의 화려한 사실들만 보게 하려는 의도
였다.

　네 번의 실패를 거듭한 끝에 싯다르타는 마침내 궁궐 밖으로 빠
져나가는 데 성공하지만, 결국 그는 보지 말아야 할 것들을 보게
되었다. 주름이 깊게 팬 늙은이, 몸을 제대로 가누지 못하는 병자,
흉하게 썩은 시체들…. 또한 싯다르타는 상상도 할 수 없는 끔찍한
고통을 감당하는 고행자들을 보았다.

　처음 본 세상의 일그러진 모습에 당황한 싯다르타는 자신을 태
워준 마부에게 영문을 물었다. 마부는 아무리 권력이 있고 부유한
사람들이라도 인간은 모두 늙게 되어 있으며 질병이나 죽음을 결

코 피할 수 없다고 알려주었다. 싯다르타는 이 같은 인간의 '운명'
에 저항하면서 부조리한 삶을 극복하리라 결심했다. 그는 마침내
궁궐을 빠져나와 숲 속의 고행자들을 만나기 위해 먼 길을 떠났고,
극단의 고행에 몰두하면서 특별한 능력을 얻었다.

그러나 얼마 뒤 그는 고행을 통해 얻을 수 있는 어떤 능력으로
도 삶의 근본적인 사실들을 이길 수 없다는 것을 깨닫는다. 살아있
는 모든 사람과 마찬가지로 자신도 결국 늙고, 병들고, 마침내 죽
을 수밖에 없다는 분명한 사실을 깨달은 것이다.

깨달음을 얻은 싯다르타는 숲 속 고행자들을 떠나 나무 아래에
서 홀로 깊은 명상에 들어간다. 그가 깨달음을 얻어 마침내 '붓다
('깨달은 자'라는 뜻)'가 되는 순간이다. 그는 내면의 삶에 존재하는
불행을 없애려고 애쓸 것이 아니라 삶의 기저를 있는 그대로 인정
하고 사실로 받아들여야 한다는 진리를 터득한다.

우리가 마음의 평안을 얻을 수 있는 유일한 방법은 먼저 사실을
인정하고, 운명의 의미를 알고, 깨달음을 통해 내적 변화를 이루는
것이다. 붓다와 스토아 철학자들처럼 우리는 바꿀 수 없고 피할 수
도 없는 사실에 대해 인정하고, 바꿀 수 있는 사실을 변화시키는
능력 사이에서 균형을 찾을 수 있다.

가족을 예로 들어보자. 우리는 물론 자신의 의지대로 부모를 선
택할 수 없으며, 부모를 바꾸겠다고 결정할 자유도 없다. 비록 부

모와 관계가 좋지 아니더라도 부모를 받아들이는 것 말고는 다른 선택의 여지가 없다. 아이일 때는 살아가는 데 부모의 도움이 필요하기 때문에 무의식적으로 받아들인다. 그러다가 성인이 되면서 우리는 더 이상 무의식적 요구에 따르지 않는다. 자유롭게 선택하는 관계의 범주 안에서 나름대로 생각하며 현실을 판단하려고 노력한다.

부모와의 관계에 어떤 형식을 부여하든 우리는 경우에 따라서는 관계의 단절까지 고려한다. 부모나 형제자매의 관계라는 피할 수 없는 사실은 이제 불가피한 영역이 아니라 받아들이거나 거부할 수 있는 선택의 문제가 된다.

그때 우리는 주어진 사실과 거리를 둘 수 있을 뿐 아니라, 진정한 상호관계에 이르기 위해 현실에 대한 종속적 상황을 포기할 수도 있다. 이런 과정은 현실과 일정한 거리를 두겠다는 의지 없이 이루어지지 않는다.

가족과 마찬가지로 우리는 고향이나 출생 여건도 스스로 선택하지 않았다. 우리는 종종 타고난 문화적 유산을 부정하며 심리적 간격을 느낀다. 그렇지만 스스로 느끼지 못할 뿐 자신에게 주어진 유산이 겉으로 드러나지 않는 긍정적 가치와 더불어, 내면의 성장을 위해 바람직한 가능성을 담고 있다는 것을 아는가?

나는 프랑스 사람이다. 가끔 주변에 있는 사람들이 프랑스를 비난하고 불평을 늘어놓으면 화가 치밀기도 한다. 그러나 프랑스에 대한 이런 날 선 비판이 가치 있는 프랑스 대혁명의 기원이 되었고, 인간의 소중한 권리를 주장하는 모태가 되었다는 사실을 인정한다. 다시 말해 비판은 사실의 인정과 모순되는 개념이 아니며, 오히려 정당한 비판은 사실을 인정하면서 보다 높은 가치로 성장시키는 발판이 된다. 우리는 일어난 모든 사실을 불변의 진리로 받아들이지 않고, 정치와 종교와 경제와 제도를 끊임없이 비판하면서 마침내 긍정적 변화가 일어나기 때문에 때로는 적극적 비판이 바람직한 것이다.

나는 내게 주어진 선천적 유산들을 사실로 받아들이지만, 그런 유산들이 은연중에 내 안에 부정적으로 자리 잡지 않도록 노력한다. 자유로운 비판의식이라는 말은 모든 가치에 대한 맹목적 부정을 의미하지 않는다. 마찬가지로 명철하다는 말이 교만을 뜻하지 않는다. 우리는 각각의 문화 안에서 긍정적인 요소와 부정적인 요소를 동시에 발견한다. 이를테면 미국인들의 자기중심적 개인주의 성향은 견디기 힘든 요소인 반면, 그런 열정이 다른 사람을 배려하는 '인간중심'의 관점으로 변화하면 미국인들의 위대한 힘이 된다.

이런 긍정의 작업을 우리의 인격에도 적용해야 한다. 우리 모두는 나름대로 일정한 형태의 지성과 감성, 타고난 성품, 교육, 개인의 체험을 통해 형성되는 개별적 특징을 지니고 있다. 그것은 개별성을 이루는 고유한 자산이며, 우리는 자신의 개인 특성을 알고 받아들여야 한다. 우리는 모두 뚜렷한 개별적 특징을 지니고 태어났다. 눈이나 머리카락의 색깔, 비만 또는 마른 체질 등 이러저러한 결점을 지니고 태어난다. 그러나 이미 타고난 것을 어쩌겠는가? 우리가 취할 수 있는 유일한 선택은 그것을 있는 그대로 받아들이고 사랑하는 방법을 배우는 것이다. 삶의 긍정적인 변화를 위해서 이러한 인정 과정을 반드시 거쳐야 한다. 그렇게 인정하면서 마침내 우리는 만족할 수 없을 것 같았던 어떤 특징들을 어느 순간 기꺼이 사랑할 수 있다는 사실을 깨닫게 된다.

나는 사춘기에 접어들면서 심각한 콤플렉스에 빠진 적이 있었다. 친구들은 대부분 키가 180cm가 넘는데 나만 165cm에 미치지 못하자 나는 작은 키에 대한 열등감으로 고통스러운 나날을 보냈다. 다른 사람들의 시선이 늘 부담스러웠으며, 그것은 끝내 심각한 패배감으로 마음을 짓눌렀다. 나는 세상을 살아가는 동안 보잘것없는 외모가 나에게 치명적 장애가 되리라고 생각했다. 이런 부정적 생각들로 가득한 나머지 나보다 키 큰 여자들은 무조건 멀리했고, 여자 친구를 사귈 엄두도 내지 못했다.

그런데 성인이 되면서 나보다 키 작은 사람이 많다는 사실을 알

있다. 이전에도 물론 있었겠지만 내 눈에는 보이지 않다가 그제야 보이기 시작한 것이다. 그리고 나보다 키 작은 그들이 오히려 나보다 훨씬 밝고 명랑하게 살아가는 것도 알게 되었다. 결국 나는 키 작다는 사실이 문제가 아니라 키 작은 것을 심각한 문제라고 생각하는 열등감이 진짜 문제였다는 사실을 알았다.

160cm 남짓한 키가 나에게 문제가 되지 않는다면 다른 사람에게도 문제가 되지 않을 수 있다. 조금 크거나 작은 것은 처음부터 문제가 되지 않는다. 나는 마침내 내게 주어진 사실을 있는 그대로 받아들였다. 그때부터 내 키가 전문 직업의 성공을 방해하지 않는다는 사실을 깨달았다. 그것이 인생의 결정적 약점이 아니며, 여자친구들과 어울리는 데 문제가 되지 않는다는 사실도 알게 되었다.

돌이켜보면 사춘기 때 나를 그토록 괴롭혔던 열등감은 무조건 부정적이었던 것만은 아니다. 열등감 때문에 피할 것은 피하면서 무의식 중에 내 안에 잠재된 다른 특징들을 개발하는 동기가 되었다. 나는 그때 많은 생각을 하며 명상을 즐기게 되었고, 그때 형성된 사유의 습관이 지금의 나를 만든 예술적·정신적 창조력의 토대가 되었기 때문이다. 만약 키가 컸다면 내가 철학 공부를 하지 않았으리라는 가정을 누가 아니라고 부정할 수 있겠는가.

나의 약점은 바꾸어 생각하면 모래섬에 묻힌 채 사라지고 말았을 다른 특성을 개발시키는 소중한 자극제가 되었다. 만약 우디 앨

런의 얼굴이 폴 뉴먼 같았다면 과연 지금처럼 뛰어난 영화제작자가 될 수 있었을까?

물론 작은 키가 아니라 체중이 문제였다면 나는 당연히 웰빙과 건강을 위해 살을 빼려고 노력했을 것이다. 내 능력과 의지로 맞설 수 없었던 신장 문제와 달리 체중은 비록 어렵기는 해도 의지와 결단을 통해 어느 정도 바꿀 수 있기 때문이다.

이처럼, 첫째 단계로 자신에게 주어진 사실을 있는 그대로 받아들이고, 둘째 단계에서 단호한 의지를 가지고 변화를 시도하면서 자신을 불행하게 만드는 사실을 긍정적으로 변화시킬 수 있다. 따라서 의지에 종속되는 것으로서 우리를 불행하게 만들고 다른 사람들과의 사이에 갈등을 일으키는 부정적 요소들은 반드시 의지적 행동을 통해 새롭게 변화시켜야 한다. 이를테면 자신을 괴롭히는 동시에 다른 사람들에게 상처를 주고 자신을 점점 부정적 행동으로 몰아가는 나쁜 성품이 있다면 먼저 그런 성품이 자신에게 실제로 존재하며 또한 그것이 옳지 않다는 사실을 인정하는 것이 변화의 길로 들어서는 첫 단계가 된다.

이런 작업은 명상이나 심리요법을 통해서 보다 수월하게 이루어질 수 있다. 효과적인 훈련을 통해 자신에게 내면의 평안을 주고 다른 사람과 좋은 관계를 맺기 위해 필요한 방법을 터득하기 때문이다(이런 기술에 대해서는 나중에 살펴본다).

물론 우리는 일생동안 나쁜 성격을 지니고 살 수 있다. 그러나 우리가 그런 성격을 사실로 받아들이고 인정하면 그것을 다스릴 수 있을 뿐 아니라 바르게 사용할 수 있다. 다시 말해 거친 성격이 자칫 일으키기 쉬운 파괴적인 행동에서 벗어날 수 있으며, 열정을 지닌 긍정적 태도로 변화시킬 수 있다. 사실 모든 성품은 이중적 의미를 지니고 있다. 급한 성격은 관점을 달리 하면 적극적 기질이 될 수 있고, 조용한 성품이 한편으로는 소극적 성향을 드러낸다.

어릴 때를 돌이켜보면 나는 끊임없이 허황된 꿈을 꾸며 살았던 것 같다. 학교에 다닐 때 나는 도무지 현실 감각이 없었다. 나에게 아무 보상도 해주지 않는 헛된 꿈을 꾸며 매일 상상의 세계에서 헤맸다. 도무지 무슨 일에도 집중하지 못했고 학교 성적은 언제나 바닥이었다. 낙제 당하지 않으려고 고등학교를 두 번이나 옮겨야 했다.

처음에는 그런 사실들이 치명적인 약점이라 생각하며 몹시 후회했지만, 나는 그런 특성을 사실로 받아들이겠다고 결심했다. 평생 나와 함께 하리라는 사실을 깨닫고는 그런 결점을 부인할 수 없는 사실로 인정했기 때문이다. 그런데 시간이 지나면서 나는 그런 결점들을 다른 관점에서 특별한 개성으로 생각하게 되었고, 잘못된 요소들을 긍정적으로 변화시키겠다고 다짐했다. 마침내 나는 그 안에서 최상의 몫을 발견하려고 열심히 노력했다. 꿈을 버리지 않으면서도 현실에 열중할 수 있다는 사실을 분명히 깨달았다.

또한 나는 허물과 결점처럼 보이는 여러 사실들에 내재된 가치를 이끌어내는 방법을 배웠다. 그리고 산만한 나의 상상력을 한 방향으로 집중해 마침내 내 삶의 진정한 가치가 되는 예술 창작에 몰두했다. 그런 과정을 차례로 거치면서 결국 나는 시를 썼고, 희곡과 소설을 썼으며, 영화와 BD^Bande-Dessinée[03]의 시나리오를 쓸 수 있었다. 있는 그대로 나를 받아들이면서도 내 일상이 몽상에 지배당하지 않도록 계속해서 나 자신과 싸웠다. 내 경우를 돌이켜 생각해 보면 심각한 문제였던 사실들이 오히려 소중한 상상력의 원천이 되었다.

서른 살이 되면서 직업적인 관점에서 철학과 심리학 그리고 종교학 부문에 열중하면서 내 생활이 새롭게 변화되었다. 자신의 삶과 존재를 인정하고 동의하는 순간, 그 자체가 이미 행복의 조건이 된다. 자신의 삶에 긍정적인 마음을 심어주기 때문이다. 삶의 구체적 사실들을 받아들이면서 우리는 부정적 가치를 가능한 한 변화시켜 긍정적 가치로 바르게 사용할 수 있다.

---

03 연재 만화(일반적으로 BD 또는 bédé로 약칭됨)를 뜻하는 약자로, 그림(또는 다른 유형의 정지 이미지, 단 사진만이 아닌)의 병치를 사용하여 종종 '9번째 예술'이라고 불리는 예술적 표현의 한 형태다. _출처: 위키백과

자신의 삶에 "예"라고 말하는 것은 삶을 역동적으로 만드는 적극적인 자세이며, 예상하거나 기대하지 않았던 새로운 변화에 능동적으로 다가서게 만든다. 그것은 삶을 기꺼이 받아들이는 일종의 열망이며, 우리의 내면에서 자연스럽게 흐르는 생수처럼 삶과 동행하게 이끄는 지혜가 된다. 기쁨과 고통, 행복과 불행의 존재를 인정하고 때때로 대립과 갈등이 있고 예상할 수 없는 삶을 있는 그대로 받아들여야 한다. 마음의 고통은 사실에 대한 섣부른 부정에서 비롯되고 변화에 대한 무의미한 저항에서 유래된다.

한 가지 중요한 사실을 덧붙인다.

인류를 공포로 몰아가는 전쟁과 테러에 대해, 어린아이의 극단적 두려움에 대해, 강제수용소의 끔찍한 실상에 대해, 수백만의 무고한 죽음에 대해 생각하면서 나는 그런 사실을 도저히 이해할 수도 받아들일 수도 없었다. 그런 반인류적 폭력에 분노했고, 거기에서 어떤 변명을 찾는다는 위선을 단호하게 거부했다. 그러나 비극적이고 받아들일 수 없는 야만적인 행동을 보았지만 그런 악한 모습이 삶에 대한 근본적 사랑에서 나를 되돌리지 못했다.

나는 그런 극단적 상황이 과연 체험할만한 가치가 있는 고통인지 끊임없이 생각해 보았다. 만약 내가 그런 처절한 공포를 직접 겪는다면 아마 나는 생각을 바꾸게 되었을지도 모른다. 그러나 고통의 극단에서 내 삶을 생각해 보는 바로 그 순간, 내가 지금까지 느끼지 못했던 삶의 소중한 의미를 되새기며 삶이 언제나 나에게 행복한 선물을 주는 것이 아닐지라도 내가 진실로 인생을 사랑한다는 사실을 깨달을 수 있다.

스토아 철학자들의 표현을 빌리자면, 나는 내 운명을 사랑하며 비록 부침이 있을지라도 여전히 내 인생을 사랑한다고 믿는다. 왜냐하면 나는 언제라도 삶의 장애를 극복하고 시련을 이길 수 있는 능력과 방법을 발견했기 때문이다. 비록 어떤 사건들은 도저히 이해가 되지 않고 참을 수 없는 분노를 일으키지만, 나는 그것조차 사실로서 인정하며, 밝음과 어두움의 양면성을 지닌 삶을 향해 "예"라고 말하기 때문이다.

지금 내가 설명하는 내용에 대해 프랑스 철학자 몽테뉴는 이미 주목할 만한 문장을 남겼다.

우리의 가장 치명적인 질병은, 우리의 존재를 스스로 무시하는 것이다!

덧붙여서 그는 이렇게 말했다.

자신을 사랑하는 것이야말로 지혜와 행복의 절정이다![04]

---

04 몽테뉴, 『수상록』, III, 10, 1006-1007과 III, 13, 1110

몽테뉴는 스스로 행복하다고 말했다. 그러나 삶이 언제나 그에게 관대한 것은 아니었다. 종교 전쟁의 힘겨운 시대적 배경에서 태어났고, 매우 허약한 몸으로 태어났던 그의 인생에서 장례식이 끊이지 않았다. 여섯 아이를 낳고 여섯 번 아버지가 되었지만, 그 가운데 다섯 아이를 잃었다. 그리고 진실로 사랑했던 친구의 죽음이 안겨준 처절한 슬픔에서 몽테뉴는 평생 벗어나지 못했다. 그는 분명, "삶에는 제대로 풀리지 않는 단편들이 언제나 존재한다"라는 자신의 말처럼 여러 사실로 인해 심한 고통을 겪었지만, 이렇게 멋지게 결론지었다.

그것은 삶의 일부를 이루는 무엇이며, 우리가 마침내 이길 수 있는 무엇에 불과하다.[05]

반복되는 불행 속에서도 끊임없이 행복을 찾으려 노력했기 때문에 몽테뉴는 자신의 인생에 대해 "매우 만족하고 행복하다"[06]라고 말할 수 있었다. 그가 남긴 뛰어난 명언이 있다.

기쁨은 가능한 한 늘려야 하고, 슬픔은 가능한 한 줄여야 한다![07]

---

05   앞의 책, 9, 950
06   앞의 책, 9, 998
07   앞의 책, 9, 979

몽테뉴는 진실한 마음으로 이렇게 마무리했다.

나는 영원히 나의 삶을 사랑할 뿐이다![08]

우리에게 주어진 대로 삶을 사랑하고 있는 그대로 삶을 사랑하려면, 그래서 진정한 행복을 찾으려면 자신의 삶에 주저 없이 "예"라고 말하라.

---

08 앞의 책, 13, 1113

가치 있는 것을
믿음으로 시작하라

Petit traité de vie intérieure

신앙은 내면의 삶을 가꾸기 위해 가장 중요한 가치 가운데 하나다. 나는 지금 일신교의 종교적 의미로서, 다시 말해 존재의 뚜렷한 증거 없이 다만 "하나님을 믿는다"라는 의미의 관념적인 신앙을 말하려는 게 아니다. 그러나 분명한 것은 신앙에서부터 시작할 때 비로소 믿음의 의미를 정확하게 이해할 수 있다는 사실이다. 만약 신앙으로서 믿음의 기준이 없다면 우리는 믿음의 진정한 의미를 말하기 위해 한 발짝도 앞으로 나가지 못할 뿐 아니라, 믿고 살아야 하는 인생을 설명할 수도 없다. 즉, 종교적 신앙은 개인적 믿음을 말하는 기준이 된다.

동양의 영성은 그리스도교와 다른 관점에서 믿음과 신앙의 의미를 사용했다. 이를테면 불교는 믿음을 얻기 위해 경험적인 확인에서부터 출발한다. 그러나 경험적인 믿음을 말하기 전에 붓다의 가르침인 다르마dharma(달마의 음새[音寫], 불교의 중심관념인 법[法]을 말한다)에 대해 선험적인 신앙-믿음이 전제되지 않는다면, 불교를 통한 모든 영적 성장은 불가능하며, 불교에서 말하는 모든 가르침이 무의미하게 된다. 붓다의 가르침에 대해 옳다는 믿음이 있기 때문에 그의 가르침을 따르는 것이다.

붓다라는 영적 스승에 대한 믿음이 전제되지 않는다면 그의 가르침을 받아들일 수 없다. 이유는 간단하다. 우리가 배우려는 것의 가치에 대한 믿음이 없으면 당연히 진지하게 배우려 하지 않을 것이다. 아이들은 이런 사실을 알기 때문에 부모의 뜻을 그대로 따른다. 즉, 부모에 대한 전적인 믿음이 있기 때문에 아이들은 부모가 가르치는 것들을 정당한 사실로 인정하고 의심하지 않고 배운다.

　다른 학습들과 마찬가지로 문화나 가치의 전달에도 먼저 믿음이 전제된다. 우리들 대부분이 그런 것처럼, 나도 자전거를 처음 배울 때 분명한 믿음이 있었기 때문에 자전거 타는 방법을 배울 수 있었다. 아버지가 내 뒤에서 자전거를 붙잡고 균형을 잡아주고 있지만 뒤에 있어 보이지 않기 때문에 나는 겁이 나서 자전거를 꼭 잡아달라고 부탁한다. 물론 아버지는 "나를 믿어"라고 말한다. 아버지의 말을 철석같이 믿고 나는 자전거의 페달을 힘껏 밟고 앞으로 달린다. 그런데 몇 미터쯤 가면 내가 혼자 페달을 밟고 있다는 사실을 알게 된다.

　결국 아버지에 대한 믿음 때문에 나는 혼자 갈 수 있었던 것이다. 사냥개는 힘이나 덩치가 곰과 비교되지 않는다. 그러나 사냥개는 감히 곰과 싸우고 마침내 곰을 물리친다. 사냥꾼에 대한 믿음이 있었기 때문이다. 우리는 무슨 일을 할 때 믿음이 전제되지 않으면 성공과 승리를 꿈꾸지 못한다. 믿음은 우리를 행동하게 하고 결실을 맺게 하는 원동력이다.

　물론 그 믿음이 산산이 깨지는 경우가 있다. 안타깝게도 우리 주변에는 나쁜 스승들과 부모들, 그리고 믿음을 저버리는 정직하지 못한 사람들이 있다. 우리가 의심 없이 맡겼던 자발적이고 당연한 믿음을 팽개치고 제멋대로 행동하는 사람들이 분명 이 세상에 존재한다.

어떤 사람은 자신의 탐욕을 채우기 위해서 다른 사람의 순진한 믿음을 이용한다. 어린아이의 티 없이 맑은 믿음을 성적 쾌락의 도구로 악용하는 사람들, 증오로 가득한 부정적 가치를 주입하면서 순진한 영혼을 병들게 하는 사람들도 있다. 우리는 어른이 되어서도 우리의 믿음을 제멋대로 남용하는 사람들을 만나게 된다.

그렇다고 해서 그들을 비난만 하고 있을 수는 없다. 세상이 존재하는 한, 그리고 인간이 존재하는 한 악은 덩달아 존재한다. 폭력에 맞서기 위해서 폭력을 행사한다면 결국 악을 더욱 부추길 뿐이다. 악에 빠지지 않기 위해서는 무엇보다 의식의 변별력을 키우는 것이 중요하다(이에 대해서는 나중에 다시 살펴본다).

설령 이런 신뢰의 가치에 대한 믿음이 깨지고 배신의 고통이 뒤따른다는 사실을 체험을 통해 알고 있더라도, 우리의 내면에서 삶이 성장하고 풍요해지기 위해서는 신앙-믿음이 반드시 필요하다.

과학을 포함한 모든 영역에서 믿음은 뚜렷한 효과를 나타낸다. 과학자는 실제 연구에 들어가기 전에 자신이 뭔가 발견하리라고 믿고 연구를 시작한다. 갈릴레오나 뉴턴 같은 학자들은, 이 세상에는 사람이 접근할 수 없는 무한의 신비가 아니라 세상을 운용하는 일정한 법칙이 있으며, 인간은 분명 그 법칙을 인지할 수 있다고 믿었던 그리스도인들이다.

과학자들이 학문을 탐구했던 목적은 창조주가 만든 세상의 자연법칙을 발견하는 데 있었다. 만약 그들이 세상에 질서와 법칙이 없기 때문에 인간의 능력으로는 세상이 도저히 이해되지 않는 대상이거나 불합리한 대상으로 생각했다면 그처럼 깊이 있게 연구하려 하지 않았을 것이다. 그들은 우주를 다스리는 질서와 법칙이 존재한다는 분명한 믿음이 있었기 때문에 과학 탐구의 길에 주저 없이 뛰어들었다.

종교가 없다고 해서 우주의 선험적 질서와 법칙에 대한 믿음이 없다고 단정하지 못한다. 자신을 '심층적 신앙을 지닌 비신자'[01]라고 말했던 알베르트 아인슈타인은 이렇게 말했다.

과학은 진실과 이해를 열망하는 사람들에 의해서만 창조될 수 있을 뿐이다. 이런 감정은 물론 종교적 영역에서 파생된다. (…) 나는 심층적 신앙이 없는 사람을 진정한 과학자라고 인정할 수 없다.[02]

그는 일신교의 배타적인 하나님을 믿지 않았지만 보편적 종교성을 인정했다. 전문가들이 학문을 연구하려는 동기와 일반인들의

---

01 1954년 5월 30일 한스 뮈잠에게 보낸 편지
02 1941년 뉴욕에서 개최된 〈과학·철학·종교 심포지엄〉에서 주장한 내용

지적 수용을 위해서도 믿음은 반드시 필요하다. 과학의 구체적 증거를 제대로 이해하는 사람은 드물지만, 우리는 과학을 믿으며 우리의 일상 경험을 벗어나는 결론과 이론을 절대적 진실로 받아들인다. 한 번도 우리의 눈으로 원자를 본 적이 없지만, 과학이 그렇다고 말하기 때문에 의심하지 않고 물질이 원자로 결합되었다고 믿는다. 사회학자 에밀 뒤르켐Émile Durkheim은 이렇게 강조했다.

어떤 국민이 과학을 사실로 믿지 않는다면, 모든 과학적 증거와 발전이 그들에게 아무 영향을 끼치지 못할 것이다.[03]

믿음은 이처럼 부모, 교육자, 과학자, 현인처럼 각각의 분야에서 우리보다 뛰어난 사람들에 대한 깊은 신뢰를 바탕으로 이루어지기 때문에, 그 믿음은 우리의 삶이 성장하기 위한 필수 요소가 된다. 또한 믿음은 우리가 세상의 질서를 따르며 살고 성장하기 위한 전제가 된다. 우리는 이 세상에 분명 진실과 선이 있다고 믿기 때문에 성장하고, 배우고, 전진하고, 연구하고, 참여하고, 창조를 위한 동기를 부여받는다.

믿음은 개인에 따라 달라진다. 어떤 사람에게는 절망과 두려움과 원망과 분노가 믿음을 억누른다. 그렇게 믿음을 잃는 순간, 존

---

03 에밀 뒤르켐, 『종교생활의 기본 형식들』, 퀴프, 1965, p. 291

재한다는 사실이 우리에게 고통스러운 것이 된다. 삶의 가치에 대한 믿음이 없다면 일상의 삶은 어느새 지옥으로 변하고 만다. 세상은 반감으로 가득하고, 마침내 갈등이 심화되면서 우리의 삶은 심각한 위협을 받는다.

두려움은 믿음을 몰아낸다. 일단 믿음을 몰아내면 두려움이 일상을 지배하고 삶을 무기력하게 만든다. 비행기가 추락할까 두려워 비행기를 타지 못한다. 배신당하고 버림받을까 두려워 연인을 사귀지 못한다. 떨어질까 두려워 직장에 지원하지 못한다. 한 발짝도 앞으로 나가지 못하고 직업, 정서, 사회생활에서 마침내 무기력한 존재가 되고 만다. 세상을 살면서 기본적인 믿음이 없으면 우리의 존재 자체가 불가능해진다. 자신의 내면에서, 그리고 다른 사람들과 관계에서 믿음은 능동적 삶의 전제조건이 된다.

세상의 선(善)과 삶의 긍정적 가치에 대한 믿음은 내가 앞서 말했던 스토아 철학의 근거가 된다. '스토아적인stoïque'이라는 단어는 "고통을 견디고 과감하게 시련과 맞선다"라는 뜻을 지니며, 인간의 단호한 의지를 강조한다. 그러나 스토아 철학은 인간의 이성에 머무르지 않고 우주를 향하여 사유의 영역을 넓혔다. 제논은 우리를 감싸는 세상과 우주를 주의 깊게 관찰했으며, 인간의 범주를 벗어나는 보편 이성에 의해서 세상이 운용된다는 논증을 끌어냈다.

제논은 우주의 형성을 통해 신의 섭리를 보았으며, 신들은 절대 어떤 것도 무의미하게 내버려 두지 않는다고 확신했다. 그는 제자들에게 신의 섭리에 집중하고 그것을 믿으라고 가르쳤다. 또한 신은 어떤 일에도 반드시 의미를 부여하며, 삶에서 일어나는 각각의 사건에 신의 섭리가 담겨있기 때문에 자신의 삶을 거역하거나 탄식하는 것은 쓸데없는 일이라고 덧붙였다.

인간이 신의 의지나 보편 이성을 방해하는 것이 불가능하기 때문이며, 신은 우리에게 때로는 시련을 주지만 동시에 그것을 극복하는 방법도 주기 때문이라고 말했다.

다음은 에픽테토스가 요약한 내용이다.

당신이 지닌 능력을 바라보며 눈을 크게 뜨고 이렇게 말하라.

"제우스여, 이제 당신이 원하는 것들을 내게 내려주십시오. 내게는 당신이 준 여러 도구가 있고, 지금 일어나는 일들을 통해서 나를 이끌어줄 방법들이 있습니다."

그런데 정작 그렇게 말하면서도 당신은 여전히 꼼짝 않고 무슨 일이 일어날까 두려워하며, 막상 일이 벌어지면 불평하고 눈물짓고 탄식한다. 그러고는 마침내 신을 향해 거세게 비난을 퍼붓는다.[04]

하나님에 대한 필연적인 신앙이 없더라도 자신의 삶에 분명한 믿음을 가진 사람들은 스토아 철학자들의 가르침을 따라 인생의

---

04   에픽테토스, 『대화편(Entretiens)』, 1, 6, 7-2

다양한 모습을 긍정적으로 바라본다. 삶이 우리에게 주는 '선물'을 보면 볼수록 삶은 우리에게 더욱 많은 가치를 전해준다. 우리가 삶에서 긍정의 모습을 보면 볼수록 삶은 더욱 아름다워지고 삶의 광채는 더욱 찬란하게 빛을 드러낸다.

우리의 신앙-믿음은 인류의 위대한 정신 사조와 지혜에서 다양한 이름으로 발견되는 헌신, 평안, 단념 같은 영적 태도들에 의해 표현된다. 예수는 삶의 돌발적 상황을 걱정하는 제자들에게 하나님의 뜻에 맡기라고 가르쳤다.

저 까마귀들을 생각해 보아라. 그것들은 씨도 뿌리지 않고 거두어들이지도 않는다. 그리고 곳간도 창고도 없다. 그러나 하느님께서는 그들을 먹여주신다. 너희는 저 날짐승들보다 훨씬 더 귀하지 않으냐?[05]

하나님의 완전한 의지와 섭리에 맡긴다는 신앙의 주제는 그리스도교 영성의 가장 중요한 주제 가운데 하나이며, 이것은 유대교와 이슬람에서도 마찬가지다. 진정한 신자는 하나님의 의지대로 자신의 삶을 받아들이는 사람이다. 자신의 삶을 신의 의지에 온전하게 맡기면서 사람은 내면의 평안을 누리게 된다. 스토아 철학자들이 아파테이아apatheia라고 말하는 내적 평화는 마음에 동요가 없는, 영혼의 고요한 상태를 말한다.

---

05 「누가복음」 12장 24절

도미니크 수도회의 수사인 신학자 에크하르트는 16세기에 '겔라센하이트'라는 용어를 사용해 '자아의 근본적인 단념'을 설명했다. 내면의 세계가 완전한 평안을 얻으려면 "아무것도 바라지 않고, 아무것도 모르며, 아무것도 가지지 않아야 한다"라고 말하며, 내적 평안의 조건으로 오직 하나님과 연합해야 한다고 주장했다.

반면에 독일의 철학자 아르투르 쇼펜하우어는 무신론적 관점에서 유사한 주장을 펼쳤다.

사람은 자발적인 헌신과 완전한 포기, 진정한 침묵과 의지의 완전한 중단에 이르러야 한다.[06]

쇼펜하우어는 내면의 자유를 얻는 조건으로, 의지의 중단과 현실 인정을 주장하는 인도 철학에서 부분적으로 영감을 받았다.

때때로 의지의 완전한 포기라는 신비에 이르지 않고는 자신의 삶에 대한 전적인 통제가 불가능하다는 사실을 인정해야 한다. 도저히 다룰 수 없는 부분까지 애써 통제하기를 바란다면 우리는 언제나 불안한 삶을 살 수밖에 없다. 사실 우리는 자기 자신뿐 아니라 다른 사람의 삶도 통제할 수 없다. 배우자나 자녀들도 우리의 소유가 아니기 때문에 언제든지 우리에게서 벗어날 수 있다는 사실을 인정해야 한다. 칼릴 지브란이 『예언자』에 썼던 것처럼, "당

06   아르투르 쇼펜하우어, 『표현과 의지의 세상』, 퀴프, 1966, p. 477

신의 자녀들은 당신이 소유한 자녀들이 아니라 다만 당신에게 주어진 삶의 자녀들"이다.

우리는 수많은 돌발 상황에 맞닥뜨리는 우리의 직업에 대해서도 완전히 통제할 수 없으며, 언제나 안전하다는 서투른 착각 속에 살 수밖에 없다.

욕망이나 열정을 비롯해 우리가 다룰 수 있는 일들을 통제하려고 최선을 다하자. 예상치 못한 일들을 받아들이고 그 안에서 자신을 적응시키며 최상의 몫을 끄집어내기 위해 단단히 무장하자. 인도의 현인들은 '내려놓기'라고 번역할 수 있는 어떤 표현을 사용해 현실과 다투지 않고 완전하게 내려놓는 믿음의 태도를 설명했다.

그러나 실제로 내려놓으려면 역설적으로 삶에 대해 분명한 믿음을 가지고 있어야 한다. 처음에는 누구에게든 시련이 닥친다. 우리는 미지의 세계에 대해 늘 두렵고 불안하기만 하다. 내려놓기의 긍정적 경험, 이를테면 "뭔가 내려놓으면 갈등이 완화되면서 진정한 기쁨이 찾아오며, 사실을 있는 그대로 받아들이면 마침내 두려움에서 벗어날 수 있다"는 긍정적 의식이 생긴다. 이처럼 내려놓기에 대한 확신은 더욱 가치가 높아진다.

"내려놓는다"는 것이 사실은 가치를 포기하는 것이 아니라 진정한 가치를 향해서 더욱 멀리 나가는 것이다.

3.

자신의 삶에
책임지라

Petit traité de vie intérieure

내려놓기와 존재하는 사실을 인정하라는 말은 지금의 삶을 무조건 받아들이면서 수동적인 삶의 태도를 취하라는 뜻이 아니다. 그와 반대로, 삶에서 파생되는 불가피한 사실들을 인정하고 예상하지 못한 사실들을 수용하는 태도는 도리어 자신의 삶에 적극적으로 참여하도록 분명한 동기를 부여한다.

우리가 행동하려는 동기는 인정과 참여, 수동성과 능동성, 수용성과 주도권의 장악 사이에서 조화를 이룰 때 비로소 역동성을 지닌다. 엄연히 존재하는 사실을 부정하는 순간, 삶과 행동 사이에 필연적인 괴리가 생기기 때문이다. 삶에 능동적으로 대처하기 위해서는 주어진 상황을 사실로 인정하는 자세가 필요하다.

인간의 삶은 분명 적극적인 참여를 요구한다. 만약, 예상치 못한 상황에 휘말릴까 두려워 발을 깊숙이 담그지 않고 머뭇거린다면, 비록 실패할 위험은 줄어들지 몰라도 결과적으로 실패하는 삶을 향해 달려가는 것과 다름없다. 그런 경우에 우리는 진정한 의미에서 행복을 느낄 수 없다. 행복은 결과 이전에 삶에 참여하는 과정을 통해서 이루어지기 때문이다.

모든 분야에서 마찬가지다. 승리하고 싶은 운동선수나 성공하고 싶은 예술가는 온 힘을 다해 달려야 하며 말 그대로 최선을 다하는 것 외에 다른 선택은 없다. 사랑할 때도 머뭇거리며 가까이 다가서지 못하는 사람은 자신의 망설임 때문에 관계가 더 이상 발전하지 못하고 끝내 깨지고 만다.

일하거나 공부할 때도 마찬가지다. 온 힘을 다하지 않고 일을 대충 할 때는 어떤 만족도 얻을 수 없다. 성공하는 삶은 언제나 적극적인 참여의 산물이며, 아낌없이 열정을 쏟아부은 노력의 열매일 뿐이다.

우리는 자신의 삶에 책임을 져야 한다. 우리가 지니고 있는 능력을 적극적으로 개발하고, 결점을 과감하게 고치고, 뒤따르는 사건들에 적절하게 대처하며, 다른 사람들과 좋은 관계를 맺고, 자신을 돌아보며 사는 것이 무엇보다 중요하다. 조건만 탓하고 있을 수는 없다. 상황을 탓하기 전에 주어진 조건에서 최선을 다해야 한다. 행복뿐 아니라 불행의 책임도 전적으로 자신에게 있다. 이런 적극적 삶의 태도는 오늘날 널리 퍼져있는 방식, 즉 자신의 실패가 상황과 조건 때문이라며 스스로 희생양이라고 주장하는 '제물의 삶'과 완전히 대척점에 서는 것이다.

어떤 사람은 무슨 일이든 결과에 대해 책임을 느끼지 않거나 은 연중에 느끼지 않으려고 한다. 책임이 주는 부담과 고통 때문이다. 모든 일의 결과는 자신과 상관없이 이루어진다고 말하면서, 주도적 역할을 팽개친다. 그런 사람들은 너나없이 똑같은 변명을 해댄다. 그들에게 일어나는 불행한 일은 다른 사람들의 잘못이며, 운이 없거나 국가의 책임이라는 변명이다. 이런저런 불행도 외부의 원인에서 비롯된 것이라고 주장하며, 문제의 해결 또한 언제나 외부에서 주어지기를 기다린다. 이런 고질적인 무책임은 대개 자의식의 결여에서 비롯된다.

이런 변명에 대해 서양에서는 종교가 알리바이 구실을 하며 무책임을 키웠다. 자신의 삶의 정당한 책임을 종교가 앞장서 오히려 면제시켜 주었다. 많은 사람은 성직자들을 전적으로 믿고 그들이 문제를 해결해 주기를 기대하며 고통의 원인을 낱낱이 고백했다. 마귀가 모든 악의 근원이고, 가톨릭의 종교적 성사가 상처 입은 영혼을 치유하며, 교회는 사회적 요구와 필요를 담당한다.

이를테면 교회는 아이들의 교육이나 환자의 치료, 출생·결혼·죽음과 같은 인생의 대사가 있을 때마다 개인들의 삶과 동행하며 그들의 많은 요구를 수용했다. 그러나 지난 2세기 동안 교회는 사회와 신앙에 대한 영향력을 크게 상실했으며, 교회가 오랫동안 해온 역할을 이제 국가가 대신하기 시작했다.

삶의 커다란 관습들이 바뀌는 것처럼, 학교와 병원은 점점 교회에서 분리되어 영리법인에 의해 운영된다. 이와 같이 많은 개인들에게 이제 국가-신이 이전의 교회-신을 대신하고 있다. 이제 개인들은 국가-신에게 모든 것을 기대하며, 불행이 닥치면 마치 자신이 희생물인 양 피해자의 입장에서 주저 없이 도움을 요구한다.

농업이나 산업의 어떤 부문이 위기에 처했다면? 공공 정책들이 개별적인 경제 위기에 책임이 없더라도 사람들은 해결책을 찾을 때 먼저 국가에 의존한다.

자연재해가 일어나면? 사람들은 버젓이 위험지역이나 수해지역에 집을 짓고는 물난리가 나면 당연하다는 듯이 언제나 정부에 해결해 달라고 요구한다. 옛날의 인질[01]은 자기가 입은 피해를 보상하라며 정부에 수백만 유로의 보상금을 요구한다. 정부가 마땅히 대비했어야 하는데 제대로 대처하지 못했기 때문에 일어난 일이니 자신에게는 책임이 없다고 말한다. 이런 일들을 보면서 우리는 줄곧 우리의 정신세계에 깊숙이 스며든 희생-책임 면제의 소극적 의식을 보게 된다.

철학자 장 폴 사르트르는 1946년에 『실존주의는 휴머니즘이다』에서 자유와 책임의 연관성을 명백하게 설명했다.

우리는 자유롭다고 주장하며, 또한 자유로운 존재다. (…) 우리의 삶에 의미를 부여하는 것은 우리가 지닌 자유다. 그러나 자유가 우리에게 모든 가능성을 열어주지만 그와 동시에 우리는 자유에서 파생되는 결과를 수

---

01 종교적 의미로 사람을 의미한다. 악이나 불행의 원인에 대해 종교는 사람의 책임을 묻기 전에 악마의 행위라고 판단하므로 사람을 악마의 인질이라고 표현했다. '옛날의'라는 수식어를 사용한 이유는 종교가 이제는 옛날처럼 영향력을 행사하지 못하기 때문에 종교적 의미의 제물 또는 인질이라는 단어가 오늘날에는 시효를 상실했다는 뜻이다. _역자

용해야 한다. 존재에 대한 책임이 전적으로 우리 어깨에 지워진다는 사실을 인식해야 하며, 책임에 담겨있는 두려움도 마땅히 우리가 감당할 몫이다.[02]

사르트르보다 한 세기 전에 러시아 작가 표도르 도스토옙스키는 『카라마조프의 형제들』에서, 그런 두려움이 많은 사람으로 하여금 자유를 포기하고 사회제도로 돌아서게 만든다고 말했다. 자유가 아니라 제도가 제대로 자리를 잡아야 개인들이 먹고, 거주하고, 치료받고, 표지가 잘 그려진 길에서 안전하게 살아가는 등 가장 본질적인 기초 생활이 보장된다고 믿기 때문이다.

도스토옙스키는 가톨릭교회가 인간의 두려움을 교묘히 이용했다고 주장하면서 종교제도를 신랄하게 비난했다. 종교의 권위로 개인들을 지배하기 위해 신변 안전을 명분으로 내세우며 그리스도가 인간에게 보장했던 자유를 교회가 박탈했다고 본 것이다.

도스토옙스키의 예리한 분석은 장차 닥칠 20세기 전제국가의 도래를 이미 한 세기 전에 예견한 것이다. 개인들이 두려움을 느끼는 순간, 그들은 자유를 포기하고 강력한 권력에 의지하기 때문에 은연중에 무서운 힘을 지닌 독재를 선호하게 된다. 자유를 포기하는 순간, 책임도 없어지기 때문에 그때부터 개인들은 모든 책임에

---

02   장 폴 사르트르, 『실존주의는 휴머니즘이다』, 갈리마르, 폴리오 에세, 1966, p. 31

서 면제된다고 생각하기 때문이다.

반면에 자유에서 파생된 결과를 기꺼이 받아들일 준비가 된 사람들은, 자신들이 삶의 진정한 책임자라는 사실을 분명히 인식한다. 삶의 돌발적인 상황들을 완벽하게 해결하는 일종의 '완전한 보험'은 존재하지 않는다. 그들은 자유로운 삶과 불가분의 관계에 있는, 책임지는 삶을 살기 위해, 행동의 결과를 기꺼이 인정한다. 불가피한 외부의 장애에 대한 최상의 해법은 자신들의 내적인 응답이라는 사실을 알고 있다.

그들은 의지적인 포기를 통해 장애의 무게를 크게 줄일 수 있다고 믿는다. 일단 상황을 기꺼이 받아들인 개인의 주도로 장애를 적절히 극복할 수 있기 때문이다. 그들은 해법이 외부에 있는 것이 아니라 존재하는 사실을 인정하고 나름대로 극복하는 자신의 내면에 있다는 사실을 안다. 그들이야말로 책임에 뒤따르는 두려움을 넘어 현재와 미래의 진정한 행복을 누리는 삶의 주인이다.

한 가지 덧붙인다. 책임감에 대해 깊은 내적 경험을 할 때 우리는 다른 사람들과 두 가지 방법으로 연관된다는 사실을 알게 된다.

먼저, 우리의 행위가 다른 사람들에게 끼칠 수 있는 결과를 뚜렷이 인식하게 된다. 우리는 아무렇지 않게 내뱉은 말이 다른 사람에게 큰 상처가 되고, 사랑하는 사람들을 아프게 만들었던 슬픈 경험을 가지고 있다.

자신의 삶에 책임을 지려면 우리는 생각과 말, 행동을 절제해야 한다. 언제나 깨어 있어야 하고, 조심하고, 생각 없이 무턱대고 살지 않아야 한다. 만약 우리가 잘못을 저질렀다면, 서투르게 처신했다면, 실수했다면 먼저 잘못을 깨끗이 인정해야 한다. 그리고 가능한 한 잘못을 고치려고 노력해야 한다.

다음으로, 우리는 더욱 폭넓게 다른 사람들과 연관된다. 개인의 책임의식이 집단에 대한 책임의식으로 발전하기 때문이다. 이 부분에 대해서도 사르트르가 이미 분명하게 강조했다.

사람이 자신에 대해 책임이 있다고 말할 때, 이 말은 엄격한 의미에서 자기 자신에 대해 개인적인 책임이 있다고 말하는 것이 아니라 모든 사람에 대해서 공동의 책임이 있다는 말이다.[03]

다른 사람들과 함께 기꺼이 감당하는 의무는 인간의 의지적인 자유에 인격을 부여하며, 자신의 삶을 통한 참여로 인류를 위한 책임을 진다. 앙투안 드 생텍쥐페리는 소설 『인간의 대지』에서, 비행기 사고로 죽은 조종사 친구 앙리 기요메를 추모하는 감동적인 구절을 통해 이와 같은 생각을 표현했다.

---

03   장 폴 사르트르, 앞의 책

인간이라는 말은 달리 표현하면 책임 있는 존재라는 말이다. 자신과 상관없는 것 같은 타인의 비참함에 대해 자신이 부끄러움을 느끼는 것이다. 그리고 동료의 승리를 자신도 함께 자랑스러워하는 것이다. 그것은 돌 하나를 쥐고 세상을 짓는 데 기여한다고 느끼는 것이다.[04]

우리는 더불어 사는 인간애의 가치개념을 인류의 정신사조 안에서 수없이 발견한다. 인간애의 기본 사상은 불교와 그리스도교의 중심에 있으며, 고대 현인들에 의해서도 강조되었다. 기원전 4세기에 중국의 맹자는 인(仁)이라는 인류의 미덕을 상기시켰다.

모든 사람은 숨길 수 없는 인간의 본성을 지니고 있다. (…) 우물에 빠진 아이를 사람들이 보았다고 가정해 보자. 사람들은 모두 예외 없이 두려움과 연민을 느낄 것이다. 그들이 보이는 반응은 아이의 부모에게 좋은 소리를 듣고 싶은 욕망 때문도 아니고, 이웃 사람들이나 친구들에게 좋은 평판을 들으려는 계산도 아니며, 아이가 울부짖는 소리를 듣고 흥분해서도 아니다. 그것은 우리의 내면에 이미 인간에 대한 근본적 연민이 있기 때문이다. 자기의 마음 안에 다른 사람을 동정하는 마음이 없다면, 다시 말해 인간의 본성이 없다면 그는 이미 사람이 아니다.[05]

---

04   앙투안 드 생텍쥐페리, 『인간의 대지(Terre des hommes)』, Le Livre de Poche, 1939, p. 59

05   『맹자』, II, A, 6

피에르 신부의 간단한 이 말이 나를 크게 감동시켰다.

우리 주변에 다른 사람들이 없다면 우리는 결코 행복할 수 없다.

실제로 우리는 다른 사람들과 관계를 맺지 않고는 행복할 수 없는 존재다. 엠마우스 공동체의 설립자 피에르 신부는, "많은 사람이 불행에 빠져있을 때, 그들을 돕지 않으면 인간은 절대로 행복할 수 없다"라며, 심층적인 의미에서 인간관계의 중요성을 말한다.

물론 어떤 사람도 세상의 모든 고통을 자신의 어깨에 짊어질 수는 없다. 그러나 고통을 겪고 있는 사람들을 배려하고, 우리가 할 수 있는 한 그들의 고통을 줄이는 데 참여하고, 지금보다 조금이라도 나은 세상을 만들려고 노력하는 것은 우리의 마음을 열고 우리의 마음을 보다 가치 있게 넓히는 것이다. 이것이야말로 진정한 행복을 얻기 위한 기본 조건 가운데 하나다(나중에 사랑과 연민에 대해서 말할 때 이 주제로 다시 돌아오겠다).

자신의 존재에 대해 책임이 있다고 느낄 때, 동시에 우리는 자신의 삶에 대해서도 책임을 느낀다고 확신한다. 다시 말해, 행동의 결과로 나타난 사실에 대해 책임을 질 때 비로소 행동의 원인이 되는 사는 방법, 즉 삶의 태도에 책임을 지게 된다. 그때 우리는 자신의 개인적인 영역을 초월하는 보다 폭넓은 삶을 위해 적극적 동기를 지니게 된다.

이를테면 우리는 지구의 반대편 끝에서 고통받고 있는 다른 나라 사람들을 생각한다. 마치 우리가 직접 겪는 것처럼 다른 나라의 독재에도 연관이 있다고 느낀다. 우리는 머잖아 돌에 맞아 죽게 될 이란의 한 여인을 구하기 위해, 중국의 한 정치범을 석방시키기 위해 생각과 행동을 모을 수 있다. 나아가 우리는 지구 환경과 살아있는 모든 생물의 운명에 마음이 끌릴 수 있다. 지구가 오랫동안 존속하도록 환경 보전을 위해 투쟁하고, 동물 학대에 맞서 싸우고, 인종청소의 추악한 폭력을 멈추기 위해 투쟁할 수 있다.

어떻게 생명을 사랑한다면서 그것을 처참하게 파괴할 수 있는가? 자신의 고통에는 아프다고 소리치면서 어떻게 동물학대를 방관할 수 있는가? 지구를 사랑한다면서 어떻게 지구가 희생양이 되는 극심한 약탈에 무관심할 수 있는가?

존재에 대한 심층적 고찰을 통해 나는 개인을 넘어서 연대책임에 대해 새로운 의식을 지니게 되었다. 그래서 나는 오래전부터 자선단체와 환경단체에 참여하게 되었다. 20년 전 에릭 드 로맹, 발레리 아트와 함께 '국경 없는 환경'이라는 단체의 설립에 참여했고, 휴버트 리베스와 함께『지구의 악』이라는 저서를 출간해 미래의 삶을 심각하게 위협하는 문제들을 고발했다.

비록 내가 해온 행동은 대수롭지 않지만, 보다 가치 있는 삶을 위한 연대행동은 우리와 세상을 가깝게 맺어주고 지구상에 엄연히 존재하는 폭력과 파괴에 맞서 단호하게 거부의사를 전달하는 효과적인 방법이 되었다. 우리가 이렇게 적극적이고 능동적으로 행동하는 동안 세상은 점점 변화한다.

행동할 때와 행동하지 않을 때를 구분하라

Petit traité de vie intérieure

몽테뉴가 『수상록』의 서두에서 이렇게 말했다.

사람은 행동하기 위해 태어났다.[01]

결국 행동한다는 의미다. 인간은 자신을 다듬고, 변화시키고, 만족을 이끌어 내기 위해 현실의 필요성에 적극적으로 대응하고 행동한다. 이런 내면의 요구에 따른 의지적 행동이 동물과 인간을 구별하는 특징으로 인간의 고유한 특성 가운데 하나가 된다.

동물들은 땅굴을 파거나 둥지를 틀거나 벌집을 지을 때 인간처럼 즐거움의 원리를 따르지 않는다. 아름다운 집을 지으려 하거나 큰 둥지를 지으면서 기쁨을 누리려 하지 않고 오직 생존 본능에 따라 자기가 살 집을 짓는다. 반면 인간은 생존의 필요를 넘어서 일과 행동에서 창조의 욕망을 느낀다. 무위도식은 인간을 파괴한다. 인간을 짓누르고 권태롭게 만들며 자신의 존재감을 느끼지 못하게 한다. 시간이 지나가기만 바라며 한가하게 살아가는 인간은 결코 자신의 가치 있는 인간성과 고유한 개별성을 발전시키지 못한다.

일의 가치를 인식하는 인간의 고유한 특성은 이미 어릴 때부터 모습을 드러낸다. 네 발로 기어 다니며 스스로 이동하기 시작하면서부터 아이는 장난감이나 조립하는 물건들을 가지고 재밌게 시간을 보낸다. 자라면서 아이들은 단순히 만지는 것보다 뭔가를 만드

---

01   몽테뉴, 『수상록』, I, 20

는 일에 열중한다. 잠깐 가지고 놀다가 곧 던져버리는 장난감보다 아이들은 퍼즐이나 집짓기처럼 자기 손으로 만들면서 즐기는 놀이를 선호한다. 이미 어릴 때부터 행동의 기쁨을 인지하는 것이다.

일한다는 것, 행동한다는 것은 우리의 바람직한 삶과 자기실현을 위해서 반드시 필요하다. 내가 지금 말하는 일의 의미는 단지 생활하기 위해 돈을 버는 수단으로써 일하는 것, 다시 말해 '보수의 노동'을 말하는 것이 아니다. 모든 일, 이를테면 요리나 정원 가꾸기, 집안일이나 바느질처럼 열심히 참여하면서 즐거움을 느끼는 모든 활동을 말한다. 손으로 하는 일이든 정신적인 작업이든, 아니면 두 가지가 결합된 일이든 즐거움의 원리를 따르는 일이라면 무엇이든 상관없다.

요컨대 본능적인 생존 욕구를 넘어서 균형 있는 삶을 이루기 위해 내면의 요구에 부응하는 모든 일을 말한다. "열심히 일한다"는 것은 결국 자신의 고유한 가치를 높이기 위해 나름대로 행동한다는 의미가 된다. 일을 하면서 사람은 자신을 둘러싸고 있는 세상의 변화를 무관심하게 바라보지 않는 적극적 참여자가 된다. 일을 통해 현실과 만나면서 자신의 존재, 취향, 추구하는 가치가 세상과 무관하지 않다고 느낀다. 말하자면 사람은 일하면서 현실의 요구에 부응하며 자신이 속한 현실에 익숙해진다. 결국 일한다는 것은 달리 표현하면 세상에 자신을 표현한다는 말이며, 세상이 자기실현의 도장이 된다는 말이다.

사무실에서 일하면서 직원은 자신이 다루는 서류에 능력을 드러
낸다. 보다 좋은 조건에서 일하려고 승진을 꿈꾸는 어떤 직원은 자
신의 일을 통해 능력을 표현하며 나날이 새로운 변화를 도모한다.

페인트칠을 하고 장식을 바꾸며 방을 아름답게 꾸미는 사람은
일이 끝나면 자신이 현실을 변화시켰기 때문에 그 방에 새로운 결
과가 나타났다는 사실을 알게 된다. 결국 일하면서 자신이 가치 있
는 행동을 하게 되었고, 그 행동을 통해 한 걸음 진전했고, 진전된
결과를 보면서 기쁨을 얻을 수 있다는 사실을 깨닫는다. 그렇다면
그의 시간은 헛되지 않았으며, 그는 시간을 무의미하게 낭비한 것
이 아니다.

철학자 알랭은 이렇게 말했다.

일은 사람에게 유일하면서도 매력적인 즐거움을 선사한다. 능력의 결
과이면서 동시에 능력의 근원인 자유의지를 행사하면서 마침내 사람은 즐
거움을 느끼기 때문이다. 다시 말하지만, 산다는 것은 현실을 참고 견디는
것이 아니라 자유롭게 행동하는 것이다. (…) 모든 일에 본질적으로 행동의
기쁨이 있다. 왜냐하면 일하는 사람은 결과를 만들어내고 언제나 새롭게
배우면서 서서히 자기를 실현하기 때문이다.[02]

---

02 알랭, 『행복의 언어』 Ⅰ, 갈리마르, 플레이아드 문고, 1956, p. 636

대부분의 영성과 지혜의 사조는, 일을 통해 인간의 자의식이 성장한다는 사실을 알았다. 4세기에 서방의 신앙공동체에서 중요한 역할을 담당했던 베네딕트는 가톨릭 수도사들의 생활 규범을 제정했다. 오늘날에도 베네딕트 수도회, 시토 수도회, 트라피스트 수도회 등 많은 신앙공동체에서 베네딕트가 제정한 규범에 따라 은거·기도 생활에 몰두한다. 자신의 일을 수도원의 소중한 정신적 가치로 끌어올리면서 마침내 서양에서 그리스도교 수도회의 아버지가 된 그는 나태와 무위도식을 '영혼의 진정한 적'[03]이라고 정의했다.

주교들이나 사도들 뿐 아니라 수도사들도 열심히 그리고 즐겁게 일하면서 살아갈 때 비로소 진정한 수도사라고 부를 수 있다. 어떤 순간에도 나태가 영성 수련의 변명이 될 수 없다.[04]

17세기에 바루크 스피노자는 일의 의미를 '행동하는 능력'이라고 불렀고, 일은 모든 사람을 위해 "존재 가치를 증대시킨다"라고 말했다. 이 네덜란드 철학자는 행동을 통해, 다시 말해 '결과를 낳는 능력'을 행사하면서 인간성이 실현된다고 주장했다. 우리 자신이 그 자체로 어떤 결과의 원인이 되지 않으며, 실제로 수행한 행동이 원인이라고 본 것이다.

---

03 『베네딕트의 규범』, 48, 1
04 앞의 책, 28, 8

이렇게 말하면서 스피노자는 행동이 '인간의 본성 자체'[05]로서 유일한 본질이라고 평가했다. 반면에 소극적 태도는 무능력의 표현이며 불만족의 원인이 된다고 말했다. 덧붙여 그는 사유의 핵심 가치인 기쁨은 행동하는 능력과, 그에 동반되는 생각하는 능력이 내면에서 성장할 때 자연스럽게 증가한다고 주장했다.

일을 해야 하는 필요성, 다시 말해 세상에서 살면서 행동해야 하는 필요는 다양한 형식으로 나타난다. 내가 생각하기에 일의 궁극적 도달점은, 자신의 내면에서 예술적 의미의 창조성을 발견하는 것이다. 예술가는 단지 유용한 물건을 만드는 데 만족하지 않는다. 자신의 주관이나 개인적인 열정을 일하는 대상에 쏟아부으면서 예술가는 그 일을 통해 삶의 가치를 높이고 자신의 비전을 구체화한다. 그리고 그의 비전은 머잖아 '감동'과 '공감'을 통해 다른 사람들과 다시 만나게 된다.

예술적 창조는 즉각적 보상이 따르지 않고 실제적 유용성이 아닌 무상(無償)의 행동으로서, 인간의 가장 깊은 심층에 존재하는 상징적인 행동이기 때문이다. 내면의 상징이 구체적으로 실현될 때 우리는 내면에 대해 거침없이 마음과 영혼이라는 표현을 사용한다. 달리 표현하면 우리는 훌륭한 예술 작품을 대하면서 우리는 "감동받았다" "흥분했다" "마음이 흔들렸다"라고 말하며 내면의 변

---

05   바루크 스피노자, 『윤리학』 IV, 서문

화를 강조한다. 이처럼 예술적 창조를 통해 우리가 요구하는 것과 우리에게 요구되는 것은 실용적 가치가 아니라 미적 가치며, 이는 무상(無償)의 정신적 가치다.

우리 모두는 예술적 창조자다. 인간의 내면에 타고난 본성이 있는 한 모든 사람은 너나없이 내면의 깊은 곳에 예술적 능력을 지니고 있다. 개인의 예술성이 때로는 자연스럽게 밖으로 표현되기도 하지만, 때로는 다른 사람들의 시선을 의식하면서 끝내 드러내지 못하기도 한다.

우리가 창조한 작품에 대해서 뿐만 아니라, 우리의 존재와 의식과 가치에 대해서 다른 사람들의 시선을 두려워하기 때문이다. 그러나 우리가 머뭇거리지 않고 대담하게 행동하는 순간, 개인에게 내재된 가치가 마침내 일을 통해서 세상에 모습을 드러낸다. 일은 단순히 대상을 만드는 행위가 아니라 일을 통해 자신의 심층적 가치, 즉 예술성을 표현하기 때문이다.

나는 어릴 때부터 피아노를 배우고 싶었지만 정작 서른 살이 되어서야 피아노를 배우기로 결정했다. 또한 어릴 때부터 글을 쓰고 싶었지만 마흔 살이 되어서야 비로소 소설에 처음 손을 댔다. 내 의식 안에는 적든 크든 언제나 다른 사람들의 판단에 대한 두려움이 있었기 때문이다. 수많은 사람이 이미 자신의 재능을 마음껏 드러내면서 글을 쓰고 있고, 피아노를 멋지게 연주하고 있지 않은가! 재능도 여건도 변변치 않은 내가 제대로 할 수 있겠는가!

생각에 마무르지 않고 한걸음 더 나아가 실제 행동으로 옮기기 위해 나는 경직된 자아에서 벗어나는 훈련이 필요했다. 또한 다른 사람들의 시선에 대한 두려움을 떨치기 위해 더욱 오랜 시간과 노력이 필요했다. 자신에 대한 믿음의 결여와 왜곡된 자아로 나는 얼마나 많은 시간을 낭비했는가!

우리 안에 내재하는 창조성을 꽃피우고 다양한 방법으로 드러내려면 무엇보다 당당히 행동에 옮겨야 한다. 목공을 좋아하는 사람은 대개 탁자와 의자를 만들 수 있는 기본 능력을 갖추고 있다. 그리고 그에게는 의자와 탁자를 만드는 능력을 넘어 보다 멋진 가구를 제조할 수 있는 잠재력이 숨어 있다. 의자를 만드는 기본 능력을 지닌 그에게 이미 본질적인 예술성이 내재하기 때문이다.

용기 있게 행동에 옮기는 순간, 그는 머잖아 아름다운 가구를 보여줄 수 있다. 채소를 재배하는 정원사는 배추와 당근을 심으면서 동시에 자기 정원에 아름다운 꽃을 심을 수 있다. 이처럼 우리들 각자는 일상생활을 하면서 실용성과 더불어 미적 가치를 창조할 수 있다. 우리는 일을 하면서 우리의 내면에 존재하는 아름다운 예술성을 개발하고 창조의 즐거움을 만끽해야 한다.

그렇지만 지나친 것은 언제나 부족한 것만 못하다. 우리는 일과 예술적 창조의 이익이 무엇이든, 일에서 파생되는 위험을 피하는 방법을 먼저 알아야 한다. 지나치게 많은 일을 벌이는 것은 행동의 무절제이며, 그것은 행동의 부재와 다를 바 없이 위험한 일이다. 무절제한 행동은 결국 숱한 장애에 부딪치며 행동을 방해하기 때문이다.

모든 것이 순식간에 지나치는 다중(多重)의 시대에 살면서 우리는 끊임없이 자극을 받고, 모든 요구에 대답하기를 바란다. 모든 일에 유능한 사람이 되기를 원하면서 우리는 어느새 일에서, 가정에서, 사회생활에서 끊임없이 인정받으려는 욕망의 노예가 된다. 잠시도 휴대폰을 손에서 놓지 않으며, 얼굴은 언제나 컴퓨터를 향하고 있다. 아이들은 장난감이 진열된 방에서 좀처럼 떠나려 하지 않는다.

자는 시간과 깨어있는 시간이 균형을 이뤄야 하는 것처럼 우리에게는 반드시 휴식이 필요하고, 때때로 긴장을 풀어야 한다. 휴식을 취한다는 것이 단지 쉬거나 잠자는 것을 의미하지 않는다. 휴식의 진정한 의미는 가끔 한가로이 거닐기도 하고, 정원의 나무를 물끄러미 바라보기도 하고, 생각 없이 창밖을 쳐다보기도 하는 것이다. 쓸데없는 것 같고, 하찮고, 단순하고, 가볍고, 계획하지 않은 일을 하면서 때로는 촘촘한 일상에서 벗어나는 여유가 필요하다.

뚜렷한 목적도 대상도 없는 무상의 여가에 가끔 자신을 풀어놓으면서 몸과 마음의 휴식을 취할 수 있다.

장 자크 루소는 『고독한 산책자의 몽상』에서 그의 생각을 아름다운 구절로 표현했다.

이런 종류의 아름다운 몽상을 우리는 어떤 곳에서도 맛볼 수 있다. 조용한 장소라면 어디든지 상관없다. 나는 가끔 바스티유 감옥이나 심지어 시야에 영향을 주지 않는다면 지하 독방에서도 매우 유쾌하게 꿈꿀 수 있으리라고 생각했다.

덧붙여 루소는 이런 상태가 어떻게 이루어지는지 분명하게 가르쳐 주었다.

이런 상태가 무엇이든 영혼을 동요하지 않고 단순하고 부드러운 생각들이 조용히 의식의 표면을 스치고 지나갈 뿐이다. 마음의 고통을 모두 내려놓고 자신을 바라보는 것으로 충분하다.[06]

내 친구 장-클로드 카리에르가, 휴식을 취하기 위해 매우 독창적인 방법을 내게 알려주었다. 그는 다양한 활동을 하는 친구인데, 나는 그가 서두르며 일하는 모습을 본 적이 없다. 그 친구가 언제나 여유 있게 일하는 비결은 남들이 안보는 곳에서 더 열심히 일해서가 아니라, 오히려 가끔 일하지 않는 여유에서 비롯됐다. 그가

---

06 장 자크 루소, 『고독한 산책자의 몽상(Les Rêverie du promeneur solitaire, cinquième Promenade)』

보여준 능력의 원천은 결국 적절한 휴식에 있었다. 그는 효과적으로 휴식을 취하는 방법을 나에게 많이 알려주었지만, 여기에 한 가지만 적어본다.

그는 새해가 시작될 때마다 새 다이어리를 받으면 무턱대고 다이어리를 펼쳐 대략 열흘 정도의 날짜에 밑줄을 긋는다. 그날이 무슨 날인지 따지지도 않고 마음대로 표시하고는, 마침내 그 날짜가 되면 일은 물론 아무 약속도 하지 않는다. 그날들은 전적으로 자신에게 속한 날들이라고 말한다. 밑줄 친 날이 되면 그는 24시간을 제멋대로 사용한다. 하루 종일 잠을 자기도 하고, 책도 읽고, 산책도 하고, 자신을 돌아보는 시간을 보내기도 하면서 일상적인 의무를 완전히 내려놓는다.

어떤 사람은 주말을 활용해 여가 시간을 정하기도 하고, 해마다 몇 주를 정해놓고 나름대로 휴식을 취하기도 한다. 휴식을 취하는 방법과 형식은 별로 중요하지 않다. 중요한 것은 일과 기타 활동으로 분주한 우리가 반드시 휴식하는 시간을 보내야 한다는 사실이다. 우리는 아까운 시간을 낭비한다고 초조해하거나, '잃어버린 시간'이라고 생각하면서 휴식 시간을 못내 두려워한다. 그러나 휴식을 취하는 시간은 쓸데없는 낭비가 아니라 '얻는 시간'이며, 일을 위해서도 매우 소중한 시간이라는 사실을 알아야 한다.

일이 점점 많아지면서 나도 휴식의 필요성을 느끼고 실행에 옮졌다. 내 직업은 많은 긴장을 요구하며, 미디어·연구·저술로 다양하게 흩어져있기 때문에 종종 버거운 상황을 맞게 된다. 사람들은 이렇게 많은 일을 어떻게 제때에 어김없이 처리할 수 있느냐고 내게 묻는다. 그때마다 내 대답은 한결같다. "아무것도 하지 않는 시간이 있기 때문에 오히려 많은 일을 할 시간이 생긴다"라고 나는 거침없이 말한다.

바쁜 일상에 지치지 않고 삶의 조화로운 균형을 유지하기 위해 나한테는 아름다운 자연이 매우 중요한 역할을 한다. 스무 살 이후 나는 파리에서 멀리 떨어진 한적한 시골에서 많은 시간을 보낸다. 특별한 목적 없이 자연을 즐기며 매일 산책하고, 강아지와 고양이가 뒤엉켜 재미있게 뛰노는 모습을 바라보고, 잡지를 읽고, 테니스를 치거나 축구를 한다. 긴장을 푸는 이런 틈새를 통해서 다시 생기와 활력을 되찾고 나서야 나는 다시 책상에 앉는다. 그때 일의 효과는 무려 열 배가 된다. 심적으로 피곤하고 긴장된 상태에서는 적어도 사흘이 걸리는 일을 불과 세 시간 만에 넉넉히 끝낼 수 있다는 사실이 얼마나 행복한지 모른다!

일에 몰두하고 적극적으로 행동하는 것이 물론 중요하다. 그러나 가끔 일에서 떠나 일정한 거리를 둘 때 오히려 풍부한 결실을 맺을 수 있다.

5.

명상을 통해
하루하루를 살찌우라

Petit traité de vie intérieure

우리를 켜켜이 에워싸고 있는 숱한 사건들과 거리를 두기 위해 고독과 침묵이 필요하지만 정작 우리는 고독과 침묵을 두려워한다. 너무 많은 말과 음악, 소음과 외침이 넘쳐나는 세상에 살면서 우리는 소리가 없으면 왠지 불안해 어쩔 줄 모른다. 겨우 30분 정도 외부의 자극이 없어도 어느새 불안해진다. 모처럼 맞는 조용한 시간에 침묵을 즐기기는커녕 세상과 만나기 위해 서둘러 전화기를 붙잡는다.

우리 곁에 아무도 없다는 사실이 두렵고, 외부의 침묵을 통해 다가오는 내면의 정적에 두려움을 느끼는 것이다. 그러나 우리의 몸이 휴식을 요구하듯 우리의 영혼은 종종 내면의 침묵을 요구한다.

진정한 침묵은 소리의 부재가 아니라 자신의 가장 깊은 곳에서 내면의 고요를 발견하는 것이다. 다시 말해 내면의 침묵을 억지로 만드는 것이 아니라 자신의 내면에서 고요를 발견해야 한다. 내면의 고요는 이미 자신의 가장 깊은 곳에 맑은 의식과 순전한 자아의 형태로 존재하기 때문이다. 단순히 라디오나 텔레비전을 끄는 것만으로 진정한 침묵이 생기지 않는다.

외부에서 들려오는 소음보다는 영혼의 동요를 일으키는 내적인 소음에 이끌리지 말아야 하고 수많은 잡념의 노예가 되지 않아야 한다. 많은 사람이 조용한 분위기를 원하지만, 어떤 환경이든 우리의 의식이 요동친다면 외부의 조건은 사실 큰 의미가 없다.

　육신이 피곤할 때 일상에서 벗어나 편안한 휴식을 취해야 하듯 우리의 정신도 일상을 지배하던 많은 생각을 내려놓고 가끔 조용히, 마음이 진정되며, 날카로운 긴장에서 벗어날 필요가 있다. 이런 내면의 침묵을 통해 우리는 깊은 명상에 이를 수 있다. 그때 명상은 무기력한 행동의 멈춤이 아니라 새로운 도약을 위한 충전이며, 일상에 빼앗긴 자신을 다시 발견하는 정신행위다.

　명상은 그리스 철학자 아리스토텔레스가 말하는 '인간의 완전한 행복'을 추구하는 새로운 행동 개념이다.

　명상할 수 있는 능력이 많을수록 우리는 그만큼 더 행복해진다. 우연히 주어지는 무의미한 일상의 행복이 아니라 명상을 통해서 얻어지는 값진 행복을 누려야 한다. 명상은 그 자체가 이미 행복이라고 할 수 있을 만큼 가치가 충분하기 때문이다. 사실 진정한 행복은 명상의 한 형태이며, 깊은 명상으로 마음의 평안을 누릴 때 우리는 비로소 행복을 느낄 수 있다.[01]

　지금까지 인간의 정신세계에 지대한 영향을 끼친 지혜의 사조들은 예외 없이 고독과 내적 침묵의 중요성을 강조했다. 깊은 고독과 내면의 침묵을 통해서 우리는 명상과 신성함, 그리고 '절대'와 자기실현의 소중한 경험에 이른다.

01　아리스토텔레스, 『니코마코스 윤리학』, X, 7(명상에 대하여)

초보 단계에서 명상을 수행하려면 먼저 세상과 '분리'를 통한 내면의 고독이 필요하다. 부모 곁에서 마냥 어리기만 하던 우리가 부모와 떨어져 있으면서 새삼 자신의 존재에 대해 책임감을 느끼며 점점 성숙해지는 것처럼, 때때로 '분리'는 사람을 성장시키는 수단이 되며 자기실현을 위해 중요한 발판이 된다.

아이들이 점점 강해지는 것은 소속 집단에서 끊임없이 보호를 받기 때문이 아니다. 우리는 부모와 오래 떨어져 있던 아이를 다시 만나면서 몰라보게 성숙해진 모습에 크게 놀라곤 한다. 온실 같은 가정과 '분리'되면서 아이에게 내면의 자아가 성장하기 때문이다.

분리는 중요한 결정을 내릴 때도 유익하다. 옛날에 종족의 우두머리나 마을의 무당은 중요한 결정을 내리기 전에, 외딴곳에서 혼자 일정한 시간을 보내며 초자연적인 힘과의 소통을 시도했다. 결정에 필요한 맑은 의식을 얻기 위해 "의식을 깨끗이 씻는" 과정이 반드시 불가피하기 때문이다.

마찬가지로 예수도 요단강에서 세례를 마치고 나서 곧바로 사람들을 가르치지 않았다. 성서에 나오는 여러 선지자들의 전례에 따라 예수는 세상과 분리된 채 광야에서 40일 동안 혼자 지냈다. 침묵과 기도의 은둔 시간을 보낸 뒤에야 예수는 마침내 세상에 나가 복음을 전파하기 시작했다. 복음을 전하는 일은 단지 지식을 전하는 것이 아니라 무리에게 정결한 의식을 일깨우고 하나님의 거룩한 영을 만나게 하는 영적 사명이기 때문이다.

이슬람의 선지자 마호메트도 마찬가지였다. 그는 아리비아의 상업 도시 메카의 시끄러운 소음에서 벗어나 작은 동굴에 은거하며 깊은 명상에 들곤 했다. 분리는 이처럼 공간적인 장소의 이탈이라는 소극적 개념을 넘어 영적인 수양과 깨달음의 수단이 되었다.

내면의 침묵은 기독교의 선지자나 다른 종교의 영적 스승들을 위한 전유물이 아니다. 이런 능력은 우리 모두에게 주어졌으며, 명칭은 제각기 다르지만 대부분의 문화권에 전해진 간단하고 보편적인 훈련을 통해 누구나 터득할 수 있다. 대표적인 수행이 바로 불교의 명상이다. 명상은 불교 신자들이 수행하는 정신 수양의 한 방법으로, 마음의 동요를 가라앉히기 위해 완전한 무념 상태에 들어가는 것이다. 처음부터 만족할 만한 수준에 이를 수는 없지만 그렇다고 포기할 이유가 없다. 명상 훈련은 서서 할 수도 있고 누워서 하거나 길을 걸으면서도 할 수 있지만, 처음에는 의자나 바닥에 앉아서 편하게 하는 것이 좋다.

먼저 외부 세계와 자신을 분리시키면서 명상을 시작한다. 휴대폰이 옆에 있거나 눈에 띄는 가까운 곳에 있으면 명상은 이미 실패한 것이나 다름없다. 눈을 감고 등을 곧추 세우고 호흡에 집중한다. 무슨 생각이든 떠오르면 물 흐르듯 그냥 지나가게 내버려둔다.

기차여행을 하면서 창밖으로 온갖 풍경이 스쳐 지나가는 광경을 연상하면 된다. 기차가 한참 달리다 보면 어디선가 창문 밖으로 한가하게 풀을 뜯는 소가 보이고 교회의 종도 보인다. 우리는 별생각 없이 "저기 소가 보이네" "저기 종이 보이네" 하고 혼잣말로 중얼거린다.

그러나 교회의 종이 보이는 순간 금방 보았던 초원의 소는 이미 의식에서 사라지고 없다. 시간이 흐르면서 소가 의식에서 사라진 것은 소를 얼핏 보았기 때문이 아니다. 주의를 기울이지 않는 상태에서 여러 장면이 이어지면 지난 장면은 특별히 기억에 남지 않고 그냥 스쳐 지나간다. 마찬가지로 명상을 하면서도 순간순간 떠오르는 생각들을 무념의 상태에서 물 흐르듯 흘려보낸다. 떠오르는 생각을 굳이 지우려고 할 필요는 없다. 생각을 지우려는 집념이 오히려 무념의 상태를 방해하기 때문이다. 떠오르는 생각에 집중하지 말고, 더욱이 어떤 생각에도 집착하지 말아야 한다.

호흡을 가다듬고, 숨을 깊게 들이마셨다가 천천히 내쉰다. 몇 차례 반복하면 자기도 모르는 사이에 점점 긴장은 풀리고 맑은 의식이 몸을 감싸며 자신의 깊은 곳에 있던 고요와 만난다.

선불교의 선사들이 들려주는 다음 이야기는 명상의 과정을 잘 요약해 준다. 명상하는 사람은 산에, 생각은 구름에 비유한다. 어디선가 불어온 바람은 산을 감싸고 있는 구름을 몰아낸다. 구름이 걷히면 이내 다른 구름이 몰려온다. 바람은 쉬지 않고 구름을 몰아낸다. 그러다 보면 구름은 점점 옅어지고 푸른 하늘에는 군데군데 구름송이만 남는다. 바람이 계속 불면 마침내 구름송이마저 사라진다. 마침내 구름에 가려 형태를 알 수 없었던 산은 본래의 아름다운 모습을 드러낸다. 이처럼 잡념이 사라지면서 내면의 맑은 의식이 살아나는 것이 명상의 핵심이다.

의식을 혼란스럽게 뒤흔들고, 내려놓기를 방해하고, 자신의 내적 발견을 가로막던 생각들이 구름이 사라지듯 서서히 자취를 감춘다. 우리가 일상에서 경험하는 정신적·육체적 훈련들과 마찬가지로 명상을 제대로 수행하려면 무엇보다 규칙적으로 해야 한다. 조금씩이라도 매일 반복하는 정기적인 훈련이 필요하다.

처음에는 하루에 5분 정도 훈련하다가 차츰 10분, 15분으로 조금씩 늘려간다. 마침내 한 시간 정도의 명상을 하는 단계에 이르면 어느새 숙달된 수행자가 될 수 있다.

나는 명상을 종종 체조와 비교해서 설명한다. 팔 굽혀 펴기를 처음 할 때는 10번도 채 못하고 힘에 부쳐 땅바닥에 고꾸라진다. 한 달쯤 지나면 50번도 거뜬히 할 수 있게 근력이 다져진다. 이렇게 육체 훈련을 통해 몸이 점점 건강해지는 것처럼, 명상이 거듭되면 점점 내면에서 침묵의 공간이 넓혀지고, 넓어진 공간에서 더욱 깊은 명상이 가능해진다.

긴장되거나 마음속에 심한 동요가 일어나거나, 예기치 않은 스트레스나 두려움이 엄습할 때 명상은 매우 유용한 수단이 된다. 마음속에서 생각이 요동칠 때 일단 당황하지 말고 이미 알고 있는 방법을 사용해 마음의 격랑을 완화시켜야 한다. 그리고 온갖 잡념이 의식의 전면으로 거슬러 올라오는 순간을 깨닫고, 부정적인 생각에 깊이 빠져들기 전에 잡념에 휩싸이지 않도록 나름대로 의식을 통제한다.

1960년대부터 유럽에 참선 수행을 전파한 일본의 불교 스승 다이센 데시마루는 사람의 혼란한 의식과 흙탕물이 가득 들어있는 컵을 비교했다. 그는 "더러운 흙탕물을 맑게 만들기 위해 다른 수고가 필요 없다"라고 말했다. 그저 컵을 흔들지 말고 가만히 탁자 위에 올려놓기만 하면 충분하기 때문이다. 조금 시간이 지나면 컵의 물은 어느새 깨끗해진다. 더러운 흙은 컵의 바닥에 깔려있고 물은 저절로 맑아진다.

명상도 같은 방식으로 진행된다. 우리가 내면의 의식을 뒤흔들지 않고 가만히 놔두면 혼란한 생각은 어느새 바닥에 가라앉고 잡념이 걷힌 의식이 컵의 물처럼 맑아진다.

이런 '평신도의' 명상과 함께 다른 형태의 명상도 있다. 일반인들이 어렵지 않게 다가갈 수 있는 간단한 방법, 즉 침묵을 통해 얼을 수 있는 평범한 명상을 넘어서는 종교적 명상은 심오한 영적훈 련을 요구하기 때문에 지도자의 전문적인 도움이 필요하다.

티베트 불교에서는 내면의 침묵을 명상으로 인정하지 않고 수 행의 진전을 위한 사전 준비로서 초보 단계로 간주한다. 엎드려 절 하기, 만트라[02] 주문의 암송, 시각화 훈련 등이 그것이다. 이런 수 행은 무지와 속박으로부터 의식을 해방하고 궁극적으로 붓다의 깨 달음(覺)에 다다르기 위한 영성훈련이다.

이와는 다른 방식이지만 일신교에서도 명상을 찾아볼 수 있다. 그리스도교에서는 교인들이 예배를 드릴 때 처음에 묵상기도로 시 작한다. 교인들은 스스로를 외부의 세계와 분리시키면서 기도에 몰입한다. 이런 몰입이 일신교 교인들에게는 하나님과의 만남을, 그리스도인들에게는 그리스도와의 만남을 도와준다.

13세기에 토마스 아퀴나스는 내면의 기도, 즉 내적인 침묵 기도 를 "하나님과 신자가 마음과 마음으로 나누는 대화"라고 정의했다. 간단한 설명이지만, 나는 신자와 절대자 사이에 이루어지는 사랑 의 관계를 이보다 아름답게 수식한 경우를 보지 못했다.

하나님과 만나는 영적 일치의 상태에 이르기 위해 신자들은 내

면에서 자신의 의식을 안정시키는 방법을 배울 필요가 있다. 그래서 점점 더 많은 유대인, 그리스도인, 무슬림이 불교 명상의 기초를 배우는 것이다. 나는 많은 베네딕트 수도사들이 명상을 배우기 위해 일본에 가는 것을 보았다. 실제로 그들은 그리스도인으로서 보다 깊은 영성을 수양하기 위해 타 종교인 불교의 명상을 통해 큰 효과를 보았다.

나도 스무 살부터 히말라야에 있는 티베트의 라마승들에게 명상을 배웠다. 그때 매우 유익한 방법을 터득한 뒤로 지금까지 매일 명상을 수행하고 있다. 처음 시작할 때는 물론 생각처럼 쉽지 않았다. 어떤 날은 채 5분도 채우지 못하고 서둘러 끝마치는 경우가 있었고, 어떤 날은 한 시간 넘게 지속되기도 했다. 명상이 어느 정도 익숙해지고 마침내 일상처럼 안정되기까지 적잖은 시간이 걸렸지만 꾸준히 계속해서 지금은 자연스럽게 생활의 일부가 되었다.

명상은 심리적 동요에 흔들리지 않으면서 내면의 고요한 세계에 들어가도록 도와준다. 명상을 빠뜨리지 않고 매일 수행하는 것이 바로 내가 바쁘게 일하면서도 지치지 않는 열쇠 가운데 하나다. 명상을 통해 세상과 분리된 마음의 여유를 만들지 않는다면 나는 빈틈없이 짜여있는 빼곡한 일정표를 결코 감당하지 못할 것이다.

나는 세상의 소음과 마음의 동요, 일상의 걱정들에 붙잡힌 채 정상적으로 일한다는 일중독자들의 주장을 받아들이기 힘들다. 내 경험에 비추어볼 때 명상은 시간을 낭비하는 것이 아니라 오히려 시간을 버는 것이다. 자신의 삶에서 보다 멀리 도약하기 위해서는 마음의 족쇄가 되는 긴장을 풀어야 하는 것처럼, 명상은 우리가 더욱 분명하고 예리하게 자신의 임무를 완수하게 도와준다.

명상의 풍요를 만끽하며 멋진 결실을 증명하는 두 사람이 생각난다. 바로 빈센트와 달라이 라마가 주인공들이다.

가톨릭 사제인 빈센트는 가난한 사람들, 환자들, 전쟁 희생자들을 돕기 위해 수없이 많은 일을 했다. 특히, 돌보는 사람 없이 죽어가는 병자와 노인들을 위해 파리에 호스피스 센터를 처음 설립했으며, 이 센터는 나중에 살페트리에르 병원으로 발전했다.

빈센트는 부족한 시간을 쪼개서 사형수들과 죄수들을 방문했고, 한편으로 오스트리아 앤 왕비의 고해 신부로 일했다. 프랑스 마거리트 왕비의 궁중 사제장이 되었으며, 프랑스 대주교의 조카들을 가르치는 가정교사 역할도 했다. 또한 병중에 있던 루이 13세의 침상으로 부름을 받고 왕의 임종을 곁에서 지켜보았다.

그는 어떻게 이 많은 일을 감당할 수가 있었을까? 당연히 이에 대해 많은 질문이 쏟아졌지만 그의 대답은 아주 간단했다. 그는 모든 일을 제대로 수행하기 위해서 하루 네 시간의 기도가 필요했다고 말했다. 기도를 마치고 내면의 의식이 맑아지면 무슨 일이든 부담 없이 감당할 수 있었다고 설명했다. 결국 그가 초인적으로 일할 수 있는 힘은 세상과 분리된 네 시간의 기도에서 비롯된 것이다. 하나님의 일에 대한 사명감으로 충만했던 빈센트는 이처럼 기도의 힘으로 모든 사람에게 하나님을 전할 수 있었다.

위대한 인류애를 전하는 달라이 라마의 경우도 마찬가지다. 나는 달라이 라마와 만날 기회가 여러 번 있었는데, 그때마다 그는 변함없이 부드러운 얼굴로 사람들을 맞았고, 다른 사람들에 대한 따뜻한 배려와 온유한 자세를 잃지 않았다. 그러면서도 그는 세계를 돌며 정치적인 활동과 더불어 문화적·영적인 활동을 멈추지 않았다. 더욱이 그는 지구의 위대한 인물들뿐 아니라 소박한 서민에 이르기까지 한순간도 사람들과의 만남을 소홀히 하지 않았다.

그는 언젠가 나에게 그처럼 많은 일을 수행할 수 있는 비밀은 아무리 바쁘더라도 반드시 아침에 네 시간 동안 명상을 하고 나서야 비로소 하루의 일과를 시작한다는 것이라고 알려주었다.

지식으로 스스로를
자유롭게 하라

Petit traité de vie intérieure

무지가 모든 악의 근본 원인이다.

여러 현인 가운데 특히 붓다와 소크라테스는 끊임없이 지식의 중요성을 강조했다. 그들의 주장은 그때나 지금이나 변함없이 영원한 진리다. 사실, 지식과 분별력을 갖추지 않고 어떻게 인생을 제대로 살아갈 수 있는가? 우리는 인생을 살면서 악에서 선을, 거짓에서 진실을, 불의에서 정의를, 부정에서 긍정을 분별해야 한다.

인간보다는 오히려 동물들에게서 잘 발달된 기본적인 '구별 능력'은 초보단계에서 보면 본능적 감각이다. 동물들은 자신과 종족의 생존을 위해 해로운 것들을 단번에 직감적으로 알아차린다. 인간도 당연히 동물적 본능을 지니고 있다. 물론 우리는 교육과 사회화 과정을 통해서 본능적 욕구의 한계를 뛰어넘는다. 지나치게 본능적으로 행동하는 사람들을 비난하면서 그 정당성에 대해 일정한 거리를 두지만, 인간도 동물적 본능을 지녔기 때문에 본능 자체를 무시할 수는 없다.

어떤 사람은 남들에 비해 분명 뛰어난 직관을 지니고 있지만, 이런 직관만으로는 인간성을 충분히 누리며 살 수 없다. 우리를 보다 완전하게 만드는 가치는 이성이다. 이성은 생각을 통해 자신에게 주어진 사실을 판단하고, 지식을 적절하게 사용하고, 어떤 결정을 내리기 위해 사전에 지식을 분석하는 능력이다.

나는 이와 같은 인간의 판단하는 능력에 대해 동물들의 본능적 식별력과 구별해서 '이성적 변별력'이라고 부른다. 둘 사이의 본질적 차이는 무엇보다 습득 과정에 있다. 이성적 변별력은 타고난 자질이 아니라 교육과 지식을 통해 터득되는 사회적 개념이다. 변별력을 배우고 높이는 것은 인간으로서 정당하게 살기 위해 반드시 필요한 가치 가운데 하나다. 또한 변별력은 지식과 양심, 그리고 개인적 성찰을 요구한다.

철학의 정의가 어원이 뜻하는 대로 '지식에 대한 사랑'이라면, 변별력은 철학의 목적이며 진리를 추구하는 능력이라고 말할 수 있다. 물론 변별력을 인간의 유일한 정신적 가치라고 단정할 수는 없다. 우리는 그릇된 생각과 선입견, 선험적인 생각에 빠져있는 사람들도 생존하기 위해 나름대로 판단하며 살아간다는 사실을 잘 알고 있기 때문이다.

이처럼 판단하고 정의하고 결정하는 지식의 탐색이 좋은 삶을 위해 유일한 가치라고 말할 수는 없지만, 보다 인간적인 삶을 살기 위해서 반드시 필요한 가치임에 틀림없다. 인간적 삶이란 본능적 욕구를 넘어 아름다움과 정의, 선, 진리를 추구하며 보다 가치 있는 삶을 의미하기 때문이다.

독일 철학자 프리드리히 헤겔이 강조한 것처럼, 지식의 탐구는 결국 자유의 추구와 다르지 않다.

무지한 자는 절대로 자유로울 수 없다. 그는 자아를 상실하고, 자신을 벗어나 존재하는 '어떤 세상'에 종속된 채 살고 있다. 자신에게 생소한 세상에서 살기 때문에 자신이 삶의 주체라고 느끼지 못한다. 낮은 단계에서부터 시작해서 높은 경지에 이르기까지 지식의 탐구와 앎에 대한 열망은 근본적으로 '어떤 세상'의 속박에서 벗어나기 위한 것이며, 인간은 자유의지를 통해서 '어떤 세상'을 자신에게 적응시킨다.[01]

철학의 진정한 출발점인 동시에 철학의 가장 큰 역설은 자신이 모른다는 사실을 숨김없이 인정하는 것이다. 가정이나 종교, 사회의 일방적 교육을 통해 얻은 확신들을 개인의 비판의식을 통해 일단 의심하며 다시 시작해야 한다. 어떤 사실들은 무방비로 습득되었기 때문에 실제 의미와 가치를 살펴보면 적잖은 오류와 선입견이 드러나기 때문이다.

각각의 시대와 나라, 문화, 가정은 지식의 전달자로서 사실에 대해 제한된 관점을 지니고 있으며 우리에게 종종 왜곡된 지식을 전한다. 따라서 자신이 알고 있는 지식에 대해 무지를 인정하는 것은 참된 지식을 탐색하는 새로운 출발이 된다. 지식을 말하기 전에 먼저 자신의 무지를 인정해야 하는 당위성에 대해 소크라테스가 명백히 대변했다.

---

01 프리드리히 헤겔, 『윤리학』, 플라마리옹, 1984, p. 147

나는 오직 하나의 사실을 알고 있다. 그것은 내가 아무것도 모른다는 사실이다.[02]

소크라테스가 끊임없이 반복했던 문장이다. 이렇게 말하면서 소크라테스는 상대방의 타성에 물든 고정관념을 뒤흔들었고, 그때까지 자신의 판단으로 진리라고 단정했던 모든 확신을 처음부터 다시 생각하게 만들었다. 소크라테스가 가르친 방식은 교리적 지식을 전달하는 일방적 방식과 대척점에 있었다. 그는 상대방이 자신의 무지와 모순을 인정하도록 끊임없이 질문을 던졌다. 이처럼 선입견을 뒤흔드는 대화술을 통해 상대의 무지를 여실히 일깨우면서 상대가 기존의 지식을 버리고 근본부터 다시 생각하게 만들었다.

현명했던 어머니를 본받아 소크라테스는 의식의 산파가 되기를 원했다. 자신이 살았던 시대와 도시의 선입견들을 불식시키는 비판의식을 전파하기 위해 그는 마침내 목숨을 바친다.

오늘날 새로운 지식과 철학 교육이 눈에 띄게 진전을 이루었지만 많은 개인들은 여전히 선입견에 매달리며 이전에 배운 것에 대해 다시 묻기를 거부한다. 그 이유는, 우선 지적인 게으름을 들 수 있다. 반면에 어떤 사람은 새로운 깨달음으로 인해 마음의 동요가

---

02 플라톤, 『테아이테토스』, 150c

생기거나 익숙해진 삶의 방식을 바꾸는 것이 부담스럽고, 생소한 가치관 때문에 가정·종족·집단에서 소외당하는 것이 두렵기 때문에 기존의 가치와 규범을 고집한다.

이처럼 진리의 추구는 사람을 자유롭게 만드는 동시에 외롭게 만들기도 한다. 새로운 진리를 깨닫는 순간 사람들이 오래전부터 함께 공유해 온 신앙과 가치에 대해 서로 '말하지 않기로 했던' 묵계(默契)에 본질적인 문제가 대두되며, 상호 묵계를 토대로 형성된 오래되고 편안한 관계가 위협받을 수밖에 없기 때문이다. 이런 타성에 대해 예수가 일침을 놓았다.

내가 세상에 평화를 주러 온 줄로 생각하지 마라. 평화가 아니라 칼을 주러 왔다. 나는 아들은 아버지와 맞서고 딸은 어머니와, 며느리는 시어머니와 서로 맞서게 하려고 왔다. 집안 식구가 바로 자기 원수다.[03]

예수가 표면상 가족을 빗대서 말했지만 사실은 모든 인간관계와 사회제도를 통틀어 말했던 구절이며, 특히 기존 종교인 유대교와 새로운 종교인 그리스도교의 대립을 암시하는 주장이다. 물론 어떤 사람은 예수의 새로운 가르침을 따르고, 어떤 사람은 유대교의 기존 가치를 지키기 위해서 그의 가르침을 단호하게 거부했다. 예수를 따르는 사람들, 즉 새로운 질서를 따르는 사람들은 유대인

---

03 「마태복음」 10장 34~36절

사회에서 배척당하고 심한 박해를 받았다. 사람들이 새로운 가치를 따르려고 할 때 기득권을 지닌 세력이 수수방관하지 않기 때문이다. 왜곡된 모습과 그릇된 확신, 강압적 선입견을 거부하는 철학자나 영적 탐험가들은 여전히 무지의 노예 상태에 머물고 있는 측근의 반감에 맞서 외로움을 감당해야 한다.

소크라테스의 수제자이자 사상의 대변인인 플라톤은 그의 저서 『공화국』 4권에 서술된 '동굴의 우화'에서 거짓과 진실의 관계를 훌륭하게 묘사했다.

사람들은 사슬에 묶인 채, 출구를 모르는 동굴 안에 갇혀있다. 거기에 등불이 비치자 그들의 눈앞에는 동굴의 벽에 비친 그림자만 보인다. 실체를 볼 수 없는 그들은 그림자가 사실이라고 확신한다.

플라톤은 죄수 가운데 하나가 사슬을 끊고 동굴 바깥으로 나가 마침내 동굴의 벽에 비친 그림자가 아니라 실제 세상을 보며 자신의 무지에서 깨어났다고 상상한다. 그러나 다시 동굴로 돌아가 사슬에 묶인 채 살아야 한다면 정작 그가 무슨 일을 할 수 있겠는가.

동굴 안에 있던 동료들은 다시 돌아온 그를 비웃으며 비록 갇혀있지만 그들은 이미 익숙해진 동굴의 삶을 미지의 세계보다 선호한다. 그들에게 미지의 세계는 모험이며 죽음을 의미한다.

누군가 그들을 풀어주려고 애쓰고 억지로 다른 곳으로 데려가려고 한다 해도 미지의 세계를 거부하는 사람들은 그대로 동굴에서 살기를 원하기 때문에 만약 죽일 수 있다면 그를 죽이려고 하지 않겠는가?

우리에게 분별하는 능력을 주고 정당한 선택을 하도록 돕는 것이 바로 지식의 등불이다. 동물적 본능과 타성의 선입견에 맹목적으로 이끌리지 않고 진리를 향해 나가는 길을 밝히기 때문이다. 내가 하려는 말의 의미를 잘 이해해야 한다. 지금 나는 지난 수 세기 동안 사회를 지배했던 모든 가치를 부정하려는 것이 아니다. 그리스도교 문화에 근거한 서양의 전통 가치는 줄곧 신이 제시한 율법처럼 받아들여졌다. 따라서 기존의 가치는 근본적인 규범으로 논쟁의 여지가 없고 감히 넘볼 수 없는 원칙이 되었다.

서양뿐 아니라 세상의 모든 종교 전통은 각각의 문화 안에서 규범적인 율법을 제시하고 근본적인 가치를 제정했다. 살인과 도둑질, 거짓, 간음을 금했다. 내가 말하려는 의도는 그런 율법의 가치에 대한 전적인 부정이 아니다. 도덕은 인간의 소중한 가치를 지키는 수단이며, 인간성을 보장하는 보루이기 때문에 반드시 존재해야 하고 또한 지켜져야 한다.

다만 내가 주장하는 것은, 종교의 전통들이 제시하는 도덕이 형식적 규범이 아니라 내부의 필요에 부응하는 정당한 가치여야 한다는 당위성이다. 오늘날의 동시대(同時代) 사회에서 우리는 율법의 권위적 규범에 만족하지 않는다(나는 각각의 시대에 맞는 공시적 개념이 진정한 의미의 현대성이라고 본다. 옛날, 다시 말해 율법의 시대에는 그 시대에 맞는 동시대의 현대성이 있고, 21세기 현대에는 오늘날의 동시대에 적합한 현대성이 있기 때문이다).

인간의 가치가 중시되는 현대사회에 필요한 도덕기준은 더 이상 종교적 가치나 국가의 이념에 종속될 수 없다. 인간의 생명을 무시하는 종교의 주장은 동시대의 모순이며, 또한 동시대의 가치 체계를 근본적으로 부정하는 것이다. 이슬람 국가의 명예살인이나 투석형은 이슬람의 동시대 규범은 될 수 있을지 모르지만 현대사회의 동시대 도덕으로는 정당하지 않을 뿐 아니라 오히려 명백한 악이다.

칸트는 "우리는 성인(成人)이 되었다"라고 말했다. 칸트에게 성인이라는 말은 이성을 지녔다는 뜻이다. 다시 말해 우리가 이성적 변별력을 갖췄다는 말이며, 사물과 인간 그리고 우주에 대해 판단할 능력이 있고 판단해야 할 의무가 있다는 주장이다.

우리는 종교규범이 금지하는 이유가 정말 타당한지 따져볼 필요가 있으며, 규범을 맹목적으로 따르기 전에 정당성을 먼저 살펴보아야 한다. 지금까지 종교적 전통규범은 보편가치를 제시한다고 말했지만 사실상 획일적 편견에서 크게 벗어나지 못했다.

한번 예를 들어보자. 먹을 수 있는 음식과 먹을 수 없는 음식의 구별을 전제하는 율법의 규정은 옛날에 유대인들의 종교관습에 따라 규범으로 정해졌다. 그러나 오늘날에는 아무도 그것을 따르지 않는다. 종교지도자들조차 이를 더 이상 가치 있는 규범으로 보지 않으며, 도덕적으로나 과학적으로 의미 있는 금지도 아니다. 이처럼 입으로는 보편성을 말하면서도 실제로 보편성을 상실한 종교 규범들에 대해 나는 정당하게 문제를 제기하는 것이다.

또한 종교는 규범을 신성시하지만 정작 규범이 정당한 가치를 지니려면 개별 상황을 신중하게 고려할 필요가 있다고 생각한다. 모든 종교가 앞장서 죄악이라고 비난하는 낙태를 예로 들어보자. 물론 낙태는 한 생명의 성장을 막기 때문에 그 자체가 이미 부정적 행위라는 것은 분명하다. 그러나 개인의 특별한 상황에 따라 부정적 행위가 어쩔 수 없이 필요한 경우가 있다.

나는 정당하다고 섣부른 결정을 내리기 전에 규범의 가치를 실제로 변별하는 것은 개인의 사정을 고려해서 판단해야 한다고 생각한다. 누구에게나 사정이 같은 것이 아니기 때문에 불가피한 매개변수를 반드시 고려해야 되기 때문이다. 불가피하게 어떤 행위를 선택할 수밖에 없는 특별한 개인 사정을 고려하지 않는 집단적 판단은 종종 유감스러운 결과를 낳는다.

개인의 처지를 고려하지 않고 일방적으로 낙태 금지를 주장하는 것 못지않게 공적인 담론을 통해 낙태를 정당화하려는 동시대인들의 태도 역시 옳지 않다고 생각한다. 낙태를 정당화하거나 일반화하는 것은 낙태의 부정적 가치를 인정하지 않는 것이며, 자칫 낙태를 조장하는 오류에 빠질 수 있기 때문이다. 개별 상황을 고려한다는 것이 부정을 긍정으로 왜곡시키라는 말이 아니다. 다만 불가피한 상황을 배려하는 인간애를 강조하는 것이다.

 가치 있는 변별력은, 행위와 결과의 중요성을 고려해서 정당한 선택이 무엇인지 판단하는 것이다. 그러기 위해서는 제시된 상황에 얽힌 물질적·정서적·감정적인 요인들을 낱낱이 따져보아야 한다. 물론 개인의 확신을 애써 버려내는 것보다는 사회적·종교적 신앙을 아무 반론 없이 그대로 따르는 것이 쉬운 일이다. 그러나 무엇이 진정 인간성을 소중히 여기는 잣대가 되는지, 따라서 인간의 행복을 위한 소중한 가치가 되는지 깊이 생각해 보아야 한다.

7.

다시,
너 자신을 알라

Petit traité de vie intérieure

앞 장에서 '이성의 변별력'을 강조했다. 지식을 탐구하고 변별력을 키우는 작업은 세상에 대한 지식과 학습뿐 아니라 자신에 대한 지식을 요구한다. 에베소의 사상가 헤라클레이토스는 이미 기원전 5세기 초에, "너 자신을 연구하라"[01]며 자기성찰에 관련해 탁월한 금언을 남겼다.

너 자신을 알라.

우리는 소크라테스의 이 유명한 문장을 모두 기억한다. 그러나 사실은 많은 사람이 생각하는 것처럼 소크라테스가 이 말을 처음 쓴 것이 아니다. 플라톤은 델포이에 있는 아폴론 신전의 상단에 새겨진 이 문장을 인용한 것이라고 말했다. 어쨌든 소크라테스가 사용하면서 이 문장은 그의 인간 연구를 대표하는 상징이 되었다.

아테네의 철학자 소크라테스는 제자들에게 형이상학적·추상적 질문을 던지며 난해한 지식을 전파하기보다는, 대화를 통해 제자들이 스스로 깨닫게 만드는 산파 역할을 했다. 상대에게 질문을 던지며 그가 각자의 개별성을 뛰어넘어 진정 다다르고자 했던 것은, 단수의 개인으로서 인간 범주를 초월해 모든 사람을 대표하는 보편적 본성이었다.

---

01   디오게네스 라에르티오스, 『위대한 철학자들의 생애와 사상』, IX, 5

소크라테스는 개인이 자신의 본성을 파고들 때, 개인의 선입견과 주관을 넘어 보편적 본성을 깨달을 때, 마침내 각 개인은 참된 인간성을 이루는 '진실'에 도달할 수 있다고 판단했다. 진실한 용기, 정의와 선, 즉 인간의 내면에 존재하는 진실한 모습들이 인간성의 본질이라고 주장했다.

붓다도 소크라테스와 같은 생각을 했다.

사물의 진정한 본성은 명상하는 자에게 분명해지며, 깊은 깨달음을 통해 의심이 사라진다. 왜냐하면 그는 보편적 본성이 무엇인지, 근원이 무엇인지 깨달았기 때문이다.[02]

인간의 내면에 존재하는 동일한 본성은 개별적 정체성을 넘어 보편적 본성과 만난다. 개인에게 보편적 본성이 내재한다면, 자신을 안다는 것은 결국 인간의 본성을 아는 것이며, 자신의 가장 깊은 내면에 존재하는 신성한 인간의 본질과 조화를 이루는 것이다. 이처럼 우리는 개인을 통해 인류를 알게 되고 개성을 통해 보편성을 알게 된다.

아폴론 신전의 상단에 새겨진 전체 문장은 다음과 같다.

너 자신을 알라. 그러면 너는 우주와 신들을 알 것이다.

02　『반야심경』, 1, 3

소크라테스와 동시대의 중국 철학자 맹자도 이런 내용을 형식화했다.

마음의 끝까지 들어가는 자는 인간의 본성을 알게 된다. 그리고 인간의 본성을 아는 자는 마침내 하늘의 본성을 아는 것이다.[03]

반면에 현대의 정신문화는 자신에 대한 지식의 관점을 실용적 의미로 제한하면서 자기개발의 주제로 축소시키는 경향이 있다. 현대의 실용적 관점에서 살펴보면, 우리는 무엇보다 자신의 감정을 다스리기 위해 자신을 알려고 하는 것이며, 일상을 효과적으로 통제하기 위해 자기 자신에 대해 알고자 하는 것이다.

이런 관점은 개인의 성장을 위해 유익한 자료를 제공하지만 한정된 의미를 지니게 된다. 자신을 안다는 말은 개인의 자아와 개별적 경험을 발견하는 단순한 목적을 의미하는 것이 아니다. 보다 근본적인 목적은 자신을 바탕으로 인간의 본성을 알고자 하는 것이며, 인간의 본성을 깨달아 가치 있는 자기실현을 이루려는 것이다. 이처럼 우리가 자신을 알면 인간 본성의 보편적 개념에 다다르게 된다는 사실을 이해하는 것이 중요하다.

---

03 『맹자』, VII, A

우리가 앞에서 보았던 것처럼, 고대 철학자들에게는 자신에 대한 분석은 자신을 넘어 보편적 인간성을 탐색하는 실험이 되었다. 자신의 내면에서 바라보는 선과 악 사이의 끊임없는 갈등은, 인간이라는 존재의 내면에서 일어나는 선과 악의 다툼을 여실히 보여준다.

개인을 통해 인간을 연구하는 이 같은 외연적 탐구가 현대사회에서는 문학을 통해 새로운 모습으로 나타났다. 발자크, 스탕달, 플로베르, 프루스트의 걸작들은 인간의 영혼에 대해 심층 분석을 시도했다. 그들은 고리오 영감, 마담 보바리, 줄리앙 소렐 같은 등장인물의 심리분석을 통해 인간의 복잡한 의식을 묘사하며, 인간성의 위대함과 편협함·모순된 열망·사랑의 힘·잠재된 폭력성을 설명하고 있다.

현대문학은 개인이 자신의 내면을 다시 돌아보게 자극하고, 소설의 인물을 통해 인간의 존재 의미를 새삼 깨닫게 도와준다. 나의 경우를 고백하자면, 소설은 철학과 마찬가지로 사춘기 시절에 매우 중요한 길잡이 역할을 했으며, 나를 이해하고 나아가 인간의 본성을 이해하는 데 큰 도움이 되었다. 소설을 쓰면서 나는 자연히 나에 대해 말하고, 그와 동시에 나를 통해서 인간을 말한다.

옛날 사람들의 방식처럼 자신에 대한 탐색은 구체적으로 자기 성찰의 작업을 통해 이루어질 수 있다. 우리는 고대부터 이미 자기

성찰을 위해 다양한 도구를 사용했다.

"내 행동의 동기는 무엇인가" "나는 왜 이렇게 행동하는가" "개인의 행동에 대해서 나는 왜 반감을 갖는가" 등의 구체적인 질문을 거쳐 마침내 "나는 누구인가"라는 실존적 질문에 도달하게 된다.

자신에 대한 심층적 탐색 작업을 거치면서 우리가 받아들여야 하는 분명한 사실이 있다. 우리 모두의 내면에 반감과 유혹, 선입견, '그림자'처럼 어두운 부분을 지니고 있다는 사실을 인정해야 한다. 따라서 우리의 탐색작업은 무엇보다 겸손을 요구한다. 우리 모두는 내면에 도사리고 있는 자신의 초라함과 잠재된 폭력성을 발견하게 된다.

불교와 그리스도교, 정신분석, 게슈탈트 심리학을 매개로 내면의 탐색에 몰두하면서 나는 내 안에 존재하는 파괴적이며 충동적인 요소들을 발견하고 심한 충격에 빠졌다. 내 안에 분명 폭력적인 충동과 거친 반감이 있었으며, 다른 환경이었다면 충분히 나를 범죄자로 만들 수 있는 부정적 요소가 너무 많았다.

나는 자신을 돌아보며 반감과 내면의 상처가 파괴적인 행동으로 드러나는 사람들을 이해하게 되었다. 내가 줄곧 그들의 폭력과 비도덕성을 비난했었지만, 그들이 특별히 악한 사람들이라서 범죄를 저지른 것이 아니라는 사실을 깨달았다. 홍수를 막는 둑처럼 방어기제가 그들의 내면에 없기 때문에 마음의 상처가 터지고 반감과 증오가 불붙으면서 끝내 폭력적인 행동으로 표출된 것이다.

다시 말해 우리는 너나없이 내면의 깊은 곳에 상처와 증오의 어둠을 지니고 있으며, 통제력을 상실하는 순간 언제라도 범죄로 이어질 수 있다. 결국 타고난 악인 또는 의인이 존재하는 것이 아니라 인간은 모두 나약한 본성을 타고난다는 것을 새삼 알게 되었다.

예수는 "남을 판단하지 마라"[04] "겉모양을 보고 판단하지 말고 공정하게 판단하여라"[05]라고 말했다. 나 자신의 내면을 깊이 탐색하고 나서야 나는 이 말의 참된 의미를 깨달을 수 있었다. 내가 다른 사람을 판단하면서 사실은 나 자신의 은밀한 생각을 판단하는 것이며, 내가 누군가를 비난하면서 나는 내면에 숨어있던 자신의 허물을 은연중에 드러내는 것이다. 다시 말해 다른 사람에 대한 설익은 비난은 내 안에 있는 상처가 지닌 부정적 의식을 그대로 드러내는 것이다. 이처럼, 억눌린 감정을 마치 비밀처럼 내면에 숨기고 있다가 때가 되면 다양한 형태로 표면에 드러내는 것이다.

자신의 내면을 탐색하면서 우리는 자신의 결점과 부족함을 보고 연민을 느끼게 된다. 그때까지 자신에 대해 생각해온 이상화된 이미지들이 마침내 힘없이 무너지고 만다. 끝내 사실을 인정하지 않는다면 견딜 수 없기 때문에 사실을 회피하지 않고 받아들이는

---

04 「마태복음」7장 1절
05 「요한복음」7장 24절

것이 필요하며, 그것이 진정한 변화를 위한 첫 걸음이다.

자신을 이상화하거나 자기 종족 또는 나라를 이상화하면서 사람들은 은연중에 악의 원인을 외부로 돌리고 자신의 어긋난 이념을 정당한 가치로 합리화한다. 결코 정당화될 수 없는 전쟁이나 폭력마저 자기 판단을 이념화하거나 합리화시키면서 마치 바른 가치인 양 정당화한다. 우리는 내면의 진실한 탐색을 통해서 왜곡된 가치관과 이념의 존재를 숨김없이 인정해야 한다. 철학, 심리학, 종교 등 다양한 도구가 자신의 내면을 효과적으로 성찰할 수 있게 도와준다.

물론 심리요법이나 정신분석 같은 방법으로도 자신을 깨닫는 능력을 발전시킬 수 있으며, 정신과 육신이 자신의 내면에서 조화를 이루게 도울 수 있다. 특히 이런 방법들은 우리가 선험적으로 섣불리 판단하지 않고 과학의 중개를 통해 감각적·감동적인 경험의 과정을 중시하도록 이끈다. 결국, 자신을 탐색하는 다양한 방법이 개인의식의 장벽과 선입견, 참된 내면의 모습을 보지 못하게 가로막는 편협한 자아를 뛰어넘을 수 있게 도와준다.

인지 수단 가운데 '내면의 일기'라고 부르는 효과적인 분석도구가 있다. 일상을 간추려 요약하되 가능하면 글로 작성하고, 그렇지 않으면 기억 속에라도 매일의 생각과 행위를 기록하는 것이다.

고대 그리스의 에픽테토스는 날마다 자신에게 다음과 같이 본질적으로 질문하기 전에 잠들지 말라고 말했다.

나는 오늘 다른 사람을 기쁘게 하면서 결국 나의 행복에 기여할 수 있었던 뭔가를 소홀히 하지 않았는가? 나는 오늘 우정과 사회와 정의를 훼손하는 악을 범하지 않았는가? 내가 정말 선한 사람이라면 반드시 해야 했던 일을 빠뜨리지 않았는가?[06]

명상 훈련은 그리스도교의 전통에서도 중시했으며, 특히 예수회 설립자인 이그나티우스 드 로욜라는 명상의 중요성을 강조했다. 그는 일상적인 '의식의 점검'을 통해, "획득된 결실을 제대로 보존하라"[07]라고 주장했다. 의식의 점검은 가능하면 매일 두 번씩 빠짐없이 실행하는 것이 바람직하며, 얻어진 결과를 매주 비교하면서 내면의 성장을 도모하라고 권장했다.

어떤 방법을 택하든 내면의 성찰은 혼자 할 수도 있고 안내자의 도움을 받으면서 수행할 수도 있다. 소크라테스는 그런 면에서 가장 뛰어난 안내자였다. 대화를 통해 제자들에게 무지를 깨닫게 하고 의식을 일깨우는 지식의 산파로서 소크라테스와 견줄 만한 스승이 없다.

06　에픽테토스, 『사유와 대담』, IV, 23
07　이그나티우스 드 로욜라, 『영성 훈련』, 제18주(注)

서양에서 철학은 점점 내면의 삶을 위한 지혜의 특성을 잃어가면서, 마침내 개인의 관념적 지식이 되고 말았다. 스피노자, 몽테뉴, 쇼펜하우어처럼 삶의 지혜를 설파했던 소수의 철학자들은 안타깝게도 직계 제자를 두지 않았다.

반면에 동양에서는 사정이 다르다. 동양의 철학사조는 2,000년이 넘도록 스승에서 제자로 지혜의 전달이 순조롭게 이루어졌다. 스승과 제자는 다음 세대의 사제지간으로 순환되면서 지금까지도 단절되지 않고 내면의 삶에 대한 철학을 거의 원형대로 계승했다. 동양의 정신적 스승들은 단순히 지식의 전달자에 그치지 않고 제자들이 그들의 삶을 통해 배우는 살아있는 기준이 되었다.

스승은 자신의 내면을 탐색하는 방법을 구체적으로 제시하면서 제자들이 효과적으로 배우고 적용하도록 가르쳤다. 스승은 이처럼 제자들의 지적 성장에 결정적인 역할을 했으며, '의식이 자유로운' 존재 곧 정신적 삶의 절정에 도달한 모범으로 자신의 모습을 보여주었다. 제자들은 스승을 신성의 실제 또는 '절대자'의 형상으로 숭배했으며, 스승과 정서적 일치를 이루려고 노력했다.

그러나 스승과 제자의 관계가 언제나 좋은 결과만 가져온 것은 아니다. 스승이 실제로 인격적으로 '높은 자'가 아니라면, 또 제자들의 신뢰를 함부로 남용한다면 언제든 실망스럽고 부당한 결과를 초래할 수 있다.

20세기 중반에 인도의 거짓 스승들 가운데 어떤 구루Guru(지혜를 터득한 현자이자 스승)는 순진한 제자들을 유혹해 심각한 일탈을 보였다. 그 결과 구루라는 호칭이 처음에는 '영적 친구'라는 긍정적 의미로 쓰였다가 오늘날에는 '영적 사기꾼' 또는 '영혼의 조종자'를 지칭하는 부정적 호칭이 되었다.

스승을 무턱대고 선택할 것이 아니라 매우 민감하게 분별력을 발휘해야 한다. 내면의 탐색에 둔감하고 분별력이 약한 많은 서양인들은 인도의 구루나 티베트의 타락한 라마승, 일본 불교의 일부 선사(禪師)처럼 신비하고 카리스마를 지닌 인물들에 대해 순진한 기대를 저버리지 않는다. 그들은 정신적으로 완전하지도 않으며 심지어 순진한 사람들을 의도적으로 속이는 사이비를 자신도 모르는 사이에 진정한 스승으로 떠받들며 일탈된 훈련을 수행하고 있다.

나는 사악한 티베트의 라마승을 만난 적이 있다. 그는 탄트라교를 전수한다는 구실을 내세워 여신도들에게 성관계를 요구하면서 대부분의 여신도들을 마음껏 농락하고 유린했다. 그렇지만 자신이 성적 제물로 이용당했다는 사실을 알고 여신도들이 고통스럽게 울부짖게 되기까지 몇 년의 세월이 걸렸다.

이런 유형의 일탈은 티베트 불교뿐만 아니라 세계 도처에서 자주 나타났으며 심지어 전통적인 그리스도교 안에서도 오랫동안 존재했다. 마음에 상처를 입고 신앙에 의지하기 위해 죄를 고백하며 눈물 흘리는 고해자와 이를 악용하는 거짓 지도자 사이에서 이런 일탈이 종종 일어났다. 한 예로, 가톨릭교회를 더럽혔던 추악한 소아성애 사건이 있었다. 최근에 알려진 가톨릭 성직자들의 타락한 추악한 성추문은 불행하게도 우리에게 그리스도교의 성적 일탈을 적나라하게 상기시킨다.

복음서의 메시지를 살펴보면, 그리스도교에서 영적 지도자들의 존재는 동양의 전통 종교에서 나타나는 지도자들의 모습에 비해 매우 모호하게 나타난다. 특히 성서의 인물들을 보면 우리가 상상하는 것처럼 인격적으로 완전하거나 모범이 될 만한 인물을 발견하기가 쉽지 않다. 대부분은 죄를 범했거나 허물이 많은 인물이며, 보통 사람들과 마찬가지로 불완전한 인간의 모습을 지녔다. 그러나 이를 그리스도교만의 결함으로 단정할 수 없다. "모두가 죄 아래 있다"는 그리스도의 말처럼, '죄의 본성'에 따른 인간의 본질적 결여가 드러난다.

그리스도교에서 진정한 영적 스승은 오직 그리스도이며, 그리스도인들은 기도를 통해서 그리스도와 만나 그의 가르침을 깨닫게 된다. 그리스도교에서는 다른 종교나 철학처럼, 가르치고 전달하는 스승들이 여럿 있는 것이 아니라 오직 그리스도만이 "길이며,

진리이며, 생명"[08]이기 때문이다.

그리스도교 신앙은 근본적으로 교리 안에 갇히지 않고, 생명력을 지닌 관계가 중심이 되어 신자를 그리스도에게 인도하는 신앙이며, 그리스도를 통해 마침내 영원한 하나님에게 인도된다. 그리스도교에서 진정한 영적 인도자는 육적 스승이 아니라 그리스도가 세상을 떠난 다음에 그의 이름으로 보내진 성령이다.

그러나 진리의 성령이 오시면 너희를 이끌어 진리를 온전히 깨닫게 하여주실 것이다. 그분은 자기 생각대로 말씀하시지 않고 들은 대로 일러주실 것이며 앞으로 다가올 일들도 알려주실 것이다.[09]

그리스도인은 다름 아닌 그리스도의 제자이며, 성령의 감동에 집중하며 하나님의 뜻을 이루려는 사람이다. 바로 거기에 그리스도교의 묵상이 존재한다. 그리스도인은 묵상 기도를 통해서 자신의 내면에 들어가며 하나님의 성령이 일깨워준 마음의 소리를 듣게 된다.

나는 열아홉 살에 새로운 변화를 겪었다. 플라톤의 서적들과 불교를 발견하고 철학에 심취한 지 몇 년의 시간이 흐른 다음 나는

---

08 「요한복음」 14장 6절
09 「요한복음」 16장 13절

「복음서」를 다시 읽으면서 신비를 경험했다.

나는 자연을 통해 '순수한' 기쁨이라는 새로운 가치를 깨닫고 이미 감동적인 내적 경험을 했었다. 그러나 내가 그리스도와 만나면서 느꼈던 영적 경험은 분명 이전의 체험과 성격이 다른 것이었고, 그런 유형의 경험은 그때가 처음이었다. 나는 사랑과 빛의 존재인 그리스도를 통해 마음속 깊은 곳에서부터 말로 표현할 수 없는 깊은 감동을 받았다. 그때부터 이런 경험을 여러 차례 반복했다.

잠시도 손을 떼본 적이 없는 철학을 계속 공부하면서도 언제부터인가 나는 깊이 있는 신앙을 열망했다. 나는 스무 살에 도미니크 수도회의 마리 도미니크 필립 신부를 만나는 기회가 있었다. 내가 스위스에 있는 프리부르크 대학교에 다닐 때 가톨릭 사제이자 그리스 철학 교수였던 도미니크는 수년 동안 나의 정신적인 아버지가 되어주었다.

복음서의 가르침대로 살기를 원했던 나는 그가 세운 신앙공동체에 들어갔다. 그러나 오랫동안 가까이 지내면서도 그는 내게 "당신의 내면을 비춰달라고 성령께 기도하시오!"라는 말 외에는 아무 조언도 하지 않았다.

나는 그의 말을 듣고 나서 성직자들의 의견을 맹목적으로 따르기보다는 내면의 소리를 듣기 위해 혼자 복음서를 읽고 기도하는 습관을 들였다. 복음서에 심취했던 나는 그리스도의 가르침을 어느 정도 깨닫게 되었다. 그때부터 나는 분명 그리스도인이었지만 그리스도교의 교리나 도덕에 대해 교회가 주장하는 어떤 부분에 대해서는 교회의 주장과 교리를 받아들이지 않았다. 그런 나의 행동은 보수적인 가톨릭 신자들을 불편하게 만들었다. 그들은 위험스러운 자유주의 그리스도인보다는 차라리 미셸 옹프레 같은 무신론자들을 좋아했다.

내가 그리스도인이라고 당당하게 말했지만, 그리스도교의 종교적 규범에 과민하게 반응하는 사람들은 나를 그리스도인으로 인정하지 않았다. 그들에게 신앙의 의미는, 자유롭게 생각하는 태도를 필연적으로 제한하기 때문이다.

내가 이미 말한 것처럼 엄격한 의미에서 철학적·영적 탐색은 이전의 익숙한 확신과 타성에서 우리를 분리시킨다. 그러나 고독과 비판은 진정한 자유를 얻고 내면이 전하는 진실한 음성을 듣기 위해 마땅히 치러야할 대가다. 유서 깊은 전통이나 지배적인 규범이 언제나 옳은 것은 아니기 때문이다.

과잉과 결핍이 없는
미덕을 추구하라

Petit traité de vie intérieure

앞에서 나는 변별력을 개발해야 하는 필요성에 대해 강조했다. 이성적 변별력은 진리의 탐구나 자신에 대해 아는 방법을 터득해야 한다는 측면에서 반드시 필요하기 때문이다.

이런 '임무'는 본질적으로 지성에서 비롯된다. 내면을 탐색한다는 정신적 임무를 잘 수행하게 만드는 것은 결국 지성과 이성이기 때문이다. 이성은 대상을 알고 가치를 변별하기 위해 반드시 필요하다. 그러나 정당하고 올바른 삶을 살기 위해 지식과 변별력만으로 충분치 않다. 고대 철학자들이 말하는 '좋은 삶'은 의지적 행동을 통해 도덕적 가치를 실행할 때 이루어지기 때문이다.

아리스토텔레스는 고등학교를 졸업한 학생이라면 누구나 읽어야 하는 『니코마코스 윤리학』에서 미덕을 '적절한 절제'라고 정의했다. 절제는 지나치거나 부족해서 해로울 수 있는 두 극단 사이의 중간 범주를 의미한다. 아리스토텔레스는 "미덕은 지나침과 부족에 의해서 도태되는" 경향이 있으며, "과잉과 결여라는 두 극단의 중간에 위치한다"라고 주장했다. 그는 구체적인 예를 들어 미덕을 설명했다.

모든 위험 앞에서 도망치는 사람은 모든 것을 두려워하기 때문에 결국 아무것도 견딜 수 없고 아무것도 할 수 없는 비겁자가 되고 만다. 반면에 무턱대고 모든 위험에 맞서는 사람은 무모한 자일뿐이다. 마찬가지로, 모든 쾌락에 빠져들어 어떤 것도 거절하지 않는 사람은 방탕한 자이며, 쾌락을 무조건 멀리하는 사람은 식물인간처럼 무감각한 존재가 된다. 아름다운 미덕으로서 절제와 용기는 과잉과 결여로 도태되며, 적절한 절제를 통해 지켜진다.[01]

요컨대 미덕은 의지를 바르게 사용해서 정당한 행동을 가늠하는 균형을 말한다. 반면에 과잉과 결여는 모두 해로울 수밖에 없는 극단으로서 미덕과 정면으로 배치된다.

붓다의 개인적인 경험에서도 이런 주장이 확인되었다. 앞에서 이미 말했던 것처럼, 진리를 찾기 위해 왕궁을 빠져나온 붓다는 철저하게 고통을 수행하는 사람들과 만난다. 그들은 매우 끔찍한 고행을 통해 욕망을 떨쳐내며 마음의 속박으로부터 완전한 해방을 추구하고 있었다. 그들과 함께 지내면서 붓다는 극단의 결핍과 고통을 겪고 죽음의 문턱을 넘나든다. 그러나 고행을 통해서 자신이 추구하던 마음의 해방을 얻기는커녕 간단한 명상도 제대로 할 수 없을 만큼 정신과 육체가 몹시 피폐한 상태에 빠진다.

지나친 고행에서 오히려 마음의 공허를 확인한 붓다는 마침내 극단의 길을 포기한다. 그는 조금씩 먹으며 자신을 쓸데없이 학대하는 극단의 고행을 부정한다. 어느날 밤, 마침내 깨달음을 얻은

---

01   아리스토텔레스, 『니코마코스 윤리학』, 2권, 2

붓다가 중도(中道)의 가치를 발견한다. 무분별한 쾌락과 금욕의 두 극단을 피하라며 붓다는 베나레스에서 첫 번째 설법을 시작한다.

우리는 두 가지 극단을 피해야 한다. 그것은 무엇인가? 천박하고, 속되며, 진부하고, 상스러운 감각적 쾌락에 빠지는 것은 언제나 악한 결과를 낳는다. 그와 마찬가지로, 비참하고 어리석은 극단의 고행에 빠지는 것도 나쁜 결과를 낳을 뿐이다. 극단의 무모와 어리석음을 벗어나 중도는 바른 지식과 직관을 보여주며 우리를 평안과 지혜, 깨달음, 니르바나(해탈)로 인도한다.[02]

나도 종교 공동체 안에서 고행을 수행한 적이 있다. 그러나 정욕이나 애정, 생활 리듬에 따라 일과를 구성하는 개인적 필요를 모두 버리면서 정작 내가 얻은 것은 내면의 자유가 아니었다. 오히려 그동안에 나는 정신적 여유를 해치는 새로운 긴장을 느끼며 살았다.

고행은 내게 아무 가치 없는 무모한 모방에 그치고 말았다. 먹지도 자지도 느끼지도 않는 것이 욕망에서 비롯되는 고통을 피하는 훈련이 될지는 모르지만, 정작 내가 원한 적극적인 기쁨과 내면의 진정한 평안을 주지 않았기 때문이다. 내가 진정으로 원한 가치

---

02 베나레스의 설교는 『사뮤타 니카야』 420~424와 『비나야 피티카』 1의 110~112에 다시 수록되었다.

는, 소극적인 고통의 회피가 아니라 적극적인 행복의 수용이었지만, 고행을 통해 내가 만난 것은 새로운 고통일 뿐 고통의 극복이나 행복과의 아름다운 만남이 아니었다.

한편 나는 모든 쾌락을 마다하지 않고 지나치게 탐닉했던 시절이 있었다. 그러나 시간이 흐르면서 무절제한 순간의 쾌락은 결과적으로 나를 행복하게 해주지 못했다는 사실을 깨달았다. 지나친 쾌락은 후회와 가책을 동반하는 새로운 고통을 안겨줄 뿐이다.

이런 개인적인 경험을 통해서 나는 진정한 행복은 지나친 과잉이나 결여가 아니라 적절한 중간에 자리하고 있다는 사실을 분명히 알았다. 다시 말해 행복은 욕망의 완전한 충족과 완전한 배제 사이의 어딘가에 존재한다. 절제의 가치는 일상의 모든 삶에서 중요한 의미를 지닌다. 나는 초콜릿을 꽤 좋아한다. 그러나 지나치게 많이 먹으면 몸에 해롭다는 사실을 안 다음에는 적당히 먹는 중간을 선택했다. 술도 마찬가지다. 친구들과 어울리며 밤늦도록 포도주를 즐기고 싶지만, 간에 발작이 나타나기 전에 빨리 멈추고 한 잔에 만족하는 방법을 배웠다. 내 몸이 포도주를 잘 받아들이지 못한다는 사실을 알았기 때문이다.

우리가 반드시 갖춰야 하는 미덕은 무엇일까? 피타고라스는 기원전 4세기에 수도원 형식의 학교를 설립해서 정직한 그리스인의 자질, 즉 엄격함·용기·절제·통제력을 갖춘 학생들을 선발했다. 아리스토텔레스는 미덕의 내용을 구체적으로 다듬어서 '신중함' '절제' '용기' '정의'라는 네 가지 요소를 정리했다. 나중에 우리는 이 네 가지 미덕을 '아리스토텔레스의 미덕'이라고 불렀다.

신중함은 그리스어 프로네시스phronèsis에서 유래하며, 반드시 해야 되는 일을 분별하는 능력을 말한다. 다시 말해 목적에 이르기 위해 정당한 방법을 찾아가는 미덕이다. 아리스토텔레스의 주장에 따르면 신중함은 지혜, 지성과 마찬가지로 '지적인' 미덕이다. 큰 틀에서 말하면, 신중함은 미덕의 생성이나 성장을 위해 자신이 받은 교육에 종속된다. 따라서 우리가 신중함의 미덕을 갖추려면 의지뿐 아니라 시간과 경험이 필요하다.

아리스토텔레스는 신중함이야말로 모든 미덕의 열쇠가 된다고 주장했다. 다른 세 가지 미덕, 즉 절제·용기·정의는 의지에서 비롯된다. 이런 도덕적 미덕들은 '습관의 산물'이다. 아리스토텔레스는 "어떤 미덕도 우리 안에서 저절로 생기지 않는다"[03]라고 덧붙였다.

모든 미덕은 획득되는 가치인 동시에 살아가면서 성장하는 가치들이지만, 행복을 추구하는 우리에게 반드시 필요한 삶의 구성

03　아리스토텔레스, 『니코마코스 윤리학』, 2권, 1

요소가 된다. 왜냐하면, 그리스-로마의 철학 전통이 설명한 것처럼, 진정한 행복은 '미덕을 지닌 영혼의 활동'[04]과 다르지 않기 때문이다.

미덕과 행복의 일치에 대한 내용은 아리스토텔레스에게서만 발견되는 고유개념이 아니다. 스토아 철학의 도덕적 가치도 그와 같은 원리에 근거한다. 1세기 초 로마의 철학자 세네카는, "기쁨은 선(善)을 향한 바른 의식 안에 있다"라고 말했다. 또한 절제가 다스리는 "올바른 행동인 미덕 외에 다른 욕망을 버려야 진정한 기쁨을 누릴 수 있다"[05]라고 덧붙였다.

우리가 정말 행복하려면 더불어 살아가는 미덕을 지녀야 하고, 우리에게 주어진 세상의 질서를 받아들여야 한다. 스토아 철학자들에 따르면, 자신의 욕망에 따라 세상의 바른 질서에 반항하고 거역하는 것은 우리를 불행과 고통으로 이끌 뿐이다. 세네카는 행복의 기본 조건을 한 문장으로 요약했다.

따라서 행복한 삶은 자신의 존재를 벗어나거나 세상의 질서를 깨뜨리는 것이 아니라 자신의 고유한 본성과 세상의 본성을 일치시키며 조화를 이루는 것이다.[06]

---

04 앞의 책, 1권, 6
05 세네카, 『서한』, XXIII, 7
06 세네카, 『행복한 삶에 대하여』, 3, 3

동양에서는 특히 붓다가 미덕의 중요성을 강조했다. '시갈로바다 숫타Sigalovada Sutta', 또는 간단히 '시갈로'라고 부르는 그의 가장 긴 설법에서 붓다는 일반인의 도덕을 강조했다. 자신의 아버지가 전해준 종교의식을 수행하는 시갈라에게 설교하면서 붓다는 모든 사람이 자기 수양을 위해 반드시 따라야 하는 규범을 가르쳤다. 붓다는 사람들이 버려야 하는 악덕을 낱낱이 열거하는 한편 부모, 스승, 친구 앞에서 취해야 하는 바른 태도를 미덕으로 제시하며 자세히 설명했다. 특히 사람들을 나쁜 행동으로 이끄는 네 가지 원인으로 '파당' '반감' '어리석음' '두려움'을 지적했다.

불교의 전통은 수 백 가지에 이르는 미덕과 악덕의 특성을 전하면서 윤리적 삶의 지표를 제시했다. 이를테면 티베트 불교는 언어의 미덕에 관한 네 가지 지침을 가르쳤는데, 자세한 내용은 다음과 같다.

① 거짓말을 하지 말라.
② 다른 사람에게 상처 주는 말을 하지 말라.
③ 불화를 일으키는 말을 하지 말라.
④ 경박한 말을 하지 말라.

그리스도교의 도덕은 아리스토텔레스의 네 가지 중요한 미덕을 인용하면서 나아가 하나님에 관한 세 가지 미덕, 즉 믿음·소망·사랑을 덧붙였다. 이는 하나님이 대상이 되는 미덕들이다. 바울은 고린도 교회에 보낸 편지인 「고린도전서」에서 사랑의 중요성을 특히 강조했다.

그러므로 믿음과 희망과 사랑, 이 세 가지는 언제까지나 남아 있을 것입니다. 이 중에서 가장 위대한 것은 사랑입니다.[07]

일반적인 미덕과 마찬가지로 신앙의 미덕도 규칙적인 수행을 통해서 점점 높은 단계로 발전한다. 그러나 신앙의 미덕에는 인간의 의지가 충분히 반영되지 않는다. 즉, 신앙의 미덕이 우리의 영혼에 태동하고 성장하기 위해서는 지식과 훈련 이전에 신의 원리에 대한 깊은 이해가 필요하다. 신앙은 자신의 의지로 선택하기 전에 그 의미를 깨닫는 것이기 때문이다.

우리는 철학과 정신문화의 전통뿐 아니라 개인의 경험을 통해 미덕의 의미를 알고 있다. 미덕은 인간의 존재를 가치 있게 성장시키기 위한 근본이며, 마치 땅에 심겨진 씨앗과 같다. 씨앗이 잘 자라고 훌륭한 열매를 맺으려면 반드시 거쳐야 하는 과정이 있다. 먼저 물과 햇빛이 필요하고, 씨 뿌리는 사람의 지속적인 관심이 중요하다. 이런 과정을 거치지 않는다면 씨앗은 싹이 트지 않고, 풀이 나지 않고, 나무가 자라지 않으며, 열매를 맺지 못한다.

---

07 「고린도전서」 13장 13절

미덕을 갖추기 위해서도 마찬가지다. 무엇보다 먼저 미덕에 대한 열망을 가져야하며, 진정한 행복을 위해 반드시 미덕이 필요하다는 깨달음이 있어야 한다. 12세기 유대의 위대한 사상가 마이모니데스가 말한 것처럼, 사람의 의지는 개인의 삶에 결정적인 영향을 끼친다.

모든 사람은 의로운 사람이나 악한 사람, 지혜로운 사람이나 어리석은 사람이 될 수 있는 다양한 가능성을 지니고 있다. (…) 선한 길이나 악한 길의 갈림길에서 아무도 그에게 선택을 강요하지 못하며, 아무도 그의 행동을 미리 단정할 수 없다. 분명한 의식을 가지고 자신이 원하는 삶의 여정에 들어가는 것은 전적으로 자신의 의지에 달려있다.[08]

절제하거나 없애고 싶지 않은 욕망이 있을 수 있다. 끝없이 충족시키고 싶은 열망을 떨쳐내는 것이 결코 쉽지 않다. 그런 열망이 결국 우리를 불행하게 만들거나 질병에 걸리게 했을 때, 우리는 마침내 자신의 열망이 그릇된 욕망임을 깨닫고 마지못해 통제하기로 결정한다.

삶을 살다보면 해로운 습관이나 행동을 고쳐야 한다는 것을 분명하게 알면서도 끝내 버리지 못하는 때가 있다. 사실 나도 그런

---

08 마이모니데스, 『방황하는 자들을 위한 안내서』, III, 51

경험을 자주 했다. 우리는 고결하고 싶지 않다고 스스로 다짐하기도 한다. 고결한 삶은 왠지 진실이 아니라 위선처럼 보이기도 하고, 고결의 무게가 주는 중압감이 자신이 원하는 삶과는 맞지 않는다고 느끼기 때문이다.

그러나 우리가 그릇된 습관을 버리고 새로운 행동을 시작하려면 고결한 삶을 살 필요가 있다. 왜냐하면, 가치 있는 삶이 행동을 통해 뿌리를 내려 마침내 새로운 습관이 되게 하려면 방탕한 삶을 포기하고 고결한 삶을 살 때라야 비로소 가능하기 때문이다.[09]

이에 대해 아리스토텔레스가 멋지게 정의했다.

미덕이 생성되는 것은 본성에 의해서도 아니고 본성에 반대해서도 아니다. 본성이 우리에게 미덕을 받아들이는 능력을 부여한다. 그리고 이 능력은 습관(habitus)에 의해 습득되고 자신의 내면에서 점점 무르익는다.

아리스토텔레스는 이처럼 '훈련을 전제하는 어떤 기술들'과 미덕을 비교하며 이렇게 설명했다.

우리가 건축자가 되는 것은 건축을 하기 때문이다. 기타를 치면 기타리스트가 된다. 마찬가지로 정당한 행동을 하기 때문에 정당한 사람이 되는 것이다. 우리가 용기있게 행동하면 용기있는 사람이 된다. 우리가 절제하

---

09   습관이라는 말의 어원은 안정된 성품을 말하는 그리스어 헥시스(hexis)의 라틴어 번역인 하비투스(habitus)에서 유래한다. _역자

면 절제하는 사람이 되고, 마침내 절제의 미덕을 갖출 수 있다.[10]

달리 말해서 변별력은 매우 중요하지만 그것만으로는 충분치 않다. 내면의 풍요로운 삶을 위해서 더 멀리 나가기 위해서는 의지를 통한 훈련과 실행이 반드시 필요하다.

나는 앞에서 신체 훈련을 통해 점점 강해지는 몸의 건강과 사람의 정신력을 비교했다. 규칙적으로 열심히 몸을 훈련시킨 사람은 머잖아 멋진 근육을 드러내며 건강한 몸을 자랑한다. 정신도 신체처럼 지속적인 훈련을 통해 더욱 강해져서 마침내 행복한 삶을 살기 위해 필요한 의지를 지닐 수 있다.

도덕적인 삶도 마찬가지다. 실패를 두려워하지 말라. 명상을 통해 자기 안에서 내면의 고요를 얻는 것이 오랜 훈련의 결과인 것처럼, 우리가 처음부터 미덕의 명인이 될 수 없다. 우선 겸손해야 한다. 이런저런 시도들이 때로는 실패할 수 있고 때로는 시행착오를 겪을 수밖에 없다는 사실을 인정해야 한다. 실패를 인정하는 겸손 없이 앞으로 나갈 수 없다.

미덕을 갖춘 아름다운 삶은 마치 미끄럼판을 거슬러 오르는 시도처럼 계속되는 실패를 예상해야 되기 때문에 무엇보다 끈질기게 반복해야 한다. 한 번에 미끄럼틀 정상에 오를 수 있는 사람은 아

---

10 아리스토텔레스, 『니코마코스 윤리학』, 2권, 1

무도 없다. 그러나 실패를 반복한 뒤에 마침내 정상에 오를 수 있는 방법을 터득하게 된다. 인간의 지혜와 의지는 바로 그런 실패에 맞서 이길 수 있는 분명한 수단이며 도구이기 때문이다.

노력하지 않고 포기한다면 결국 바닥으로 다시 미끄러질 수밖에 없다. 더욱이 악덕이 미덕의 쌍둥이라는 사실을 결코 잊지 말라. 미덕과 마찬가지로 악덕도 실행을 통해서 획득되고 강해지며 삶에 지속적으로 뿌리내린다.

고결한 행동을 한번 했다고 사람이 고결해지지 않는 것처럼, 우리 혹은 다른 사람이 어쩌다 그릇된 행동을 했다고 해서 악한 사람이라고 단정할 수 없다는 사실을 명심하자.

자아를 상실케 하는
속박에서 벗어나라

Petit traité de vie intérieure

우리 모두 자유를 열망하지만, 마음대로 행동할 수 있는 자율의 범위를 제대로 판단해야 한다. 자율성은 우리의 개별적 가치를 가름하는 필수 조건이 된다는 사실을 알고 있는가?

근래에 이르기까지 개인의 자유는 많은 침해를 받았다. 사회와 가족관계의 규범, 전통의 무게와 정치제도의 강압적 권위에 의해 개인의 자유가 훼손되었기 때문이다.

오늘날, 특히 서양에서 우리는 개인의 자유를 위한 특혜를 누리고 있다. 자신의 고유한 삶을 선택할 수 있는 기회가 폭넓게 주어졌기 때문이다. 우리는 자신이 원하는 직업을 선택할 수 있고, 살고 싶은 도시에서 살 수 있을 뿐 아니라 심지어 나라를 바꿀 수도 있다. 배우자를 고르고 가정을 꾸릴 수 있는 자유가 있는 한편 아이를 갖지 않을 권리도 주어졌다.

또한 우리가 풍요로운 삶을 살기 위해 필요하다고 느끼는 가치들을 자유롭게 추구할 수 있다. 우리는 종교가 있든 없든 상관없이 나름대로 영적인 삶을 선택할 수 있다. 너무 많은 선택의 가능성이 열려있기 때문에 이런 가치들을 일일이 나열하는 것이 오히려 무의미하게 느껴진다.

그러나 오늘날에도 동서양의 많은 나라에서는 여전히 개인의 자유가 심각하게 억압당하고 있다. 일부 국가에서는 지금도 정치와 종교가 결탁된 강압적 권위 아래, 폭력적 규범들이 선택의 여지

없이 개인에게 일방적으로 강요되고 있다는 사실을 기억하라. 그런 나라에서는 신앙과 신념의 자유를 내세우며 획일적 권위에 맞서거나 전통적 관습을 거부하는 사람은 너나없이 법에 따라 처벌되고 심지어 사형에 처해지기도 한다.

오늘날 우리는 신앙의 자유를 당연한 권리이며 자연스러운 선택으로 생각한다. 그러나 사실 신앙의 자유는 인간의 자유와 존엄성을 앞세운 계몽주의의 유산으로서 오랜 종교 관습에 맞선 현대적 가치의 승리일 뿐이다. 다시 말해 신앙의 자유는 처음부터 모든 개인에게 주어졌던 보편적 자유가 아니라 투쟁을 통해 얻은 근래의 전리품이다. 18세기까지 유럽을 지배하던 교회의 전권(專權)과 맞서 계몽주의는 인간의 존엄성을 주장하며 격렬하게 저항했고, 정치권력과 결부된 교회의 부당한 전횡을 신랄하게 비판했다.

선택과 양심의 자유가 아무리 중요하다 해도 그것만으로 우리가 진정한 자유를 누릴 수 없다. 진정한 자유를 얻으려면, 외부의 간섭과는 다른 형식으로 자기 상실을 일으키는 본질적 속박에서 벗어나야 한다. 즉, 내면의 속박에서 해방되어야 한다. 내가 말하는 '내면의 속박'이라는 용어는 열정 앞에서 복종과 포기, 내면의 억압된 금지 앞에서 의식적 또는 무의식적인 욕망을 뜻한다. 삶의 정당한 열정을 버려야 하고 강제 규범에 얽매인 자기 상실은 진정한 의미에서 자유의지를 잃은 채 우리를 자기 자신의 노예로 만든다.

잠깐 우리를 관찰할 시간을 가져보자. 솔직히 우리 가운데 내면의 자유를 얻는 데 완전히 성공했다고 자신 있게 말할 수 있는 사람은 아무도 없다. 우리 모두는 선입견, 이기적 필요, 지나친 욕망, 타인에 대한 반감을 지니고 있으며 때로는 이런 부정적 요소들이 자신을 지배하며 내면의 자유를 침해한다.

사람마다 정도는 다르지만 우리 모두는 자신이 미처 깨닫지 못하는 가운데 그릇된 습관의 노예가 되었다는 사실을 인정해야 한다. 그리고 이런 잘못된 습관들은, 우리가 진정으로 자기 자신이 되지 못하게 자유의지를 방해할 뿐 아니라, 다른 사람들과 원만한 관계를 맺을 수 없게 우리의 자유로운 생각을 가로막는다. 내면의 속박은 독재국가에서 죄수들의 육체를 옭아매는 무거운 쇠사슬처럼 우리의 자유를 억압하는 의식의 족쇄가 된다.

내가 이전의 책에서 밝힌 것처럼, 내면의 자유라는 가치 개념은 붓다, 소크라테스, 예수의 종교와 철학적 가르침의 핵심을 이룬다.[01] 지혜의 스승들은 집단의 굴레와 전통의 사슬에서 해방된 개인의 자유를 주장했다. 그러나 그들의 주장은 개인에게 정치적 자유를 허용하라는 의미로 외적 자유를 강조한 것이 아니라, 개인이

---

01 프레데리크 르누아르 저, 이푸로라 역, 『왜 사는가 - 소크라테스, 예수, 붓다』, 마인드큐브, 2023

내면의 속박에서 벗어나 진정한 자유를 얻어야 한다는 의미로 이해해야 한다.

붓다가 말하는 진정한 자유는 개인이 자신의 거친 열정과 욕심, 질투심처럼 악한 감정과 싸우면서 획득하는 내면의 자유를 말한다. 개인이 품고 있는 내면의 부정적 감정은 사실 자신을 '삼사라', 즉 윤회의 바퀴에 옭아매는 무거운 사슬이다. 붓다의 모든 가르침은 개인을 윤회의 영원한 순환에 연결하는 집착과 욕망에 대한 네 가지 진리와 밀접한 관계가 있다.

소크라테스는 무지를 오류, 불의, 악의, 방탕한 삶을 나타내는 모든 악의 근원으로 보았다. 무지는 다른 사람에게 잘못 행동하는 것뿐 아니라 결국 자신에게 악을 행하는 근본 원인이 된다. 인간이 자신을 불행하게 만드는 요인을 한마디로 요약하면 무지다. 반면에 진리, 정의, 선을 깨달으면 인간은 바르고 고결한 존재가 된다.

소크라테스, 붓다의 메시지와 어우러져 예수의 메시지는 내면의 자유를 얻는 조건으로 진리를 강조한다.

너희가 내 말을 마음에 새기고 산다면 너희는 참으로 나의 제자이다. 그러면 너희는 진리를 알게 될 것이며 진리가 너희를 자유롭게 할 것이다.[02]

---

02 「요한복음」 8장 31b~32절

예수는 "누구든지 죄를 짓는 자마다 죄의 노예가 되리라"고 덧붙였다. 죄를 범하는 자유는 진정한 자유가 아니며, 오히려 죄의식으로 자유를 잃고 마침내 내면의 노예가 된다는 말이다.

그리스도교 역사가 2,000년 넘게 흐른 오늘날에도 죄라는 단어는 여전히 함축된 의미를 지니고 있으며, 예수가 말한 죄의 의미가 무엇인지 분명히 이해하기가 쉽지 않다. 수 세기를 거치면서 그리스도교의 전통은 죄의 목록을 자세하게 나열했으며, 그 가운데 지옥으로 이끄는 일곱 가지 대죄가 있다. '게으름' '교만' '탐식' '정욕' '탐욕' '분노' '질투'가 그것이다.

죄라는 단어는, 결핍을 나타내는 라틴어 페카툼peccatum에서 유래했다. 페카툼은 결여와 오류를 나타내는 그리스어 하르마르티아harmartia를 라틴어로 번역한 말로 히브리어 하타트와 동의어이며, 본래의 의미는 '과녁을 벗어나다'라는 뜻이다. 다시 말해 그리스도교의 관점에서 보면 죄를 짓는다는 것은 하나님의 말씀대로 따르지 않고 그의 의도에서 벗어나는 것을 말한다. 진리가 아니라 거짓을 따르고, 진정한 자유가 아니라 타락한 욕망을 따르는 것이 죄가 된다.

결국 죄를 짓는다는 말은 자신의 욕망을 그릇된 방향으로 이끄는 것이며, 과녁을 제대로 맞히지 못하고 본래의 목적에서 이탈하는 것이다. 악하게 행동하는 순간, 우리는 오류에 빠지게 되고 진리, 즉 하나님에게서 벗어나게 된다.

그리스도교의 일곱 가지 죄는 하나님과 단절되는 악한 행동과 습관을 의미한다. 예수의 가르침은 기존의 율법을 부인한 것이 아니라 율법에 심층적 가치와 개인적 의미를 부여한 것이다. 예수는 율법에 새로운 규범들을 덧붙이거나 죄의 목록을 다시 전하려고 하지 않았다. 사랑의 실행에 따라 죄의 본질적 의미가 정의된다며 예수는 선과 악의 분명한 가치 기준으로 사랑이라는 최고 계명을 제시했다. "너희에게 새로운 계명을 주노니 너희는 서로 사랑하라"는 문장에서 보듯 예수의 새로운 계명에 따르면 사랑을 행하는 자는 선을 행하는 것이며, 사랑하지 않는 자는 악을 행하는 것이다.

잘못을 저지르지 말아야 하는 근본적인 이유는 지옥이라는 미래의 두려움이 아니다. 그 이전에 죄로 인해 사람은 진리에서 멀어지면서 마침내 자신을 불행하게 만들고, 나아가 다른 사람들의 불행을 초래하는 현재의 두려움이다. 요컨대 죄를 피하기 위해서는 죄의 욕망에서 벗어나 사랑과 지혜에 따라 행동해야 한다.

삶의 여러 과정을 거치는 동안에 많은 잘못을 저지르고 쓰러졌다 다시 일어나면서 지혜로운 인간의 영혼은 죄의 해로운 본성을 알기 때문에 더 이상 죄에 끌리지 않는다. 인간은 사랑과 진리에 다가서는 길을 다시 발견하면서 자신을 파멸로 몰아가던 자기 상실에서 벗어날 수 있다. 또한 자신의 근원과 다시 결합되면서 인간은 이기심과 오류에 갇히지 않고 진정한 자신과 단절되지 않는다.

붓다와 소크라테스, 예수의 주장이 모두 한 점에서 일치한다. 인간은 자유로운 존재로 태어나는 것이 아니라 무지에서 벗어나면서 비로소 자유로운 존재가 된다는, 일치된 주장이다. 인간은 자신을 아는 지혜를 통해 거짓에서 진실을, 악에서 선을, 불의에서 정의를 분별하면서 자유를 속박하는 왜곡의 근원을 깨닫는다. 자신을 알고, 자신을 통제하며, 지혜와 사랑을 통해 내면의 족쇄를 끊고 자유로운 존재로 거듭난다.

자유의 문제와 병행해 선택의 문제가 제기된다. 오늘날 우리가 살고 있는 사회에는 많은 가능성이 눈앞에 펼쳐져 있다. 그런데 지나치게 많은 가능성이 우리에게 진정한 의미에서 자유를 주는 것이 아니다. 그것은 역설적으로 우리를 혼란에 빠뜨리거나 타락으로 이끌며, 고통스러운 과정을 겪게 만든다. 선택하지 못한다면 결국 자유를 포기하는 것이 되지만, 선택의 과잉 또한 심각하게 자유를 위협한다.

오랜 세월을 거치는 동안 우리는 선택 때문에 걱정할 필요가 없었다. 옛날에는 사람이 태어나면서 이미 운명이 결정되었기 때문이다. 우리는 아버지의 직업을 계승하고, 이미 정해진 사회신분에 따른 생활방식을 순순히 따랐다. 선택은 자유의지의 능동적 표현이 아니라 주어진 상황에 대한 수동적 순응이었다. 반면에 오늘날에는 사람들이 자신의 직업과 사는 장소를 스스로 선택할 수 있으며, 심지어 수술을 통해 성전환을 선택하기도 한다.

과거의 속박은 제한된 선택의 범위 때문에 사람들을 불편하게 만드는 한편, 개인에게 판단의 근거나 안정된 지표를 보여주기 때문에 선택의 어려움을 겪는 사람들을 안심시키는 역할도 했다. 반면에 우리 모두에게, 그리고 우리의 삶에 매 순간 제시되는 다양한 가능성은 오히려 불안의 원인이 되기도 한다. 때때로 우리는 아무것도 포기하지 않고 모든 것을 떠맡으려고 발버둥친다. 그러나 모든 것을 시도하다가는 결과적으로 아무것도 성공하지 못한다. 아니면 완전히 탈진 상태에서 살게 되거나 아무것도 할 수 없는 고통의 수렁에 빠지게 된다.

지나치게 많은 가능성은 다른 위험을 내포한다. 선택의 어려움을 내세우며 책임을 회피하려 한다거나, 결국 아무것도 선택할 수 없는 절망에 빠질 위험이 있기 때문이다. 많은 젊은이가 딜레마에 빠져있다. 그들은 너나없이 자기실현과 성공을 열망한다. 오늘날 성공에 대한 집착은 비난받을 탐욕이 아니라 '성공 이데올로기'로 세상을 지배하는 이념적 가치가 되었다. 그러나 성공의 욕망에 사로잡힌 그들은 정작 자신을 위해서 무엇이 좋은지 알지 못하고, 가야 할 길을 제대로 찾지 못하며, 어떤 것이 정말 좋은 선택인지 확신하지 못하고 있다.

또한 그들은 모두가 부러워하지만 사실 힘겨운 성공의 길을 가기 위해 자신을 제어하지 못하고 삶의 욕망에 던져진 채 살아가고 있다. 그들은 모든 것을 열망하지만 정작 아무것도 성취하지 못하거나 정말 소중한 것을 얻지 못한다. 그렇게 세상의 장벽 앞에서 절망을 느낀 젊은이들은 더 이상 아무것도 열망하지 않거나, 일부는 마약이나 알코올에 빠져 어두운 나날을 보내기도 한다. 뚜렷한 삶의 지표가 없이 살아가는 그들은 그저 빈둥거리거나 음악을 듣거나 컴퓨터에 매달리며 무슨 일을 하든 끈질기게 하려고 하지 않는다. 자유의지를 상실한 그들은 말 그대로 삶의 의욕을 잃은 것이다.

철학자이자 사학자인 알랭 에렌베르그는 강박증, 즉 우리의 욕망과 도덕적으로 금지된 규범 사이의 갈등이 프로이트 시대와 1960년대 말 서양사회를 지배하는 병리현상이었다면, 1968년 5월[03] 그리고 관습으로부터 해방이 선포된 이후에는 상황이 전혀 다르게 전개된다고 말했다. 오늘날 젊은이들은 더 이상 금지 때문에 힘들어하지 않는다. 오히려 너무 많은 가능성과 지나친 자율성 때문에 방황하며, 성공에 대한 환상 때문에 힘들어 한다. 이런 유

---

03 1968년 5월, 프랑스에서 학생과 노동자들이 연합하여 벌인 대규모 사회변혁운동을 말한다. 68혁명이라고도 부른다. _역자

형의 새로운 의기소침이 청소년들과 젊은이들을 점점 자극하며, 화려한 성공 이데올로기에 사로잡혀 자기실현을 이루지 못하고 진정한 자신이 되지 못하는 무기력한 증상 가운데 하나가 되었다.[04]

---

04   알랭 에렌베르그, 『내적 피로』, 오딜 자코브, 1998

10.

나를 사랑하듯
남을 사랑하라

Petit traité de vie intérieure

앞에서 나는 지식, 특히 진실과 사랑에 다가서는 방법으로서 자신을 아는 것이 무엇보다 중요하다는 것을 강조했다. 자신을 안다는 것은 내적 자유를 보증하는 것이기 때문에 반드시 거쳐야하는 길이다. 그러나 자신을 안다는 것이 반드시 필요한 조건이지만 우리가 진정 행복해지고 가치 있는 인간적 존재가 되기 위해서는 그것만으로 충분치 않다.

거기에는 다른 요소가 개입되어야 한다. 지식과 진리를 깨닫기 위해 지성이 필요한 것처럼 행복을 얻기 위해 가장 본질적 요소로서 사랑이 필요하다. 사랑하고 사랑받는 것, 다른 사람들과 정서적으로 친밀한 관계를 맺는 것은 진정한 행복을 얻기 위한 핵심 조건이 된다. 우리가 자유롭지 않을 때 마치 숨이 막히는 것처럼 답답하듯이, 다른 사람들과 친밀한 관계를 맺지 못할 때 우리의 삶은 삭막해진다. 나는 '자유'와 '사랑'이 진정한 자기실현과 개인의 성장과 발전을 위해 반드시 필요한 두 가지 조건이라고 확신한다.

사랑이라는 말을 들을 때 우리는 즉시 다른 사람을 떠올린다. 우리는 자식을 사랑하고, 부모를 사랑하며, 친구들과 배우자를 사랑한다. 우리는 사랑에 대해 수 세기에 걸쳐 이런 의미로 교육을 받았다. 나아가 수천 년의 역사를 지닌 정신적·철학적 전통들은 다른 사람을 위한 개인의 헌신과 연민, 인간애를 강조했다.

그런데 다른 사람을 향한 사랑을 내세우면서 정작 우리는 사랑

의 근본이자 가장 본질적 범주인 자기사랑의 소중한 가치를 숨기
고 있었다. 사랑을 개인의 범주에서 생각하기보다 사회적 규범으
로 강조했기 때문이다. 그러나 드러내고 말하지 않았을 뿐 자기 사
랑에 대한 개념이 우리 문화유산에서 완전히 배제되었던 것은 아
니다. 고대 그리스의 철학자 가운데 한 사람인 피타고라스는 자기
사랑에 대한 황금률을 제시했으며, 그의 선언은 마침내 역사적인
금언이 되었다.

무엇보다 너 자신을 존중하라![01]

몇 세기가 지난 후 아리스토텔레스는 『니코마코스 윤리학』의
전체 10장 가운데 두 개 장을 우정이라는 주제에 할애했다. 말머
리에서 그는 우정에 대해 '행복하게 살기 위해 필요한 것'[02]이라고
정의했다. 아리스토텔레스는 우정을 다양한 유형으로 분류하고 각
각의 가치들을 분석한 뒤, 가장 좋은 친구는 아무 이해타산 없이
오직 사랑으로 선의를 베푸는 친구라고 말했다. 우정의 본질은 사
랑이며, 사랑은 무엇보다 자신과의 소중한 관계에서 파생되는 특
성이라는 사실을 강조한 것이다.

우정에 대한 그의 주장은 계속된다.

01 　제라르 드 네르발, 「황금시」, 12
02 　아리스토텔레스, 『니코마코스 윤리학』, VIII, 1

우정을 형성하는 모든 감정을 다른 사람들에게까지 넓히려면 먼저 자신과 자신의 관계, 즉 자신의 내면과 맺는 소중한 관계에서 시작되어야 한다.

여기에서 아리스토텔레스는 핵심적인 결론을 내린다. "고결한 사람은 자신을 사랑해야 할 의무가 있다"[03]라는 것이다. 아리스토텔레스의 주장은 어떤 경우에도 이기심을 부추기는 배타성을 의미하지 않는다. 우정에 대한 그의 선언은 오히려 다른 사람들을 향한 완전한 개방성을 강조하기 때문이다.

그로부터 3세기가 지난 뒤 라틴 철학자 키케로는 우정의 본질적 의미를 분명히 설명했다.

각각의 사람들은 결국 자신을 사랑하지만 그것은 자신에게서 어떤 보상을 받으려는 것이 아니다. 다만 자신의 '내'가 그 자체로 자신에게 소중하기 때문이다. 이런 사랑의 방식이 우정을 위해 아무 구실도 하지 못한다면 우리는 영원히 진정한 친구가 되지 못한다. 왜냐하면 진실한 친구는 또 다른 자기이기 때문이다.[04]

우리는 이와 같은 의미를 몽테뉴의 '서로에게 의무가 있는 우정'[05]이라는 표현에서도 발견할 수 있다. 만약 우리에게 그런 우정

---

03 앞의 책, IX. 8
04 키케로, 『우정에 관하여』, ⅩⅩⅠ
05 몽테뉴, 『수상록』, Ⅲ, 10, 1006~1007

이 없다면 우리는 인생을 사랑하지도, 다른 사람을 사랑하지도 못한다. 이런 성찰이 그저 철학적 사변에 불과하다고 생각하는 것은 분명 그릇된 판단이다.

자신을 사랑하는 것은 다른 사람과 친밀한 관계를 맺는 토대가 되며, 성서의 명령이기도 하다. 모세의 하나님은 "너에게 몸붙여 사는 외국인을 네 나라 사람처럼 대접하고 네 몸처럼 아껴라"[06]라고 명령했다. 예수도 이 명령을 같은 문장으로 반복하고 있다.

네 이웃을 네 몸같이 사랑하여라.[07]

우리는 이 구절을 잘 알고 있지만 대부분 "네 이웃을 사랑하라"는 구절로 절반만 기억한다. 그러나 사실은 문장을 절반만 기억한 것이 아니라 의미를 왜곡한 것이다. "네 몸같이 사랑하라"는 말과 "네 이웃을 사랑하라"는 말은 같은 뜻이 아니기 때문이다. 자신처럼 사랑하는 것이 사랑의 기준이 될 때는 사랑이 헌신을 의미하지만, 이런 기준이 제시되지 않을 때는 사랑이 종종 개인의 주관과 경험에 따라 달라지는 자의적 해석을 낳는다.

---

06 「레위기」 19장 34절
07 「마태복음」 22장 39절

그런데 위의 구절은 명시적 내용을 담고 있다. 다시 말해, 다른 사람을 사랑하되 자신이 자신을 사랑하는 것처럼 사랑해야 한다는 것이다. 이 말은 결국 자신을 사랑하지 않는다면 다른 사람도 사랑할 수 없다는 말이다.

현대 심리학은 자신을 사랑한다는 문장의 의미를 명백하게 정의했다. 다른 사람과 바른 관계를 맺기 위해서는 먼저 자기 자신과 바른 관계를 맺어야 한다. 우리가 다른 사람과 맺는 관계는 내면적으로 자신과 맺은 관계에 종속된다. 자신과의 관계가 어긋나면 우리가 마음에 품은 채 해결되지 않은 갈등을 다른 사람에게 은연중에 투사하게 된다.

이를테면 다른 사람을 습관적으로 질투하는 사람은 비록 자신은 느끼지 못하고 인정하지 않으려 하지만 자신의 내면에 억눌린 열등감과 욕구불만을 지니고 있는 경우가 많다. 다른 사람에 대한 증오와 멸시는 종종 자신에 대한 부정적 관계에서 발생한다.

자신을 존중하지 않는 사람은 다른 사람을 존중할 줄 모른다. 자신을 존경하지 않는 사람은 다른 사람을 존경하지 않으며, 자신을 사랑하지 않는 사람은 다른 사람을 사랑하지 못한다. 그러므로 자신과 소중한 관계를 맺는 방법을 배우는 것은 다른 사람들과 소중한 관계를 맺는 방법을 배우기 위한 전제 조건이다.

그렇다면 자신을 사랑하는 방법을 어떻게 배울 수 있는가? 우선, 어린 시절에 자신이 받았던 '부드러운' 사랑으로 거슬러 올라가야 한다. 심리학자 멜라니 클라인에 따르면, 어린 시절에 '좋은 방식으로' 받았던 소중한 사랑은 우리에게 사랑받을 만한 자격이 있다는 정서적 정당성을 부여한다. 또한 자신에 대해 긍정적인 이미지를 지니게 되고 존경심을 일깨운다. 다른 사람이 자신을 사랑한다는 긍정적 확신은 자신의 가치에 대해서도 긍정적으로 작용한다.

반면에 왜곡된 사랑, 즉 소유욕에 따른 집착이나 모호한 방식으로 사랑을 받았거나 전혀 사랑받지 못한 사람 또는 지나치게 사랑받았던 사람은 사랑의 의미와 가치에 대해 정서적 혼돈을 일으키며 자신과의 관계에서 비틀림이 생긴다. 이처럼 자신과 그릇된 관계를 맺은 사람은 은연중에 다른 사람과 비정상적인 관계를 맺게 된다.

다행히 이런 영역에서 어떤 운명론도 존재하지 않는다. 왜곡된 사랑과 어린 시절에 경험한 사랑의 결핍은 분명 자신의 삶을 힘들게 만들었지만, 우리는 살아가는 동안 다른 긍정적 경험들을 통해 얼마든지 바로 잡을 수 있다. 사랑하는 배우자나 친구들은 우리가 다시 삶의 균형을 잡고, 정신적 외상을 일으킬 만큼 충격적인 사건들에서 극복하도록 도울 수 있다.

그러나 자신에 대해 극도로 변형된 이미지를 지니는 '나르시스적인 상처'는 심각한 정서 장애를 일으키기 때문에 의학적 치료를 거치지 않고 제대로 치유되는 경우가 드물다. 나르시스적인 상처의 희생양은 대개 자신의 문제를 인식하지 못하며, 자신에게 고통을 준 사람들이나 그들과 유사한 사람들에게 맹목적으로 집착한다. 그러나 그들은 실제로 자신을 위로하는 존재가 아니다. 오히려 그들은 자신에게 내재된 마음의 상처를 되살리며 마침내 악순환의 끈질긴 고리를 만든다.

그때 우리는 정신분석학에서 말하는 '반복의 메카니즘'에 들어가게 된다. 이처럼 끈질긴 악순환이 반복되면서 좀처럼 벗어나기 힘들지만 그렇다고 해결책이 전혀 없는 것은 아니다. 섣부르게 치유하려고 나서기 전에 먼저 내면의 상처를 인정하고 그 원인을 분명히 인식해야 한다. 다시 말해 상처의 존재를 사실로 인정하고 이를 극복하려는 단호한 의지가 있을 때 악순환의 굴레에서 서서히 빠져나올 수 있다.

그러나 과거의 아픈 기억을 다시 끄집어내는 순간, 혼자서 고통스러운 상처를 이겨내기 힘들기 때문에 전문의의 도움이 필요하다. 물론 이렇게 한다고 해서 모든 문제가 해결되는 것은 아니다. 상처를 인정하고 인식하는 과정이 필요하지만 그것만으로는 질병을 치료하기에 충분하지 않다. 내 생각에는 이런 점이 정신분석학의 한계인 것 같다.

　정신분석은 우리 내면에 자리 잡은 상처를 바라보게 하고 소용
돌이치는 자신의 감정과 일정하게 거리를 둘 수 있게 도와주지만
내면의 상처를 근본적으로 치료하는 것은 아니다. 내면의 상처를
인식한다 해도 다만 상처의 존재를 확인하는 것으로는 치료가 되
지 않기 때문이다.

　상처가 문제가 아니라 상처를 극복하는 수단이 필요하며, 자신
의 문제를 해결하기 위해서는 무엇보다 자신을 존중하는 의식의
전환이 가장 중요하다. 자신에게서 긍정적 가치를 발견하기 위해
미국의 정신의학자 밀턴 에릭슨의 이름에서 유래한 '에릭슨의 행
동요법'이 효과적인 치료법이 될 수 있다.

　20세기 초반 밀턴 에릭슨은 환자들을 치료하기 위해 최면 또는
자기 최면기술을 응용했다. 환자들이 자기 내면에 존재하는 고유
한 가능성을 발견하게 도와주고, 자기 멸시를 일으킨 정신적 충격
에 대한 두려움을 극복하는 방법이다. 에릭슨의 치료법과 더불어
긍정적인 사고를 통해 자신의 소중한 가치를 발견하는 정신집중치
료법이나 다른 치료법들도 효과적인 방법이 될 수 있다.

　그런 효과적인 치료법들이 바람직하지만, 나르시스적인 상처가
근본적으로 치유되기 위해서는 동시에 다른 접근도 필요하다. 즉,
자신을 사랑하면서 마음의 상처를 치유하는 방법이다. 자신을 사

랑하는 방법을 배우려면 무엇보다 자신과 우호관계를 맺어야 한다. 자신과 바람직한 정서적 관계를 맺으며 살아가기 위해서는 사전에 효과적인 방법으로 내면의 상처에 대처하는 것이 중요하다. 자신이 내면에 차곡차곡 쌓아둔 두터운 등껍질을 먼저 벗겨내야 한다. 버림받은 마음의 상처를 극복하기 위해 의학적 치료를 통한 외부의 도움과 함께 상처를 치유하려는 자발적 의지가 필요하다.

내가 이런 주제에 대해 자신 있게 말할 수 있는 이유는 나 자신이 내면의 깊은 상처를 치유하기 위해 오랫동안 심리치료를 받은 경험이 있기 때문이다. 내 안에 깊숙이 자리 잡은 상처 가운데 어떤 것은 어린 시절로 거슬러 올라간다. 사실 자신을 사랑하는 방법을 배운다는 것이 나에게는 너무 힘들었다. 사춘기를 보내면서, 그리고 성인이 되어서도 나는 스스로를 사랑하지도 믿지도 못했다.

수 년 동안 나는 정서적으로 걷잡을 수 없이 혼란한 삶을 살았다. 그 시기에 나는 고통과 더불어 살아가는 방법을 찾으려 애쓰면서 직업적으로 자기실현을 이루기 위해 많은 시간을 할애했다. 나는 한 번의 이혼을 경험하고 재혼을 했으며, 오랫동안 비정상적인 신경증적 행동을 무의식적으로 반복했다. 그런 과정을 겪고 나서야 나는 비로소 내 안에 도사리고 있는 숱한 문제들을 의식하게 되었다.

그것은 끈질기게 나를 사로잡고 열등감과 자기 멸시의 깊은 수렁에 빠뜨린 내면의 상처들이었다. 정신분석과 심리·행동요법의 집중적인 도움을 받고나서야 나는 마침내 오랜 상처의 고통에서 서서히 벗어날 수 있었고, 나를 괴롭히는 어두운 감정들을 떨쳐낼 수 있었다. 내면의 속박은 정신적인 문제만 일으키는 것이 아니다. 마음의 거센 고통은 몸까지 피폐하게 만든다. 따라서 정신의 자유는 자연히 몸의 치유를 동반했다.

치료를 받으면서 나는 '자신에 대한 부드러운 사랑'을 경험했다. 나는 마침내 나 자신을 끌어안았고, 어린 시절의 나에게 결핍되었던 부드러운 사랑과 내가 스스로 가로막았던 사랑을 나 자신에게 주었다. 그때까지 나는 마음의 상처를 치유하지 못한 채 자신을 사랑하기는커녕 마치 나병 환자 같고 죽음이 임박한 병자 같다며 스스로를 멸시하는 내 모습을 바라보며 탈진하고 있었다. 나는 내면의 상처를 치유하기 위해 인도에서 몇 달 동안 체류했다. 체계적인 치료를 받으면서 점점 긍정적인 태도를 지니게 되고 정서적, 직업적인 자세가 변화되었다.

나는 열등감을 부추기는 여러 증상을 여전히 지니고 있다. 그러나 마침내 나를 사랑하는 방법을 배웠고, 내 연약함을 사실 그대로 인정하며 살아가는 방법을 터득했다. 몽테뉴가 말했던 것처럼 나도 이제 "나는 나의 삶을 진정으로 사랑한다!"라고 자신 있게 말할 수 있다. 지금까지 살아온 인생의 대차대조표를 쓴다면 나는 이제 아무것도 후회하지 않는다고 당당하게 기록할 수 있다. 내가 내면에 지녔던 모든 결점은 더 이상 내 삶을 방해하는 장애물이 아니라 내가 추구하고, 성장하고, 변화하고, 의식하고, 마침내 진정 사랑할 수 있도록 나를 도약시키는 발판이 되었기 때문이다.

정신의학자 보리스 시뤼니크는 마치 '탄성에너지'와도 같은 이런 과정을 완벽하게 밝혀주었다. 그는, 사람은 누구나 이런 내면의 에너지를 이용해 정신적 외상을 극복할 수 있으며, 오히려 내면의 상처들로 인해 보다 가치 있는 성품을 개발할 수 있다고 주장했다.

가장 두드러진 예 가운데 하나로 프랑스 신부 아베 피에르의 경우를 들 수 있다. 내게 큰 감동을 주었던 피에르 신부는 세상을 떠나기 전까지 20년 동안 나와 가깝게 지냈다. 피에르 신부가 세 권의 저서를 집필할 때 내가 곁에서 그를 도울 수 있었고, 그로 인해 피에르 신부에 대해 적잖은 사실을 알게 되었다.

앙리 그루에(피에르 신부의 속명이다)는, 아들에게 부드럽게 사랑을 표현한 적 없었던 냉정한 어머니 곁에서 마음에 깊은 상처를 받으며 어린 시절을 보냈다. 사랑의 결핍으로 외로움을 심하게 느꼈던 그는 어른이 되어서도 끊임없이 누군가에게 사랑받기를 원했고, 다른 사람들에게 인정받고 싶어 했다. 가난한 사람들을 돕는 고귀한 사명과 신성(神性)에 대한 뜨거운 열망, 철저한 자기부인을 통해 피에르 신부가 보여준 헌신과 희생은 그의 내면에 있었던 나르시스적인 상처에서 비롯되었다. 그는 마지막 순간까지 사랑과 주위의 인정에 대해 병적인 증상을 지니고 있었다.

지나치게 미디어를 선호하고, 여인들을 기쁘게 하면서 동시에 자신에게 부드럽게 대하기를 바랐던 것은 피에르 신부가 지닌 내면의 상처에서 비롯된 전형적인 모습이다. 그는 자신의 상처들을 의식했고, 결함과 문제도 인정하고 있었다. 따라서 그를 지나치게 이상화하려는 미디어의 시도가 오히려 그를 고통스럽게 만들었다.

죽음을 앞두고 마침내 그는 진실을 고백하기 위한 고해를 원했다.[08] 무엇이 내면에서 자신을 괴롭혔는지 고백하리라 생각했던 피에르 신부는 결국 모든 사람을 향해 이렇게 말했다.

나는 초월적 인간이 아니다. 나는 일생동안 내 안에 심각한 정서적 결함을 지니고 살았지만, 그것은 내 삶을 이끄는 원동력 가운데 하나였다.

피에르 신부는 자기를 전혀 이해하지 못한 가톨릭의 여러 인물들의 냉정한 태도에 많은 상처를 입었다. "아베 피에르는 머리가 돈 사람이다"라고 말했던 루스티게르 추기경에서부터, "타산적인 어떤 친구(경우에 따라 나를 지칭하는 것일 수 있다)의 손아귀에 놀아난

---

08   아베 피에르 · 프레데리크 르누아르, 『하나님… 왜요?』, 플론, 2005

노망든 늙은이"라던 히폴리트 시몽에 이르기까지, 가톨릭의 많은 거물들이 피에르 신부를 원색적으로 비난했다. 그뿐이 아니다. 파리 대주교인 앙드레 뱅 트루아는 "아베 피에르에 대해 좋은 이미지를 갖게 만드는" 그의 고백서를 절대로 읽지 않겠다고 선언했다.

이런 격한 반응들은, 교회지도자들이 성직자들의 어두운 성생활에 감히 다가서기 어려운 현실을 반영할 뿐 아니라 공적인 고해에 나서기 힘든 난처한 입장을 대변하는 것이다.

피에르 신부가 죽기 바로 전에 자신의 왜곡된 이미지를 부분적으로나마 밝히려고 했던 이유는 그가 사사로운 개인이 아니라 많은 사람에게 영향을 끼친 공인이기 때문이다. 실제로 그는 프랑스 현대사에서 가장 영향력 있는 인물 가운데 한 사람으로 인정받았다.

신비의 장막 뒤에 숨어 사는 사람은 언제나 나약하고 지속적으로 상처를 입을 뿐이다. 피에르 신부는 진실로 사랑받기 원했기 때문에 진실로 사랑했다. 그는 거짓되고 과장된 전설로써가 아니라 있는 그대로 사랑받기를 원했다. 얼마나 멋진 개성인가.

신부님, 당신이 정말 그립습니다!

내가 받고 싶은 것처럼
그들에게 돌려주라

앞에서 보았던 것처럼, 자기 존중은 다른 사람을 존중하기 위한 절대 전제가 된다. 이 진리는 우리가 흔히 황금률이라고 부르는, "네가 당하고 싶지 않은 일을 너도 다른 사람에게 하지 말라"는 금언의 토대를 이룬다.

황금률은 모든 인간사회가 강조하는 도덕적 삶의 토대가 되며, 오랜 세월을 거치며 다듬어진 종교적, 철학적 규범에 앞서 존재했던 일종의 자연법의 성격을 지닌다. 어린아이도 쉽게 이해하는 황금률은 우리가 의식하지 못하지만 이미 교육과정에 포함되어 자연스럽게 전수된다.

황금률에 대해 아이들에게 굳이 구체적으로 말하지 않지만, 이렇게 말하면서 이미 실행하는 것이다.

"네 동생 머리카락을 잡아당기지 마라."

상황을 뒤집어 본다.

"동생이 네 머리카락을 잡아당기면 좋겠니? 아니지! 그러면 너도 그렇게 하지 마라."

황금률은 모든 구전문화와 기록문명사회에서 이미 형식화되었으며, 도덕률의 보편적 기반이 된다. 성서에 등장하며, 빚을 받으려고 니니브에서 에크바탄까지 멀고 험한 길을 떠나는 아들에게 토비트가 전한 충고의 말머리에 기록되었다.

네가 당하고 싶지 않은 일을 아무에게도 하지 마라.[01]

1세기 초 유대 현인 힐라리우스는 이렇게 강조했다.

네가 당하기 싫은 일을 이웃에게 하지 말라. 그것이 율법의 전부이며, 나머지는 주석에 불과하다.[02]

같은 규범을 그리스인이나 로마인에게서도 발견할 수 있지만, 그들이 인간으로 여기지 않았던 이방인이나 노예에게는 예외적인 규범이었다.

아리스토텔레스는 제자들에게 이렇게 가르쳤다.

그들이 우리에게 대하기를 바라는 대로 너희도 그들을 대하라.[03]

거의 같은 시기에 살라마노스의 왕 니로클레스도 두 편의 담론을 통해 우리에게 이렇게 주장했다.

다른 사람들의 행동 가운데 너를 자극하는 것들을 너는 다른 사람들에게 하지 말라.[04]

네로 황제의 가정교사였던 세네카는 재산을 국민들에게 나눠주

---

01 「토비트서」, 4장 15절
02 힐라리우스, 『탈무드』, 「안식일편」, 31a
03 디오게네스 라에르티오스, 『위대한 철학자들의 생애와 사상』, 5, 21
04 니로클레스,61

라고 권하면서 로마의 귀족들에게 이렇게 말했다.

당신들이 받고 싶은 대로 그들에게 돌려주어라.[05]

예수는 황금률을 다시 인용하면서 이방인과 노예를 포함해 예외를 인정하지 않는 보편적 의무로 규정했다. 황금률은 특정한 계급, 도시나 국민의 구성원들에게 해당하는 것이 아니라 언어와 종족, 성, 신분과 지위를 넘어 모든 인간관계를 아우른다. 복음서의 중요한 도덕적 담론인 '산상수훈'에서 예수는 힐라리우스가 말했던 것처럼 황금률은 모든 율법과 선지서, 곧 구약성서의 근본이라고 말했다.

너희는 남에게서 바라는 대로 남에게 해주어라. 이것이 율법과 예언서의 정신이다.[06]
너희는 남에게서 바라는 대로 남에게 해주어라.[07]

예수는 이 규범을 윤리적 범위로 해석해 일련의 계명으로 발전시켰다.

남을 판단하지 마라. 그러면 너희도 판단받지 않을 것이다. 남을 판단하

---

05 세네카, 『선행에 관하여』, 2,1,1
06 「마태복음」 7장 12절
07 「누가복음」 6장 31절

는 대로 너희도 하느님의 심판을 받을 것이고 남을 저울질하는 대로 너희도 저울질을 당할 것이다.[08]

황금률은 성서뿐 아니라 이슬람 경전에서도 강조된다. 그러나 여기에서는 간단히, 마호메트의 언행록 가운데 표현이 일치하는 말을 인용한다.

자신을 사랑하는 것처럼 형제를 사랑하지 않는 자는 너희들 중에서 누구든 진정한 신자가 아니다.[09]

우리는 동양의 여러 나라에서 황금률을 다시 발견한다. 기원전 6세기경 동양의 현인 공자는 자신이 가르친 내용이 다시 수록된 『논어(論語)』에서 황금률을 이렇게 표현했다.

누군가 너에게 하기를 원치 않는 일을 다른 사람에게 하지 마라.[10]

거의 같은 시기에 인도에서는 붓다가 이런 말로 표현했다.

너 자신을 고통스럽게 하는 일로 다른 사람에게 상처를 주지 마라.[11]

비폭력의 절대적 신봉자인 인도의 자이나교 안에서도 황금률의

---

08 「마태복음」 7장 1~2절
09 Boukfari, Sahih, 2.6.1
10 공자, 『논어』, ⅩⅤ, 23
11 Sutta Pikata, 『우다나바가』, 5, 18

가르침이 두드러진다.

인간은 세상의 사물들에 맞서 초연하게 살아야 하며, 자신을 대하듯 이 세상의 모든 피조물을 대해야 한다.[12]

고대 인도의 3대 서사시 가운데 하나인 『마하바라타』에도 황금 률이 나타난다.

우리 자신에게 혐오감을 주듯이 다른 사람에게 행동하지 말아야 한다. 그것이 모든 도덕의 중심이다. 나머지 다른 모든 것은 모두 타산적인 탐욕 에서 비롯된다.[13]

앞에서 말했던 것처럼 황금률은 즉각적으로 모든 사람, 심지어 어린아이도 쉽게 다가설 수 있는 규범이다. 황금률을 이해하기 위 해 복잡한 이성적 추론이나 종교적 계시가 필요치 않다. 이런 규범 은 지극히 당연한 이치로서 보편적인 가치를 지니며, 우리 모두가 자연스럽게 이해할 수 있다. 황금률은 사회생활과 공동체의 법, 그 리고 다른 사람과 바람직한 관계를 형성하는 자연스러운 토대가 된다. 황금률을 따른다는 것은 우리와 똑같은 욕구와 충동을 지닌 다른 사람의 자리에 기꺼이 서는 것이다.

---

12 『수트라크리탕가』, Ⅰ, 11, 33
13 『마하바라타』, 114, 8

일상의 기본적인 사회생활 안에서 적용할 수 있다. 지하철에서 누가 심하게 밀면 기분이 나쁘지 않은가? 내가 누군가를 그렇게 밀면 그 사람도 마찬가지로 불쾌할 것이다. 그렇다면 나도 당연히 다른 사람을 밀지 말아야 한다. 통행하는 데 장애물이 있어 방해가 되면 불편하지 않은가? 그렇다면 나도 사람들이 지나는 길에 내 가방이나 유모차를 놓아 길이 막히지 않도록 배려해야 한다. 누군가가 나에게 거짓말하는 것이 싫지 않은가? 그렇다면 나도 당연히 다른 사람에게 거짓말하지 말아야 한다. 한참 줄을 서서 기다리고 있는데 누가 새치기를 하면 화가 나지 않는가? 그렇다면 아무리 바빠도 다른 사람이 똑같은 일을 겪지 않게 주의해야 한다.

매우 간단하고 사소한 일 같지만 그렇게 하느냐 그렇게 하지 않느냐에 따라 상황은 크게 달라진다. 한 가정 또는 한 사회의 공동생활이 변하기 때문이다.

황금률은 대부분의 경우에 '너희는… 하지 말라' 식의 부정 형태로 표현되지만, 경우에 따라 '너희는… 하라' 식의 긍정 형태로 표현될 때가 있다.

다른 사람이 너에게 해주기 바라는 대로 너도 다른 사람에게 하라.

"… 하라"의 형태는 매우 생산적인 방식이 된다. 하지 말아야 하는 일에 대해 수동적으로 금지하는 데 그치지 않고 옳은 일을 하도록 능동적으로 이끌기 때문이다. 가치 있는 규범이 되기 위해서는 살인하지 말라, 고통을 주지 말라, 도둑질하지 말라, 간음하지 말라는 것만으로는 충분치 않다. 진정한 가치는 금지를 따르며 아무 일도 하지 않는 것이 아니라 마땅히 해야 할 가치 있는 일을 적극적으로 하는 것이기 때문이다.

긍정적 규범은 사실 매우 간단한 일에서부터 시작된다. 이를테면 누군가의 입가에 번지는 미소가 아름답다고 느껴지고, 그런 모습이 다른 사람을 즐겁게 한다고 생각하는가? 그렇다면 얼굴을 찌푸리면서 주변 사람들을 불쾌하게 하지 말고 당신도 아름다운 미소를 지어보라. 다른 사람들이 당신에게 주기 바라는 것들을 다른 사람들에게 주라. 다른 사람의 사정에 좀더 관심을 기울이고, 좀더 말을 들어주고, 좀더 위로하고, 어려운 형편에 처한 사람들에게 조금만 더 나눠주면 된다.

이렇게 행동하면서 우리는 어느 순간 자신의 내면에서 샘솟는 기쁨을 느낀다. 반면 다른 사람들이 우리에게 하지 않기를 바라는 일들을 하면서 우리는 종종 후회하고, 마음속에 슬픈 구름이 드리워지는 것을 느낀다. 양심의 소리라고 말하는 내면의 '미세한' 음성을 듣기 때문이다. 다섯 살의 어린아이나 아흔 살의 늙은 철학자나 똑같이 양심의 소리를 듣고 똑같이 내면의 감정을 느낀다. 이것이 바로 황금률의 놀라운 위력이다.

12.

우정은 두 몸에 존재하는 하나의 영혼이다

Petit traité de vie intérieure

황금률은 올바른 사회생활을 위해 본질적인 가치를 지니는 도덕률이며, 존경과 공손이라는 공동생활에 반드시 필요한 두 가지 미덕을 담고 있다. 그러나 개인의 내적 삶은 이처럼 사회적인 미덕만으로는 만족을 얻지 못한다. 정의로운 사회규범이 우리의 공동생활을 보다 윤택하게 만들어 주지만, 내면의 삶을 행복하게 만들기에는 충분하지 않기 때문이다.

왜냐하면 우리는 존경과 호의에 근거한 관계를 넘어 존재의 가장 깊은 곳에서 생성되는 감정인 사랑과 우정으로 다른 사람들과 친밀한 관계 맺기를 열망하기 때문이다. 그런 감정들이 우리를 선택된 관계 안에 기꺼이 들어가게 하고, 우리의 영혼을 살찌우며, 몸을 편안하게 하고 마음을 즐겁게 한다.

니체는 『차라투스트라는 이렇게 말했다』에서, "나는 당신에게 이웃을 일깨운 것이 아니라 친구를 일깨웠다"라고 말했다. 종교와 영적인 전통은 사랑의 의미에 대해, 한정된 어떤 사람에게 느낄 수 있는 특별한 감정이 아니라 조건 없이 모든 존재에게 베풀어야 하는 보편적 감정이라고 말한다. 그런데 두 개인 사이의 우정은 모르는 사람, 즉 한정되지 않은 '다른' 사람과 맺는 미지의 인연이 아니라 우리가 선택하고 우리를 선택한 사람 사이에 맺는 상호관계에서 비롯된다.

아리스토텔레스는 자신이 '완전한 우정'이라고 명명한 것에 대해 가장 깊이 있게 고찰했던 사람 가운데 하나다. 완전한 우정은 시간·안정성·습관·열정·즐거움을 함께 공유한다. 아리스토텔레스는 사람이 행복하기 위해서는 이런 요소가 반드시 필요하다고 주장했다.[01] 우정적인 사랑은 그리스어 필리아philia에서 유래한 것으로, 아리스토텔레스는 『니코마코스 윤리학』에서 우정에 대해 이렇게 기록했다.

우정적인 사랑은 사람이 행복하게 살기 위해 '더욱 필요한 것'을 제공한다. 다른 재산이 두루 있을지라도 친구가 없으면 어떤 사람도 진정한 삶을 살 수 없다.[02]

아리스토텔레스는 진실한 친구는 결코 많을 수 없다고 단언했다. 왜냐하면 각각의 친구는 서로에게 완전한 헌신을 요구하기 때문이다. 따라서 아리스토텔레스는 참된 우정을 위해 정당한 절제를 주문했다.

친구가 없어도 안 되고 지나치게 많아서도 안 된다.[03]

진정한 의미에서 친구는 함께 저녁을 먹기 위해 가끔 만나는 사

---

01 아리스토텔레스, 『니코마코스 윤리학』, 9, 9
02 앞의 책, 8, 1. 비폭력과 용서
03 앞의 책, 9, 10

람도 아니고, 기분을 전환하기 위해 가끔 만나는 동무도 아니다. 친구에 대한 아리스토텔레스의 관점에 대해 디오게네스 라에르티오스는 이렇게 기록했다.

사람들이 그에게 "친구란 무엇인가?"라고 묻자, 그는 주저 없이 "두 육신에 존재하는 하나의 영혼"이라고 대답했다.[04]

우정에 대한 소크라테스의 생각은 그리스-로마 철학에 많은 영향을 끼쳤다. 기원전 1세기 키케로에게서도 그의 관점을 엿볼 수 있다.

우정의 본질은 하나의 영혼을 지닌 여러 존재로 구성된다.[05]

친구란 일종의 '자매 영혼'이다. 오늘날 우리는, 친구란 스스럼없이 서로를 이해하고, 함께 있으면 서로에게 기쁨이 되고, 서로의 관계를 더욱 풍요롭게 가꾸는 계획을 공유하며, 서로의 성장을 돕는 존재라고 말한다. 내가 여기에서 말하는 계획이라는 말은, 마음을 다해 함께 참여하는 공동의 활동을 의미한다. 그것은 때로는 어떤 열정일 수도 있다. 이를테면 영화나 음악, 스포츠, 문학, 철학 등에 대한 공동의 관심이 될 수 있고 전혀 다른 관점에서 가정의

---

04 디오게네스 라에르티오스, 『위대한 철학자들의 생애와 사상』, V, 20
05 키케로, 『우정에 관하여』, XXV

구성이 될 수도 있다(나중에 부부 사랑의 기반이 되는 우정의 필요성에 대해 말하겠다).

생텍쥐페리가 『인간의 대지』에서 말했던 것처럼, 우리는 "함께 같은 방향을 바라보는" 친구를 원한다. 친구는 가족처럼 선천적으로 우리에게 강요되지 않는다. 그러나 친구는 우리의 삶에서 특별한 자리를 차지하며, 우리 곁에서 그의 존재가 분명해진다. 영혼의 이상한 결합이라는 말 외에 다른 말로는 이런 애착의 원인을 설명하기가 쉽지 않다. 몽테뉴는 라 보에티와 자신의 특별한 우정에 대해 이렇게 말했다.

사람들은 내가 왜 그를 사랑하는지에 대해 대답을 강요하지만 나로서는 '바로 그이기 때문에, 그리고 바로 나이기 때문에'라고 말하는 것 외에는 달리 대답할 말이 없다.[06]

아리스토텔레스가 설명한 우정의 본질적 범주는 무엇보다 상대성이다. 즉, 상대가 없거나 상대성을 지니지 않는다면 우정은 존재하지 않는다. 서로 선택한 나와 나의 친구는 우리라는 관계 안에서 같은 즐거움을 이끌어야 한다. 억지로 관계를 유지하는 것이 아니라 서로 감정과 감동을 공유하며 상대에게 기쁨을 주어야 한다. 한

06　몽테뉴, 『수상록』, I, 28

쪽이 흔들리는 우정은 진정한 우정이 아니며, 안정된 관계 안에 깊이 뿌리내려야 참된 우정이 형성된다. 이런 점에서 상대성을 필연적으로 전제하지 않는 황금률과 상대성을 절대가치로 강조하는 우정이 뚜렷이 구별된다.

우리는 가족을 상속하고 친구를 선택한다. 다시 말해 가족은 의지와 상관없이 구성되지만 친구는 자신의 선택으로 만들어진다. 그렇지만 친구는 가족 안에서도 선택될 수 있다. 때로는 형제자매와 우정을 맺고 절친한 친구처럼 자신의 기쁨과 고통을 나눌 수 있다.

마찬가지로 연인이나 배우자도 친구가 될 수 있다. 나는 솔직히 말해서 우정이 없는 연인들 사이에서 진실한 사랑이 오랫동안 유지될 수 있다고 생각하지 않는다. 연인 사이의 사랑은 친구의 우정을 통해서 지속되기 때문이다. 누구나 영원한 사랑을 말하지만 사실 연인 사이의 뜨거운 열정은 그리 오래 지속되지 않는다.

열정적인 사랑은 대개 성적 욕망과, 사실과 상관없이 우리가 투사하는 환상에 근거하기 때문이다. 그것은 우리가 어렸을 때 부모와의 관계에서 느꼈던 무의식적인 기대와 흡사하다. 열정은 분명 우리에게 특별한 활력을 주지만, 시간이 흐르면서 서서히 사라진다.

언젠가 열정이 잠잠해지면 다시 현실로 돌아오고, 마침내 우리는 상대에게 지난날 느꼈던 환상이 아니라 있는 그대로의 모습을 발견한다. 연인이자 동시에 친구였다면 그 열정은 사라지는 것이 아니라 다만 자리를 옮기는 것이며, 이전처럼 흔들림 없는 새로운 관계로 발전한다. 즉, 연인의 자리에서 친구의 자리로 옮긴 열정은 이제 우정으로 모습을 달리하면서 변함없이 소중한 관계를 유지한다. 이 새로운 관계가 바로 아리스토텔레스가 노래한 '완전한 우정'에 근거하며, 현실적 사랑의 토대가 된다.

우정은 '또 다른 자신'과의 만남이며, 자신이 스스로 얻지 못하는 것들을 제공하는 역할을 한다.[07]

우정적인 사랑은 결과적으로 유사성과 보완성의 이중적 경험을 형성한다. 우리의 영혼이 서로 닮았기 때문에 우리는 서로 사랑한다. 그리고 우리에게 부족한 것을 다른 사람이 채워주고, 우리가 우리 자신에게 줄 수 없었던 것을 다른 사람이 주기 때문에 우리는 서로 사랑한다.

경험을 통해서 나는 아리스토텔레스의 분석이 옳다는 사실을 알 수 있었다. 나는 깊은 우정이 대화의 부족, 함께 나눈 시간의 부족, 공유하는 활동의 부족 때문에 무너지는 경우를 종종 보았고,

---

07   아리스토텔레스, 『니코마코스 윤리학』, 9, 9

나 역시 그런 일을 경험했다. 감정이 상대적이지 않았기 때문에 더 이상 다른 우정이 생기지 않았다. 나는 사랑받지 못하면서 사랑했고, 사랑하지 않으면서 사랑받았다. 상대성을 잃은 그런 관계는 오래 지속될 수 없었다. 나는 사랑의 관계에서 우정이 얼마나 필요한지 절실하게 느꼈다. 많은 열정이 시간과 더불어 갈등과 권태를 겪으면서 사라졌다. 사랑이 진정한 우정에 뿌리내리지 않았기 때문이다.

청소년 시기에 읽은 플라톤의 책들은 사랑의 욕망에 대한 모호한 특성을 내게 분명하게 가르쳐주었다. 나는 열네 살 때 소크라테스가 아리스토파네스와 함께 사랑에 대해서 말하고 설명했던 『대화편』을 읽었다.

우리가 지니지 않은 것, 우리가 아닌 것, 우리에게 부족한 것, 그런 것들이 욕망과 사랑의 대상이다.[08]

소크라테스는 디오티마라는 여인이 밝힌 사랑의 신비한 양면성을 설명했다. 소크라테스는 에로스의 사랑이 최상으로도 최악으로도 이끌 수 있는 다이모니온, 즉 거센 욕망이라고 말했다. 사랑의 열정은 거칠고 다듬어지지 않은 상태에서는 거친 욕망으로 인해 심지어 범죄로 이어질 수 있다. 탐욕스러운 사랑의 열정, 통제되지

---

08   플라톤, 『대화편』, 200e

않은 욕망에서 얼마나 많은 성범죄와 살인이 일어났는가.

반면에 똑같은 에로스의 사랑이 인간의 영혼과 거룩한 신성이 만나는 최선의 상태로 이끌 수도 있다. 육신이 없는 영혼이 존재하지 않고 영혼이 없는 육신도 존재하지 않는다. 물론 영혼과 육신이 다르지만 분리되지 않는 하나를 이루면서 더욱 소중한 가치를 추구한다.

인간의 영혼은 먼저 육신의 매력에 탐닉한다. 소크라테스도 자신을 둘러싸고 있던 젊은이들의 완벽한 외모에 대해 경탄을 아끼지 않았다. 인간의 영혼은 특별한 육신에 대한 개별적 사랑에서 출발해 점점 아름다운 육신들을 향해 사랑의 범위를 넓혀간다. 그리고 마침내 육신과 영혼의 조화를 발견하면서 육신과 결합된 영혼을 사랑한다.

에로스의 사랑이 더욱 성장하면서 인간의 영혼은 육신의 욕망을 넘어 미덕과 지혜의 가치를 발견하고, 마침내 오랜 기간의 전수를 거치면 신의 본질에 속하는 '선(善)'·'미(美)'와 만나고 이에 심취되면서 드디어 영혼의 갈증을 채운다. 이처럼 에로스는 육신의 사랑에 머무르지 않고 단계적으로 성장하면서 영혼을 사랑하고, 궁극적으로 인간의 영혼을 최고의 가치인 신성으로 이끈다. 그 과정에 대해 디오티마가 이렇게 설명했다.

언젠가 당신들이 진정한 자기 성찰에 이르면 영혼에서 샘솟는 아름다움이 세상의 어떤 가치와도 견줄 수 없다는 것을 알게 될 것이다. 그저 보는 것만으로도 당신들의 마음을 뒤흔드는 황금이나 패물, 예쁜 아이들, 멋진 청년들도 결코 이 아름다움을 대신하지 못한다. 당신들의 영혼이 진정 사랑하는 것을 관조하면서 당신들은 먹는 것, 마시는 것도 잊은 채 그 존재를 즐기게 된다.

자기 내면에 존재하는 혼합되지 않고 순수한 아름다움 (…) 유일한 형상 안에 있는 신성한 아름다움을 관조하는 사람에게 달리 무슨 감정이 필요하겠는가?[09]

소크라테스에게는 이처럼 사랑의 단계가 있다. 사랑의 절정에 우리를 사로잡는 초월적인 힘이 존재하며, 이성을 뛰어넘는 이 힘은 물질적인 요소에서 출발해서 모든 영적 전통의 신비주의자들이 찬양했던 하나님 혹은 영원한 신이라는 다른 본질에 도달한다. 알-미트라가 사랑에 대해 질문하자 예언자 칼릴 지브란이 이렇게 대답했다.

당신이 사랑하면서 하나님이 당신의 마음에 있다고 말하지 말라. 차라리 당신이 하나님의 마음 안에 있다고 말하라.[10]

09   앞의 책, 211d-e
10   칼릴 지브란, 『예언자』, 2(사랑에 대하여)

여기에서 우리는 아리스토텔레스가 말했던 우정적인 사랑과는 다른 개념의 새로운 사랑과 만난다. 사랑의 절정에서 에로스는 대부분의 그리스 철학자들이 가장 고귀한 인간의 행위라고 표현했던 관조(觀照)에 도달한다. 인간은 관조를 통해 마침내 지극한 행복을 느끼기 때문이다. 관조를 아는 사람은 사랑으로 충만하며, 그의 마음은 더 이상 세상의 한계를 느끼지 않는다.

앞에서 나는 자연에서 겪은 개인적 경험에 대해 말했다. 그런 경험을 통해서 나는 사람이 자연과 하나가 될 때 느낄 수 있는 기쁨의 상태를 알게 되었다. 그때 나는 '전체'와 사랑으로 결합하기 위해서 개별적 존재가 어떤 방식으로 전체에 통합되는지를 깨달았다.

나는 이런 개인적인 내면의 경험을 '종교적' 체험으로 표현하고 싶지 않다. 왜냐하면 당시의 경험은 그때까지 내가 알고 있던 어떤 종교 또는 종교들이 말하는 상징이나 형상과도 분명히 달랐기 때문이다.

그러나 모든 영적 전통은 개인이 내면의 자아를 뛰어넘는 무엇과 결합하기 위해 자신의 한계를 벗어나는 영적 경험들을 상기시킨다. 그리고 그런 경험들이 개인을 진정한 기쁨과 사랑의 상태로 이끈다. 사실 각각의 문화와 전통에 따라 이런 초월적 상태에 부여하는 이름이 무엇이든 상관없다. 그 이름은 때로는 자연이 되고, 때로는 우주·하나님·신·절대자·전체·도(道)가 된다.

이런 초월적 경험은 사랑의 또 다른 범주를 알려준다. 그것은 아무것도 돌아오지 않고, 아무 보상도 기다리지 않는 무상의 헌신적 사랑이다. 사랑-헌신이 결합된 헌신적 사랑은 그리스어 아가페라는 이름으로 『신약성서』에서 구체적인 모습을 나타낸다. 바울과 네 명의 복음서 저자들에게 아가페는 하나님이 인간에게 베푸는 무상의 사랑을 말한다.

그러나 성서의 메시지를 심층적으로 살펴보면, 아가페의 사랑은 그저 하나님이 사람에게 주는 신적인 사랑으로 의미가 단순화되지 않는다. 아가페는 하나님이 모든 사람에게 서로를 위해 함께 나누라고 명령한 인간의 가장 고귀한 사랑이다. 아가페의 출발은 자기의 이익을 따지지 않는 것이며, 이해타산을 버리고 다만 사랑을 위해 사랑하는 순결한 무상의 사랑에서 비롯된다. 인간의 진정한 행복을 바라는 하나님의 계명이기 때문에 사랑하는 것이며, 이런 사랑을 통해 인간은 마침내 '자기'의 굴레를 극복하며 참된 행복을 누릴 수 있다.

아가페는 그리스 철학자들이 말하는 것처럼, 자기를 희생하고 다른 사람의 행복을 원하는 참된 우정과 궤를 같이한다. 그러나 아가페와 우정은 두 가지 관점에서 성격이 달라진다. 황금률과 달리 아가페의 사랑은 상대성을 요구하지 않으며 특정한 사람을 대상으로 삼지 않는다. 일반적 의미의 '이웃'이 아가페의 대상이며, 궁극적으로는 세상이 아가페의 대상이 된다.

이런 의미에서 보면 아가페의 사랑은 황금률과 비슷해 보인다. 그러나 황금률이 인간의 정서적 범주가 거의 또는 전혀 드러나지 않는 규범적 원리인 반면, 아가페는 모든 인간을 마음으로 끌어안는 정서적 사랑이다. 우리는 아가페의 사랑으로 다른 사람을 온 마음을 다해 사랑한다. 예수가 죽기 전날 최후의 만찬에서 사도들에게 그 사랑에 대해 말했다.

나는 너희에게 새 계명을 주겠다. 서로 사랑하여라. 내가 너희를 사랑한 것처럼 너희도 서로 사랑하여라. 너희가 서로 사랑하면 세상 사람들이 그 것을 보고 너희가 내 제자라는 것을 알게 될 것이다.[11]

우리는 불교의 전통에서도, 살아있는 모든 존재를 대상으로 조건 없이 베푸는 사랑의 개념으로서 '카루나'를 발견한다. 카루나는 능동적인 자비와 연민으로서 대자대비(大慈大悲)를 의미한다. 불교에서 말하는 대자대비의 개념은 살아있는 모든 존재를 존중한다는

---

11 「요한복음」 13장 34~35절

의미로, 황금률의 선의와는 구별된다. 카루나는 오랜 세월을 거치며 불교사상의 내부에서 발전했으며 '마하야나', 이를테면 대승(大乘) 불교의 중요한 미덕이 된다.

카루나는 본질적인 의미에서 살펴보면 기독교에서 말하는 그리스도의 사랑과 다르지 않다. 왜냐하면 예수가 다른 사람을 위해 기꺼이 자기 목숨을 바치라고 말하는 것처럼, 불교에서도 대자대비를 위해서라면 '니르바나(열반, 涅槃)'의 완전한 기쁨마저 포기하라고 말하기 때문이다. 그리스도가 '사랑하라'고 말하는 최고의 계명이 '모든 사람'을 대상으로 하듯이 카루나는 '삼사라(윤회, 輪廻)'의 끝없는 고통의 사슬에 갇혀있는 중생들을 해방하는 보편적 사랑의 개념이다.

나는 마더 테레사나 아베 피에르, 달라이 라마 같이 고결한 인물들 안에서 아가페 사랑의 그윽한 향기를 마음껏 맡을 수 있었다. 세 사람은 각자 매우 다른 개성을 지녔지만 그들이 다른 사람을 향해 보여준 지극한 사랑을 보면서 나는 세 사람 모두에게서 깊은 감동을 받았다. 그들은 고통을 호소하며 다가온 사람들의 아픔을 덜어주기 위해, 그들이 부유하거나 가난하거나 차별하지 않고 온 마음을 다해 보살폈다.

그들에 비하면 아주 보잘것없지만 나도 마더 테레사가 운영하는 인도의 나병원과 호스피스 병원에서 잠깐이나마 감동적인 경험을 한 적이 있다. 앞에서도 말했지만, 마음의 상처 때문에 심하게 고통을 겪던 나는 오히려 내 안의 아픔 때문에 다른 사람들의 고통에 특별히 민감해지면서 가난한 사람들을 위해 봉사하겠다는 무의식적인 동기를 부여받았다.

비록 길지 않은 시간이었지만, 나는 개인적인 경험들을 통해 절망에 빠진 사람들을 배려한다는 것이 도움을 받는 사람뿐 아니라 도움을 주는 사람의 마음까지 얼마나 기쁘게 하는지 새삼 깨달을 수 있었다. 그러나 그런 깨달음보다 더 중요한 것은 내가 바울이 말한 "주는 것이 받는 것보다 더 행복하다"[12]라는 예수의 가르침을 실행하면서 실제로 더 큰 행복을 느꼈다는 사실이다.

우리는 엠마우스 공동체의 설립자 아베 피에르의 뛰어난 직관을 눈여겨보아야 한다.

더 심하게 상처 입은 사람들을 돕기 위해서 덜 상처 입은 사람들이 힘껏 일해야 한다.

유명한 명언이 된 이 문장은 엠마우스의 진정한 발기문으로, 아베 피에르가 조르주에게 했던 말이다. 삶의 희망을 잃고 자살을 시도했던 조르주에게 아베 피에르는 "죽는 대신 내게 와서 고통 받는

---

12 「사도행전」 20장 35절

사람들을 돕는 것을 도와라"라고 말했다.

　많은 영적 스승들이 사랑-헌신의 중요한 가치에 대해 말했지만, 헌신적 사랑의 특별한 의미를 분석하고 이성적 근거를 찾으려한 철학자들은 극히 드물다. 그 소수의 학자 가운데 나는 철학자이자 탈무드 학자인 에마뉘엘 레비나스를 예로 들겠다.

　인간적인 성품뿐 아니라 사유의 깊이가 남다른 레비나스는 내가 다녔던 스위스 프리부르크 대학의 철학교수로 나의 지적 성장에 많은 영향을 끼쳤다. 특히 윤리학에 크게 기여한 '얼굴'의 독창적 연구를 통해 나는 많은 가르침을 받았다. 사람마다 서로 다른 개별성은 먼저 각각의 얼굴을 통해 베일이 벗겨진다. 그는 어떤 사람의 얼굴에 드러나는 궁핍함과 허약함은 당사자의 책임을 말하기 전에 먼저 우리들이 책임을 져야 된다고 주장했다.[13]

　죽기 몇 년 전 레비나스는 윤리학에 관한 책을 집필하고 있던 나에게 매우 소중한 자료를 보내주었다. 그때까지 자신이 정리했던 사랑-헌신에 관한 생각과 다른 사람에 대한 필연적 책임을 요약한 자료였는데, 그는 이렇게 마무리했다.

13　레비나스의 책 『전체와 무한』, 『윤리와 무한』을 보라.

이웃에 대한 무관심을 떨치고 다른 사람을 깊이 배려하는 것이 윤리적 가치의 중심이 되어야 한다. 살려는 의지와 의욕을 잃고 절망에 빠진 사람을 구하는 사명은 무엇보다 중요한 것이다. 이웃을 위한 인간의 존재론적 가치는 다른 사람을 위한 근본책임을 부여하기 때문에 나에게 무엇보다 소중한 가치가 된다. 나는 수많은 인간 가운데 익명의 누군가가 아니라 유일하게 나로 선택되었기 때문에 '나'에게 주어진 책임을 벗어날 수 없다. 인간이라는 존재는 '다른 사람을 위해 자신을 희생하는' 무상의 행위 안에서, 희생과 희생의 가능성 안에서, 신성의 사랑 안에서 마침내 자기를 초월한다.[14]

---

14   프레데리크 르누아르, 『시간과 책임』, 파야르, 1989, pp. 244~245

13.

용서함으로써
나를 해방하라

Petit traité de vie intérieure

불행히도 우리는 나날이 심각해지는 신체적 또는 언어적인 공격, 나아가 거친 폭력을 당하며 살고 있다. 이런 악한 행위는 곳곳에 퍼져있다. 직장 내에서의 성희롱, 거리나 지하철에서 상스런 언행과 밀치기, 손가락질하며 위협하는 행위 등 우리가 생활하는 현장 곳곳에서 매우 많은 폭력과 만난다.

우리는 사실 어릴 때부터 그런 행동들을 보며 자랐다. 엄한 부모나 권위를 내세우는 어른들, 보란 듯이 권위를 남용하는 사람들 앞에서 겁에 질려 제대로 말도 못한 경우가 많았다.

반면에, 운동장에서 또래들과 뛰어노는 아이들을 보면 상황에 대처하는 그들의 반응은 전혀 다르다. 주먹질에는 주먹질로, 모욕에는 모욕으로, 폭력에는 폭력으로 거침없이 대응한다.

물론 이런 반응이 당연한 것일 수도 있다. 상대의 부당한 공격에 맞서 자신을 지키는 것은 지극히 자연스러운 반응이기 때문이다. 마치 우리 몸이 외부의 생소한 대상에게 공격을 받으면 내부에서 즉시 방어기제를 갖추고 대항하는 것과 같은 이치다. 림프구는 바이러스를 내몰고, 우리 몸 안에 들어온 세균을 죽이려고 즉각 반응한다. 외부의 공격에 맞서 우리 몸도 유사한 방식으로 대응한다. 방어기제를 통해서 외부의 공격에 즉각적으로 대항하고 적을 꼼짝 못하게 공격한다.

이처럼 신체의 면역체계와 방어기제의 사용은 외부의 공격에 보상(報償)하는 법률 적용과 비슷하다. "눈에는 눈으로, 이에는 이로"라는 문장은 기원전 28세기에 이미 바빌로니아의 함무라비 법전에 문자로 기록되었다. 함무라비왕은 시민들에게 자신들이 받은 손해만큼의 비율로 되갚는 것을 허용했다. 함무라비 법전은 부당한 폭력에 단호하게 맞서기 위한 조처였다.

이 같은 보응법이 토라(율법서)에도 세 번 반복해서 나온다.

다른 사고가 생겨 목숨을 앗았으면 제 목숨으로 갚아야 한다. 눈은 눈으로, 이는 이로, 손은 손으로, 발은 발로, 화상은 화상으로, 상처는 상처로, 멍은 멍으로 갚아야 한다.[01]

그런 자는 애처롭게 여기지 마라. 목숨은 목숨으로, 눈은 눈으로, 이는 이로, 손은 손으로, 발은 발로 갚아라.[02]

사람은 하느님의 모습으로 만들어졌으니 남의 피를 흘리는 사람은 제 피도 흘리게 되리라.[03]

그러나 폭력을 정당화했던 토라의 구절들은, 폭력을 금하고 용서를 요구하는 성서의 다른 구절들과 정면으로 대립된다.

---

01 「출애굽기」 21장 23~25절
02 「신명기」 19장 21절
03 「창세기」 9장 6절

동족에게 앙심을 품어 원수를 갚지 마라. 네 이웃을 네 몸처럼 아껴라. 나는 야훼이다.[04]

보응이라는 주제에 대해서 성서의 가르침이 이처럼 모호한 반면 (코란도 마찬가지다), 붓다의 가르침인 불교사상은 폭력에 대해 단호하게 거부한다. 붓다는 폭력에 대해 더 이상 폭력으로 맞서지 말고 살아있는 모든 존재에 연민과 존경을 보이라고 가르쳤다.

붓다는 제자 파구나에게 이렇게 말했다.

누군가 손 또는 칼이나 몽둥이로 너를 때리더라도 네 생각은 조금도 흔들리지 말아야 하며, 너는 한순간도 나쁜 생각을 품지 말아야 한다. 너는 절대로 화내지 말고 다만 사랑과 자비로 대해야 한다.[05]

붓다의 이런 가르침은 토라의 보응법을 전적으로 부정하는 것인 반면 예수가 전하는 용서의 메시지와 거의 같은 의미를 담고 있다.

눈은 눈으로, 이는 이로.' 하신 말씀을 너희는 들었다. 그러나 나는 이렇게 말한다. 앙갚음하지 마라. 누가 오른뺨을 치거든 왼뺨마저 돌려 대고 또 재판에 걸어 속옷을 가지려고 하거든 겉옷까지도 내주어라. 누가 억지로

---

04 「레위기」 19장 18절
05 『마지마 니카야』, 21, 6

오 리를 가자고 하거든 십 리를 같이 가주어라.·달라는 사람에게 주고 꾸려는 사람의 청을 물리치지 마라.[06]

인간적인 생각으로는 도저히 따르기 힘들지만, 예수는 마침내 원수까지도 사랑하라고 가르쳤다. 그것은 결국 세상의 모든 사람을 사랑하라는 말이며, 사랑의 보편성을 전파하는 예수의 핵심선언이다.

자기가 좋아하는 사람을 사랑하는 것은 진정한 의미에서 다른 사람을 사랑하는 것이 아니라 자기 자신을 사랑하는 것이다. 자신의 기대와 열망, 욕망을 충족시키기 위한 자의적 선택이기 때문이다. 그러나 원수를 사랑하라는 예수의 메시지는 사랑의 본질적 의미를 담고 있다.

이제 내 말을 듣는 사람들아, 잘 들어라. 너희는 원수를 사랑하여라. 너희를 미워하는 사람들에게 잘해 주고 너희를 저주하는 사람들을 축복해 주어라. 그리고 너희를 학대하는 사람들을 위하여 기도해 주어라.[07]

마침내 예수는 그때까지 자신이 가르쳤던 말과 행동을 일치시키면서 자신을 박해하고 모욕을 준 사람들을 십자가에서 모두 용서했다.

---

06 「마태복음」 5장 38~42절
07 「누가복음」 6장 27~28절

아버지, 저 사람들을 용서하여 주십시오! 그들은 자기가 하는 일을 모르고 있습니다.[08]

용서와 비폭력은 서로 밀접하게 연관되어 있다. 나는 힘의 역학관계에서 상대에게 불리할 때는 부당한 공격에도 전혀 대응하지 말고 회피하라거나, 유불리를 따져 지나치게 신중한 태도를 취하라고 말하려는 것이 아니다. 마지못해 참고 마지못해 대항하지 않는 경우에는 외적 대응인 폭력으로 나타나지 않지만 내적 대응으로 증오와 후회가 마음 한구석에 그대로 남아 아물지 않는 상처가 될 수 있다.

그러다가 힘의 역학관계가 반전되는 순간, 다시 말해 상대보다 자신의 힘이 강해지면 우리는 기다렸다는 듯이 이전에 당했던 대로 또는 그 이상으로 상대에게 보복한다. 따라서 무조건 참고 기다리는 행위를 섣불리 비폭력적인 태도라고 말할 수 없다. 그것은 새로운 폭력을 행사하기 위해 잠시 전략적인 사전준비를 했을 뿐이며, 내면의 변화가 없는 상태에서 그저 다른 방법으로 외적 대응인 폭력에 몰두했다고 봐야한다.

비폭력의 참된 윤리적 가치는 비폭력의 위대한 사도들이 가르쳤던 것처럼, '용서'라고 말하는 내적 요구에 따르는 것이다. 간디

---

08 「누가복음」 23장 34절

는 봉건제국인 영국으로부터 인도를 해방시키기 위한 효과적인 전략으로 비폭력을 사용했고, 마침내 그의 승부수는 성공했다. 그러나 간디는 인도인들을 향해 정치적 승리에 만족해서는 안 된다고 말했다. 인도의 진정한 해방을 위해서는 식민주의자들에 대한 증오와 다른 종교 공동체들에 대한 반감을 없애야 한다고 주장했다.

넬슨 만델라가 남아프리카 공화국 대통령이 되면서 가장 먼저 꺼낸 말은 '용서'였다. 그는 자신을 27년간 지하 독방에 가두고 모진 고문을 서슴지 않았던 사람들을 모두 용서했다고 말하면서, 함께 살아가는 국가를 건설하기 위해서 이제 흑인 시민들이 마음을 합해 그들을 괴롭혔던 백인들을 용서하라고 호소했다.

우리는 지금 말하고 있는 비폭력과 용서가 언뜻 생각하는 것처럼 이성에 따른 행동이 아니라는 사실을 분명히 알아야 한다. 이성은 정의의 영역에 속하며, 이성적 판단은 정의의 관점에서 옳고 그름을 가름한다. 이성적 정의는 자신이 겪었던 불의를 그대로 방치하지 말고 반드시 바로잡아야 한다고 요구한다.

철학자 블라디미르 장켈레비치가 『용서』에서 말했던 것처럼, 용서는 윤리적 관점에서 자신의 의지에 따라 단순히 상황을 덮고 행위를 유보하는 것이 아니며 정당한 보응이라는 이성적 의지를 초월해야 한다. 장켈레비치는 용서를 '초인간적 불가능성' 또는

'접근할 수 없는 지평선'이라고 정의했지만, 그럼에도 진실로 행복하기 위해서 인간이 반드시 따라야 하는 필연적 가치라고 말했다.

나는 종종 용서가 이성적으로 무의미한 행위가 아닌지 반문하곤 했다. 용서받기를 원치 않거나, 자신의 잘못을 모르거나, 자신의 잘못을 인정하지 않는 사람들을 용서한다는 것이 상대에게 선을 베푸는 것이 아니라고 생각했기 때문이다. 그러나 용서의 본질적 가치는 상대를 위한 행위에 있지 않다. 용서는 용서하는 사람이 자기 자신과 평화롭게 지내기 위해, 자신을 괴롭히는 내면의 갈등에서 벗어나기 위해 자신에게 반드시 필요한 '처방전'이기 때문이다.

한나 아렌트는 용서의 의미에 대해 이렇게 말했다.

용서하지 않으면 우리는 분노라는 마음의 행위에서 벗어나지 못하는 노예가 되고, 그릇된 결과에 영원히 종속될 뿐이다.

용서는 원인과 결과를 따져보면 분명 이성적인 행위도 아니고 정당한 행위도 아니지만 용서를 통해 우리는 내면의 기쁨과 평안을 얻는다. 그리고 진정한 용서야말로 폭력을 잠재우는 조건이다.

용서한다는 것은 흔히 생각하는 것처럼 단순히 잊어버리는 것이 아니다. 다른 사람 또는 주어진 상황 때문에 갈등하는 자신의 고통을 다스리고 마음의 상처를 치유하는 것이다. 그리고 어떤 경우에 용서는 상처의 원인이 된 상황이 다시 일어나지 않도록 자신이 뭔가를 실행하는 것이다.

용서는 언제나 내면의 선택이고, 마음의 행위이며, 영적인 행동이다. 때때로 용서는 말로 설명할 수 없는 신비스러운 범주에 속한다. 이성을 뛰어넘는 초월적 특성 때문에 모든 종교에서 용서를 영성의 절정으로 정의했다. 많은 철학자가 용서를 말하면서도 분명히 정의를 내릴 수 있게 논리적으로 설명한 경우는 매우 드물다.

나는 젊었을 때 간디의 책을 읽었다. 그리고 그의 책에서, 간디의 정치적 행동을 이끌면서 마침내 인도의 독립을 이룩한 원리로서 '아힘사ahimsha'[09]를 발견했다. 그것은 폭력에 의지하려는 모든 욕망을 배제하면서 '순수한 사랑'과 '진정한 힘'에 토대를 둔 비폭력의 가치였으며, 간디가 이룩한 진정한 승리의 근원이 되었다.

나는 옛 인도와 유사한 상황에 처해있는 티베트 주민들의 운명에 특별한 관심을 가지게 되었다. 중국에 대해 일체의 폭력 대응을 거부하는 달라이 라마의 일관된 태도에 깊은 감동을 받았다.

그가 지도자로 있는 티베트는 세계의 무관심 속에서 무려 60년이 넘게 중국으로부터 끊임없이 유혈 탄압을 당하고 있다. 중국의

09　불상생(不殺生) 불상해(不傷害), 즉 생명체를 죽이지 않고 해를 입히지 않는다는 뜻으로 인도의 종교·도덕의 기조다. _역자

부당한 정치권력이 계속 티베트를 짓밟아 주민들이 처참하게 고통을 당하고 있는 상황에서, 더욱이 당장 눈에 보이는 가시적인 결과가 없는데도 달라이 라마는 언제나 중국의 권력자들에게 손을 내밀었고, 적잖은 양보를 마다하지 않았다.

나는 그의 선택이 과연 옳은지 자문하곤 했다. 나뿐만이 아니다. 이런 문제를 심각하게 인식한 티베트의 많은 젊은이가 중국에 저항하며 망설임 없이 폭력시위를 벌였다.

간디가 비폭력으로 투쟁했던 영국과 달리 중국은 민주국가가 아니다. 자신이 원하면 어떤 무력진압도 저지를 수 있는 독재화된 공산주의 국가이기 때문에 달라이 라마의 비폭력적 대응은 실패했고 중국의 탄압은 점점 거세지고 있다.

만약 영국이 독재국가였다면 영국도 중국처럼 주저 없이 피를 뿌리며 인도의 해방운동을 진압했을지 모른다. 민주국가인 영국은 나름대로 인권을 존중했지만 중국은 전혀 다르다. 그들은 문제가 되는 작은 영토를 포기하기보다는 경제적 이익과 군사적 목적 때문에 마지막 순간까지 티베트를 짓밟을 것이다. 티베트의 고통은 오랫동안 지속될지 모른다.

그럼에도 나는 달라이 라마의 생각이 옳다는 확신을 가지게 되었다. 그것은 단지 비폭력의 윤리적 가치 때문만은 아니다. 티베트의 지도자는 윤리적 이유를 넘어 폭력을 거부하는 것이 불교의 메시지를 이루는 핵심이라는 사실뿐만 아니라 정치적인 이유를 충분히 고려했다.

중국 정부는 티베트인들이 테러를 저지르는 순간을 손꼽아 기다리고 있었다. 무력진압의 명분을 만들어 더 이상 시간을 끌지 않고 단번에 사태를 종식시키기 위해 중국은 티베트에 대대적으로 무력을 투입할 명분을 찾고 있었기 때문이다. 다시 말해 티베트가 무력시위를 벌일 경우 중국은 무력에 대해 무력으로 정당하게 대응한다며 보응법의 원리를 적용시킬 수 있는 빌미를 얻게 된다.

달라이 라마는 이미 오래 전부터, 아니 처음부터 이런 힘의 원리를 간파하고 있었다. 티베트가 무력으로 저항한다는 것은, 중국의 군사력을 고려하면 무모한 행위에 지나지 않는다. 더욱이 티베트의 무력시위는 달라이 라마의 평화적인 태도가 지니는 의미를 반감시켜, 그가 이룩한 중요한 자산인 세계의 동정을 며칠 만에 잃게 만들 수 있다.

1989년, 마침내 달라이 라마의 평화적인 태도는 노벨평화상을 수상하면서 세상에 분명하게 전해졌고, 폭력적인 저항이 가져다주는 보상과 결코 견줄 수 없는 전 세계의 공감을 이끌어냈다. 세계의 초강국으로 부상한 중국이 세계와 더불어 살아가야 되기 때문에 티베트에 대한 세계 여론의 지지가 언젠가 중국 정부의 정치적인 변화를 일으키는 열쇠가 될 수 있을 것이다.

폭력을 거부하는 평화의 장인(匠人)들에게서 종종 우리는 즉각적인 실패와 더불어 비극적인 결과를 보게 된다. 그러나 단편적인 관점에서 무의미하게 보일지라도 나는 비폭력 투쟁과 용서라는 영웅적인 행동들이 온 인류의 의식을 성장시키기 때문에 긴 안목에서 보면 언제나 효과적이라고 확신한다.

우리가 비교적 근래에 만난 간디와 마틴 루터 킹, 그리고 이차크 라빈 같은 인물들은 목숨을 아낌없이 바치며 인류의 진정한 평화를 선택했다. 동시에 그들의 영웅적 행위는 우리에게 보다 소중한 가치를 바라보게 했고, 우리의 깊은 의식 속에 박애와 선의를 열망하는 선의 보편적 의미를 일깨웠다. 죄악과 허물이 전염된다면 그와 마찬가지로 아름다움과 선도 전염되며, 선의 영향력은 오히려 악의 힘을 능가해 더 멀리 전파되기 때문이다.

우리는 팔레스타인의 평화주의 전사 에체딘 아부 알-아이쉬 박사의 인터뷰를 보며 큰 감동을 받았다. 그는 2009년 1월 팔레스타인의 가자 지구에서 생중계한 이스라엘 방송의 인터뷰에서 평화를 위한 간절한 바람을 토로했다. 그의 눈앞에서 포탄이 터져 딸과 조카 한 명이 피를 흘리며 쓰러졌다. 급히 병원으로 후송됐지만 얼마 지나지 않아 모두 죽었다. 그는 눈물을 가득 머금은 채 이스라엘 방송기자에게 이렇게 말했다.

우리는 너나없이 모두 소중한 사람들이다. 이스라엘 사람들과 팔레스타인 사람들 사이에 아무 차이가 없으며, 우리는 얼마든지 함께 살 수 있다. 평화롭게 서로 사랑하며 살 수 있다!

이런 영웅적인 행동들이 우리에게 새로운 지표를 제시하며, 우리가 신체적 또는 언어적 공격에 일일이 맞서지 않도록 일상의 삶에서 모범이 될 수 있다. 새로운 모범을 보고 비폭력의 참된 가치를 인정하면서 우리는 보응법의 폭력적 대응에 익숙한 우리의 태도를 근본적으로 바꿀 수 있다. 힘의 대립 관계에 휩쓸리지 않으면서 우리는 지금까지 익숙하게 여겨온 대응 방식이 과연 정당한 것인지 다시 생각하게 된다.

나에게는 총회나 토론회에서 언어적인 공격을 당할 때 대처하는 방법이 있다. 나는 상대방과 똑같이 공격적인 말투로 대꾸하지 않고, 힘의 역학 관계에 빠지지 않으며, 상대를 우스꽝스럽게 만들려고 애쓰지도 않는다. 청중들이 내 편을 들어주면 이렇게 행동하기가 훨씬 수월하다. 이미 동지들이 있으니까 군이 반박하려 애쓰지 않아도 마음이 한결 여유롭기 때문이다.

내가 즉각적인 반응을 보이지 않으면 상대는 그것을 외면이라고 생각할지 모르지만, 이처럼 여유 있게 대처하면 토론 상대가 전의를 상실하는 경우를 종종 보게 된다. 그렇다면 토론에서 이미 이긴 것이나 다름없다. 물론 다른 상황이 벌어지는 때도 종종 있지만 나는 신경이 날카로워진 상대방의 끈질긴 공격에 대해 결코 복수하듯 예민하게 맞서본 적이 없다.

내 직업에 관련된 일화를 간단히 소개한다. 우리 모두가 겪는 경쟁적 상황이 간단한 행동 하나로 어떻게 송두리째 바뀌는지 보여주는 사건이 있었다. 한 대학 동료가 10년이 넘도록 나를 공공연하게 비방하고 다녔다. 심지어 해마다 학생들에게 나를 전형적인 무능력의 사례로 제시하면서까지 걸고 넘어졌으니 솔직히 내 기분이 어떻겠는가. 나는 도무지 그의 행동을 이해할 수 없었지만 일일이 반응하지 않는다는 나의 원칙을 지키면서 다소 무시하듯 그와 일정한 거리를 두는 데 만족하고 있었다.

어느날, 그가 쓴 뛰어난 저서를 발견하고는 내가 일하던 신문에 서평을 내기로 결심했다. 문화면을 담당하는 신문사 동료는 그가 나에게 오랫동안 해온 행동을 잘 알고 있었기 때문에 내 결정을 만류하려고 했다. 나는 그를 설득시켰다.

"내 자신의 불쾌한 감정을 떠나 그가 쓴 좋은 책에 대해 내가 긍정적으로 말할 때 비로소 지금까지 그가 나한테 보인 태도가 달라질 수 있기 때문이야."

내 말을 들은 직장 동료는 매우 놀란 표정을 지었다.

그 일이 있고 나서 얼마 있다가 대학 동료가 나를 좀 만나자고 연락을 해왔다. 둘이 만난 자리에서 그는 자신이 이전에 썼던 책 가운데 어떤 책의 주제를 내가 심하게 비평한 데 앙심을 품고 있었다고 토로했다. 나는 그 당시에 내가 쓴 비평이 그렇게 신랄했는지도 몰랐고, 그에게 얼마나 상처를 주었는지도 미처 생각하지 못했다. 그의 말을 듣고 나서야 나는 왜 그가 나에게 그렇게 행동했는지 이해할 수 있었다. 우리는 서로 화해했고, 지금은 좋은 친구로 지내고 있다.

이런 일은 물론 일상의 작은 사건에 지나지 않지만 매우 중요한 가르침을 시사한다. 가까운 사람들과의 관계에서부터 용서와 비폭력이 시작되지 않는다면 세상의 넓은 관계까지 결코 나아갈 수 없다. 우리가 두려움과 원한을 뛰어넘지 못하고 우리에게 상처 준 사람들을 용서하지 못하면서 거창하게 국제적인 갈등을 일으키는 교전국들의 폭력을 비난하는 것이 과연 무슨 의미가 있을까?

마음에 깊은 상처를 입었을 때 영적인 방법들이 우리의 증오와 분노를 없애는 데 도움을 줄 수 있다. 신자들은 기도를 통해 그런 도움을 받는다. 그러나 나는 흔히 종교인으로 자처하는 사람들이 죽음과 원한, 증오의 말을 내뱉는 것을 보고 놀라지 않을 수 없다. 그렇다면 종교라는 것이 결국 그들이 사사로운 목적을 이루기 위해 저지른 행동을 정당화시키는 도구에 불과한 것이 아닌가!

나 자신의 경우에는 그리스도의 말씀이 용서를 배우는 데 많은 도움을 주었다. 부당하게 박해받고, 부당하게 조롱당하고, 부당하게 십자가에 매달리기까지 했던 예수가 죽음을 기다리며 마지막으로 하나님에게 했던 말이다. 자기를 모욕하고 죽인 자들마저 용서하는 그리스도의 사랑은 진정한 용서의 원형이다.

아버지, 저들을 용서해 주소서. 저들은 자기들이 하고 있는 일을 알지 못합니다.

십자가에 매달린 예수는 하나님에게 자신을 살려달라고 간구한 것이 아니라 무고하게 자신을 죽이는 사형집행인들의 무지를 상기시키며 오히려 그들을 용서해달라고 탄원했다. 예수가 택한 극단의 방법처럼, 우리에게 상처를 입힌 사람들이 사실은 그들의 행위를 분명히 의식하지 못해 일을 저질렀고, 그들의 행위가 단지 충동적이고 본능적이며, 두려움 때문에 또는 누군가의 선동에 넘어가 저지른 것이라는 것을 알면 우리가 마음의 상처를 누그러뜨리는 데 많은 도움이 된다.

흥미로운 것은, 우리에게 습관적으로 상처를 주는 사람들도 대부분 자신의 상처를 치유하지 못한 채 괴로워하고 있다는 사실이다. 그들이 상처를 주는 동시에 상처를 입은 사람이라는 사실을 깨달으면 우리가 그들을 용서하는 것이 한결 수월해진다.

나는 1998년에 방영된 〈키리쿠와 마녀〉라는 애니메이션을 좋아한다. 이 애니메이션의 무대는 마녀 카라바의 저주를 받은 서아프리카의 한 마을이다. 마녀는 강을 마르게 하고 사람들의 생명을 빼앗으면서 마을을 공포의 도가니에 빠뜨린다. 어린 키리쿠는 마녀를 두려워하거나 욕하기 전에 마녀가 왜 그런 짓을 하는지 알고 싶었다. 마침내 키리쿠는 마녀가 고통을 이기지 못해 그 분노를 마을에 터뜨린다는 사실을 알게 되었다. 마녀는 어릴 때 등에 박힌 가시 때문에 심한 고통을 겪고 있었다. 그 사실을 안 키리쿠가 마녀의 등에서 가시를 뽑아주자 마녀의 저주도 멈췄다.

어린이용으로 제작된 이 애니메이션은 심층적인 메시지를 담고 있다. '고약한' 사람을 대하면서 무조건 비난하기 전에 그 사람의 일탈된 행동이 아픈 상처에서 비롯된다는 사실을 이해해야 한다. 무엇이 그에게 상처를 주었는지 먼저 생각해보아야 하며, 일탈된 행동의 원인이 무엇인지 이해하려고 노력해야 한다. 이해하면 우리는 좀더 쉽게 용서할 수 있다.

티베트 불교에 '시각화'라는 치료술이 있다. 종교인들뿐 아니라 일반인들에게도 적용되는 방법으로, 각 사람의 내면에 자리 잡은 증오, 분노, 원한 등의 부정적 감정에서 벗어나는 데 도움이 된다. 간단하면서도 효과적인 방법이기 때문에 여기에 기초적인 내용을 소개한다.

시각화의 연습은 연속된 시간으로 이루어진다. 먼저 숨을 깊숙이 들이마시면서 자신을 괴롭히는 사람을 검게 채색된 어두운 모습으로 떠올린다. 숨을 내쉬면서 그에게 빛을 투사해 점점 밝아지는 후광을 배경으로 깔고 그를 바라본다. 점점 밝아지는 동시에 점점 긍정적인 모습으로 그를 바라본다. 몇 번의 시도가 끝나면 그 사람에 대해서 품었던 반감과 혐오가 많이 누그러지는 것을 알 수 있다.

이를 통해 자신이 미워하는 사람에 대해 공격적인 행동과 충동을 없앨 수 있으며, 더 나아가 그에게 좋은 일이 있기를 바라게 된다. 이런 시도를 통해 우리는 자신의 숨결에, 자신의 내면에 그 사람을 끌어들여 그가 무지하고, 불행하며, 고통을 겪고 있다는 사실을 깨닫게 되기 때문이다. 상대의 아픔을 이해하게 되면 분노가 서서히 사라지고 그 자리에 어느새 연민이 생긴다.

앞에서도 말했던 것처럼, 자기 성찰을 위한 내관(內觀) 작업을 통해 자신을 알게 되면서 나는 자신에 대한 연민, 나아가 다른 사람들에 대한 연민을 느끼게 되었다. 우리 모두가 악할 수 있다는 사실을 깨달았다. 그러나 우리가 본래 악하기 때문이 아니라 약하기 때문이고, 약하기 때문에 쉽게 상처를 입고, 상처 때문에 악하게 행동하게 된다.

우리는 다른 사람이 원하지 않는 대답을 기대할 수 있으며, 원하는 반응이 나올 때까지 상대를 자극할 수 있다. 자신이 아프기 때문에 상대를 더욱 아프게 한다. 일단 자신의 내면에 문제가 있다는 사실을 인정하게 되면 다른 사람들에 대해 더 이상 섣부르게 판단하려 하지 않으며, 차라리 이해하는 태도를 보이게 된다. 이 말은 상대의 공격을 허용한다는 의미가 아니라 다른 사람의 폭력에 맞서 자신의 폭력을 통제한다는 의미다.

우리의 반감은 연민으로 변화되며, 더 이상 내면에서 우리를 괴롭히고 불행하게 만드는 부정적 감정으로 남지 않는다. 우리의 내면에 존재하는 모호함을 인식하고 복잡한 특성을 깨달으면서 우리는 이전보다 관대한 사람이 된다.

나는 상대의 폭력에 관대하게 대하며 보복하려는 생각을 극복할 때마다, 본능적인 행동을 이겨내고 가치 있는 인간성을 드러냈다는 생각에 내 안에서 기쁨을 느낀다. 반면에 보복의 충동을 이기지 못해 폭력에 폭력으로, 모욕에 모욕으로 되돌려줄 때마다(특히 차를 타고 가면서 자주 겪는다!) 나는 곧 후회와 슬픔을 느낀다. 그런 행동을 하면서 결국 내가 당한 악의 공범이 바로 나이며, 기원부터 세상을 갉아먹는 악의 노예가 된다고 느낀다.

르네 지라르가 정확히 분석했던 것처럼, 이런 모방적 폭력은 우리를 출구가 없는 파괴의 길로 이끈다. 이제 폭력에 대해 사랑과 용서로 대응하는 방법을 배우자. 이것이 가장 용기 있는 행동이며, 물론 어렵지만 자신을 살리는 가장 가치 있는 행동이다.

14.

가진 것이 많든 적든 더불어 실행하라

Petit traité de vie intérieure

비폭력은 단순하게 다른 사람을 거칠게 공격하지 않거나 다른 사람의 공격에 대응하지 않는 것을 의미하는가? 우리가 앞에서 보았던 것처럼 이런 수동적 개념도 유용하지만, 나는 비폭력의 본질적 가치를 파악하려면 더욱 멀리 나아가야 한다고 생각한다. 무대응의 소극적 기다림이 아니라 비폭력의 진정한 가치실현을 위해 적극적으로 투쟁해야 한다.

다시 말해, 비폭력의 참된 의미는 폭력을 금지한다는 기본적인 의미에 그치지 않는다. 그것은 폭력이 없는 평화로운 사회를 이루기 위해서는 뚜렷한 목적의식을 바탕으로 주도적으로 행동하고, 정당하고 굳게 결속된 인간관계를 맺어야 한다는 것을 의미한다. '비폭력'이라는 말은 이처럼 행동과 관계라는 관점에서 필요한 것을 서로 나누는 자세를 말한다.

오늘날 우리가 살고 있는 자본주의 사회에서 평화를 위협하는 가장 심각한 문제는 부의 불평등한 분배다. 나는 심각하게 인간의 삶을 왜곡시키는 부의 불평등에 대해 분명히 말하고자 한다. 가난한 사람은 점점 더 가난해지고 부유한 사람은 점점 부유해지는 빈익빈 부익부의 끈질긴 악순환을 결코 가볍게 넘겨서는 안 된다.

현대사회의 운영체계인 자유경제 체제 안에 내재하는 불평등의 심화는 필연적으로 폭력을 유발한다. 공산주의의 심각한 재앙을 경험한 뒤 우리는 자유경제가 그나마 공산주의에 비해 덜 나쁘다는 사실을 깨달았다. 다시 말해 자본주의 경제가 어쨌든 최악은 아니라는 생각을 하면서 은연중에 타협적인 관점을 지니게 되었다.

그러나 오늘날 서구의 자본주의 체제에서 흔히 보는 것처럼, 자유경제가 궤도를 이탈하는 순간, 사회 안정을 깨뜨리는 치명적인 문제가 발생한다. 최상위 계층의 사람들은 그들이 지닌 막강한 부가 정당하게 재분배되는 것을 피하기 위해 온갖 수단을 동원한다. 재산을 비밀계좌에 숨기거나, 세금을 덜 내거나 내지 않는 나라를 찾아 소리 없이 고국을 떠나거나, 검은 돈을 환영하는 세금 천국을 찾아다니며 엄청난 재산을 지키기 위해 분주하게 움직인다.

그들의 이기적 행동은 이미 위험수위를 넘어섰다. 최저생계비를 받고 허덕이며 살아가는 노동자들이나 직장을 잃은 실직자들을 생각하고, 월말을 제대로 넘기기 못하는 가난한 사람들의 눈을 의식해야 한다. 정당한 분배가 싫어 수십 억 유로를 불법적으로 숨겨둔 채 희희낙락하는 사람들이 그들의 눈에 과연 어떻게 보이겠는가. 자본과 심지어 공장까지 외국으로 빼돌리며 부의 축적에 혈안이 된 사주나 대주주들을 바라보는 노동자들의 마음이 어떻겠는가. 부유층의 탐욕스러운 행동이 나날이 궁핍해지는 빈곤층의 생존을 더욱 위협하고, 재분배라는 사회적 기반마저 무너뜨린다는 사실을 알게 될 때 그들이 과연 어떤 태도를 보이겠는가.

우리 사회의 범주에서 사실인 것은 지구 전체의 관점에서 보아
도 사실이다. 지구의 남반구와 북반구에서 부의 불평등한 분배가
끊임없이 증폭되고 있다. 남반구 나라들에서는 전통적인 사회의
모델들이 사라졌다. 오히려 북반구의 나라들보다 더욱 심각한 불
평등을 드러내며, 모든 재산을 독점한 소수의 권력층과 극빈층으
로 전락한 시민들 사이에서 갈등이 점점 고조되고 있다.

그런데 첨단 기술을 자랑하는 현대사회에서 사람들은 위성 TV
채널을 통해 자신들과 그리 멀지 않은 곳에서 다른 나라 사람들이
풍요롭게 사는 모습을 낱낱이 지켜보고 있다. 마침내 그들은 생명
의 위험을 무릅쓰고 다른 나라로 이주하려고 한다. 남반구의 가난
한 사람들이 생존을 위해 북반구로 밀려들어올 때 북반구 사람들
이 그들을 향해 기관총을 난사하면 문제가 해결될까?

부의 분배가 심각하게 왜곡되면 그것은 사회적 문제일뿐 아니
라 우리 모두에게 제기되는 일상의 문제로 불거진다. 가령, 많은
국가에서 재정 체계의 심각한 문제점을 해소하고 세금 천국의 재
앙에 맞서려 해도 막상 운신의 폭은 제한될 수밖에 없다. 대기업의
무한 자유를 보장하는 신자유경제주의가 이미 자본주의사회에서
신성불가침의 절대 권력으로 자리 잡았기 때문이다.

결국 문제의 출발점은 '각자가 각자를 위해서'라는 이기주의에
서 시작되는 것이며, 이런 문제에 대한 분명한 대답은 한 가지 밖

에 없다. '각자가 각자를 위해서'라는 반인류적·배타적 이기주의 논리를 단호하게 거부하는 사람들이 앞장서 문제를 해결해야 한다. 만약 부유한 사람들과 월등하게 부유한 사람들이 조금씩 양보해 이기적 논리를 뛰어넘어 '나눔의 논리'를 선택하면 지구상에서 상당히 많은 부분이 달라질 수 있다. 인류의 공존과 개인의 행복을 위한 새로운 이념이 건설되는 것이다.

이것이 인류의 영적 사도들과 현인들이 전하는 지혜의 메시지다. 그들은 한순간도 부를 악하다고 비난하지 않았다. 그들이 문제 삼은 것은 부의 정당한 분배를 거부하면서 인류의 공동체적 삶을 부인하고 더불어 사는 미덕을 무시하는 이기적 태도였다. 물질을 나누는 것은 인간의 미덕일 뿐 아니라 정의로운 삶을 위한 당연한 의무라는 사실을 명심하라. 성서는 나눔의 가치에 대해 그리스도의 헌신을 따르고 그의 가르침을 지켜야하는 그리스도인들의 계명이라고 말했다.

그리스도께서는 우리를 위해서 당신의 목숨을 내놓으셨습니다. 이것으로 우리가 사랑이 무엇인지를 알게 되었습니다. 그러므로 우리도 형제들을 위해서 우리의 목숨을 내놓아야 합니다.[01]

---

01 「요한1서」 3장 16~17절

사도 요한은 삶의 마지막 순간에 쓴 편지에서 사랑의 본질을 강조하며 이렇게 외쳤다. 그는 나눔의 가치를 가르치며 실행을 명령했다.

사랑하는 자녀들이여, 우리는 말로나 혀 끝으로 사랑하지 말고 행동으로 진실하게 사랑합시다.[02]

붓다는 평신도들이 제공하는 것을 가지고 승려들은 누구보다 검소하게 살아야 한다고 말했다. 평신도들에게는 물질적 재산은 순간적인 가치에 불과하다고 일깨우면서, 자신이 지닌 것을 물질이 필요한 가난한 사람들에게 아낌없이 나눠주고 재산을 절도 있게 사용하라고 설파했다.

예수도 "네게 달라고 하는 사람에게 주어라"[03]라고 가르치며 계명들 가운데 가장 중요한 범주로 나눔, 자비, 애덕(愛德)을 강조했다. 또한 나눠주는 것에 그치지 말고, 받는 사람의 마음을 배려하며 참된 사랑을 실행하라고 경고했다. 가난한 사람들이 자존감을 상실해 마음의 상처를 입지 않도록 물질의 나눔과 더불어 마음의 나눔을 강조한 것이다.

자선을 베풀 때에는 위선자들이 칭찬을 받으려고 회당과 거리에서 하

---

02 「요한1서」 3장 18절
03 「마태복음」 5장 42절

듯이 스스로 나팔을 불지 마라. 나는 분명히 말한다. 그들은 이미 받을 상을 다 받았다. 자선을 베풀 때에는 오른손이 하는 일을 왼손이 모르게 하여 그 자선을 숨겨두어라. 그러면 숨은 일도 보시는 네 아버지께서 갚아주실 것이다.[04]

나눔과 애덕의 실천에 대한 그리스도의 가르침은 초대 그리스도인들과 이교도들을 구별하는 특징이 되었다. 그들은 그리스도의 가르침에 따라 자기 소유를 주장하지 않고 모든 재산을 팔아 공동으로 사용했다. 나아가 그리스도인들은 많이 지닌 사람과 적게 지닌 사람의 장벽을 신앙공동체 안에서 완전히 허물었다. 그리스도는 아름다운 나눔의 행위야말로 부자나 가난한 자나 상관없이 모든 그리스도인, 나아가 모든 사람의 정당한 의무라고 강조했다.

다시 말해 그리스도는 물질을 많이 가진 사람만 나눠주고 적게 가진 사람은 예외가 되는 것이 아니라 함께 동참해서 적게나마 나눠주라며 애덕의 보편성을 주장했다. 동전 두 닢의 작은 돈을 헌금함에 넣는 가난한 과부를 보고 '가장 큰 돈'을 바쳤다고 칭찬하면서 그리스도는 나눔의 의미를 분명히 일깨웠다. 즉, 나눔의 본질은 부자나 바리새인처럼 특정한 사람들이 재물을 기부하는 것이 아니

---

04 「마태복음」 6장 2~4절

라 가난한 사람이나 부유한 사람이나 구별 없이 서로 마음을 나누며 사랑을 실행하는 것이다.

가난한 과부 한 사람은 와서 겨우 렙톤 두 개를 넣었다. 이것은 동전 한 닢 값어치의 돈이었다. 그것을 보시고 예수께서는 제자들을 불러 이렇게 말씀하셨다. "나는 분명히 말한다. 저 가난한 과부가 어느 누구보다도 더 많은 돈을 헌금궤에 넣었다. 다른 사람들은 다 넉넉한 데서 얼마씩 넣었지만 저 과부는 구차하면서도 있는 것을 다 털어넣었으니 생활비를 모두 바친 셈이다."[05]

기부 혹은 자카트[06]는 기독교와 마찬가지로 이슬람에서도 교리의 중심이 되는 5대 미덕(다섯 기둥) 가운데 하나다. 무슬림의 전통은 부의 공정한 분배를 보장하려는 목적은 아니었지만 나눔에 대한 종교적 의무를 강조했다. 이슬람의 자카트는 기독교에서 말하는 무상(無償)의 의미와는 다르다. 그들의 전통에 따르면 나눠주는 사람에게는 신이 즉각 보상하기 때문이다.

따라서 선지자 마호메트가 인생의 말년에 누렸던 엄청난 부도 신의 보상이라고 믿었으며, 나눠주는 사람에게 신의 은총이 다시 돌아온다고 생각했다. 그래서 감사를 나타내는 특별한 아랍어의

05 「마가복음」 12장 42~44절
06 이슬람법의 구빈세(救貧稅). 마호메트의 메카 시대에는 자선의 의미로 쓰였다. _역자

표현 가운데 하나가 "신이 네게 갚을 것이다"라고 말하는 것이다.

우리는 기부에 대해 이와 유사한 관점을 아시스의 프란체스코에게서 발견한다.

위로하는 만큼 위로받고, 이해하는 만큼 이해받고, 사랑하는 만큼 사랑받는다는 사실을 알아라. 우리가 받을 수 있는 것은 우리가 먼저 주었기 때문이다. 우리가 다시 자신을 발견할 수 있는 것은 자신을 먼저 잊었기 때문이다.

그는 부자들에게, 자신들의 재산을 가난한 사람들에게 모두 나눠주라고 요구하지 않고 잉여분을 주라고 말한다. 그리고 재물의 축적을 위해 끝없는 획득의 논리에 빠지지 말라고 요구한다. 재물을 무작정 탐하면 개인적인 행복을 얻지도, 사회에 평화를 가져오지도 못하기 때문이다.

소비 이데올로기는 부유한 사람이든 가난한 사람이든 모두를 유혹하는 '소유의 논리'이며, 인간의 행복이 재물의 축적과 무한의 소비에서 비롯된다는 어리석은 확신에서 비롯된다. 그러나 소비 이데올로기, 소유의 논리는 궁극적으로 개인의 행복을 보장하지 못하며, 사실 현대사회의 정신가치를 좀먹는 거짓된 이념에 지나지 않는다.

살아가는 데 돈과 위로가 필요하더라도 오늘날 우리에게 욕망의 가치관으로 자리 잡은 '언제나 더 많이'라는 세상 논리에서 서둘러 빠져나와야 한다. 왜냐하면 물질 추구는 본질적으로 만족을 주지 못하며 영원히 물리지 않는 본능적 욕망이기 때문이다. 물질 만능의 이념은 인간으로 하여금 세상의 사회적·환경적 균형을 깨뜨리며 언제나 더 많은 것을 탐하게 만든다. 그것은 절제를 가르치고 잉여의 분배를 요구하는 인류의 공동선을 해치며, 나아가 개인의 행복을 파괴한다.

현대사회에 범람하는 광고들이 과잉 소비를 조장하며 거짓된 정보를 제공하고 있지만, 인간의 행복은 결코 재물이나 소비에서 얻는 것이 아니다. 물론 물질이 생존을 위한 기본 조건이라는 당연한 주장을 부인하려는 것이 아니다. 재물은 분명 균형 있는 삶을 살기 위해 필요한 가치를 지니고 있다. 그러나 분명한 건, 진정 행복하기 위해서는 소유의 논리가 아니라 존재의 논리에서 파생되는 내면의 가치를 발전시켜야 한다는 것이다.

이것이 행복의 진정한 의미를 깨달았거나 깨닫고자 하는 인류의 영적 스승들과 현인들이 매우 검소한 삶을 살면서 물질적 재산의 소유를 멀리한 근본적 이유다.

소크라테스는 평생 가난하게 살면서도 자신이 가르친 대가를 받지 않았다. 물질의 탐닉은 필연적으로 정신의 피폐를 부르기 때문이다. 그런 소크라테스의 주관은 그 당시 소피스트들이 아테네의 부유한 청년들에게 교육의 대가로 비싼 학비를 받았던 것과 분명 구별된다.

소크라테스와 동시대를 살았던 작가들인 유폴리스와 아리스토파네스는 자신들의 희곡에서 소크라테스를 부랑자, 거지, 가난뱅이로 부르면서 마음껏 조롱했다. 소크라테스의 제자였던 크세노폰은 등장인물 가운데 하나인 안티폰으로 나와 이렇게 말했다.

만약에 당신처럼 가진 게 없다면, 종이라고 해도 그런 주인집에 머무르지 않을 것이다.[07]

그럼에도 소크라테스는 여전히 돈을 받지 않았고, 제자들에게 무상으로 자신의 재능을 나눠주었다. 그렇다고 해서 소크라테스가 고행이나 금욕을 주장한 것은 아니다. 그는 붓다와 마찬가지로 절제를 중시했다.

절제, 다시 말해 욕망의 노예가 되지 않고 욕망을 넘어 절도 있게 살아가는 미덕이 필요하다.[08]

고대 그리스의 철학자 중 이런 말을 한 사람은 소크라테스뿐만 아니다. 3세기 말경 아테네의 에피쿠로스는 자급자족이 자유의 기

---

07 크세노폰, 『소크라테스의 추억』 I, VI, 1
08 플라톤, 『파이돈』, 68c

본 조건이라며 자신이 가꾸던 정원에 학교를 세웠다. 그는 분명히 제자들에게 인생의 즐거움을 찾으라고 했지만, 오늘날 에피쿠로스 학파에 대해 사람들이 잘못 판단하는 것처럼 무절제한 쾌락의 추구를 말하지 않았다. 오히려 그는 완화된 금욕, 즉 절제와 검소한 삶을 요구했다. 탐욕이나 금욕이 아닌 절제야말로 불교의 가르침처럼 고통의 근원인 욕심에서 벗어나 배고픔, 갈증, 추위를 이기기 위해 '본능적으로 필요한' 욕구를 충족시킬 수 있기 때문이다.

에피쿠로스는 논리의 본질을 요약한 보석 같은 편지를 메네세에게 보내, '행복한 삶'이 무엇인지 설명했다. 그는 우리가 행복하려면 고통스럽지 않아야 하고, 우리의 영혼이 요동치지 말아야 한다고 주장했다.

따라서 쾌락이 우리의 궁극적인 목적이라고 말할 때 우리는 방탕한 사람들이나 물질의 탐욕에 빠진 사람들의 그런 쾌락을 말하는 것이 아니다.

더 나아가서 에피쿠로스는 인생의 진정한 즐거움에 대한 자신의 의견을 구체적으로 서술했다.

인생의 참된 즐거움은 술잔치가 연일 벌어지고 통음난무가 날마다 이어지는 것을 말하지 않으며, 젊은 청년들과 여인들의 무절제한 성적 쾌락을 말하는 것도 아니다. 또한 사치스러운 식탁에 오른 맛있는 생선과 음식들도 아니다. 삶의 진정한 즐거움은, 무엇을 선택하고 무엇을 피할 것인지

섬세하게 이유를 찾는 조심스러운 이성에서 비롯된다.

고대의 다른 현인들처럼 에피쿠로스도 미덕을 갖춘 고귀한 삶에서 행복의 근원을 찾았다.

우리는 지혜롭고, 정직하고, 정당하지 않고는 절대 행복할 수 없다. 많은 미덕은 행복한 삶과 더불어 하나가 되며, 행복한 삶은 아름다운 미덕들과 결코 분리될 수 없다.

우리는 진정한 행복이 소유의 문제가 아니라는 사실을 깨닫는 것이 무엇보다 중요하다. 사실 우리는 많은 것을 지니지 않아도 행복할 수 있다. 지난 삶을 돌이켜보면 나 역시 많은 과정을 거쳤다. 종교 단체에서 생활할 때 나는 극도의 가난을 경험했다. 그곳에서 생활하기로 결정하기 전에 나는 재산을 모두 나눠주었다. 내가 그렇게 좋아하던 디스크나 책도 예외가 아니었다. 더 이상 아무것도 남지 않았고 완전한 가난을 맛보았지만 나는 그때 정말 자유롭고 행복했다.

그 뒤로도 한동안 나는 버거운 삶을 꾸렸고 물질의 결핍을 심하게 느끼며 살았다. 쥐꼬리만 한 수입으로 파리에서 살면서 부모님이나 친구들의 도움이 얼마나 소중한지 비로소 알게 되었다. 그들의 도움으로 나는 곤경에서 일시적으로 벗어날 수 있었고, 가까스로 셋방에서 쫓겨나지 않게 되었다.

요즘 나는 수입이 꽤 많은 편이며, 생활이 윤택해진 것은 부인할 수 없는 사실이다. 그러나 물질의 풍요가 나를 전보다 더 또는 덜 행복하게 만드는 것은 아니다. 물론 물질적 여유로 선택의 문제에서 좀 더 자유로울 수 있게 되었고, 책을 읽고 쓰기에 좋은 공간을 마련할 수 있었다. 분명 물질적 여유가 나의 일상을 편리하게 만들었지만, 내가 추구하는 행복을 가져다준 중요한 요인은 아니다. 솔직히 말해서 나는 외적인 부의 징표에 별로 관심이 없다.

어제나 오늘이나 나의 행복은 물질적인 것과는 다른 가치, 즉 자기실현과 더불어 다른 사람들과 좋은 관계를 맺으며 살고 있다는 데서 비롯된다. 매일 아침 바흐의 음악을 듣고, 검은 고양이가 내 귀에 대고 옹알대는 소리를 들으며, 생각하고 글을 쓸 수 있는 자유가 있다는 사실이 나를 행복하게 만든다. 숲을 산책하거나 좋은 친구들과 함께 축구 시합을 하며 긴장을 풀 수 있다는 것이 마냥 즐겁다. 물질이 나를 행복하게 만드는 것이 아니라 물질의 필요를 지나치게 느끼지 않는 여유 있는 마음이 나를 행복하게 만든다.

디오게네스가 말했던 것처럼 나도 "정작 소중한 것들은 비용이 별로 안 들고, 소중하지 않은 것들이 오히려 비용이 많이 든다"고 생각한다.

내 수입 가운데 많은 부분이 세금으로 지출되지만 잘된 일이다. 비록 세금이 헛되게 낭비되는 것을 보고 가끔 화가 나지만 나는 프랑스에 사는 것이 자랑스럽다. 프랑스에는 모든 사람을 위한 의료보험이 잘 갖춰졌으며, 극빈층을 위한 최저생계비가 지급되고, 실업수당이 나오며, 노인들과 결핍 가정과 수입이 없는 학생들과 장애인들에게 공공의 지원이 이루어지기 때문이다. 다른 작가들과 달리 내가 아일랜드나 벨기에, 안달루시아에 가서 살고 싶지 않은 이유다. 프랑스에서 사는 것이 나는 행복하다!

비워야 할 때
비우라

Petit traité de vie intérieure

'좋은 삶'을 살기 위한 본질적인 해법 중 하나는 대상에 대해 지나치게 집착하지 않는 것이다. 물론 사는 집이 있어야 하고, 배고플 때 먹을 것이 있어야 한다는 것은 당연한 일이다. 고행이 목적이 아니라면 행복하기 위해 기본적인 의식주의 공급은 반드시 필요하다. 그 밖의 행복과 불행은, 사랑·자유·건강·절제처럼 근본적으로 다른 요인에 종속된다.

　형편이 좋든 나쁘든 삶을 있는 그대로 받아들이는 자세가 필요하다. 형편이 좋을 때는 여분의 즐거움을 누릴 수 있고, 형편이 어려울 때는 또 다른 차원에서 깊은 즐거움을 찾을 수 있다. 모든 것이 순간적이며 변한다는 불교 철학은 매우 정당한 주장으로, 욕심을 버리고 대상에 매달리지 않는 '해탈'의 철학을 구성한다.[01]

　진정한 행복을 얻으려면 무엇보다 순간적인 가치에 매달리지 말아야 한다. 우리는 어느 날 건강하다가 다음날 느닷없이 건강이 나빠지기도 한다. 어느 날 부유하다가 다음날 가난해지기도 한다. 어느 날에는 존경을 받고 명성을 떨치지만 다음날에는 조롱당하고 천대받기도 한다. 아무도, 아무것도 명예를 보장하지 못하고 부를 지켜주지 못한다.

　해탈에 대한 불교 철학의 주장은 고대의 철학 사조 안에서도 발

01　저자는 불교에서 말하는 궁극의 목적인 열반의 의미로서 해탈을 말할 뿐 아니라 일반적인 의미에서 '집착을 버린다'는 뜻으로 해탈을 말한다. _역자

견된다. 앞에서 우리가 에피쿠로스학파와 스토아학파 및 종교의 가르침에 대해 살펴보았던 것처럼 고대 철학과 종교사상은 물질과 감각적 쾌락을 무조건 부정하는 것이 아니라 물질과 돈에 대한 집착의 폐해를 지적했다.

여우도 굴이 있고 하늘의 새도 보금자리가 있지만 사람의 아들은 머리 둘 곳조차 없다.[02]

스스로 이렇게 말한 것처럼 예수는 정해진 거처가 없는 일종의 유랑자였던 반면 마르다나 나사로, 베다니의 마리아처럼 예수의 제자들은 상대적으로 윤택한 생활을 했다. 예수는 제자들에게 재산을 버리라고 말하지 않았다. 다만, 돈에 대한 집착과 우상적 태도에서 벗어나라고 가르쳤다.

아무도 두 주인을 섬길 수는 없다. 한 편을 미워하고 다른 편을 사랑하거나 한 편을 존중하고 다른 편을 업신여기게 된다. 너희는 하느님과 재물을 아울러 섬길 수 없다.[03]

해탈은 고행과 금욕을 강요하거나 물질의 가치를 부정하는 것이 아니라 물질에 대한 집착을 비판한다. 물질적인 편안함과 거주

---

02 「마태복음」 8장 20절
03 「마태복음」 6장 24절

할 집, 일하기 위해 필요한 컴퓨터, 가끔 여행하거나 여가를 보낼 때 타는 자동차처럼 물질적 도구를 통해 생활의 즐거움을 느끼는 것은 지극히 자연스러운 일이다.

중요한 점은 물질의 가치를 부정하고 고행과 금욕의 배타적 가치를 주장하는 것이 아니라, 우리의 삶을 위한 도구가 되어야 하는 대상들이 도리어 우리를 지배하는 주인이 되지 않도록 물질의 마력에 빠지지 않게 조심하는 일이다. 물질이 삶의 중심이 되는 순간, 물질의 상실과 결핍은 우리를 낙심시키고 우리의 영혼에 깊은 상처를 남기기 때문이다.

다시 말하지만, 우리는 물질의 노예가 아니며 행복한 삶을 위해 물질의 노예가 되어서도 안 된다. 다만, 우리는 물질의 필요를 인정하고 존중해야 한다. 집을 폐허처럼 내버려두어서도 안 되고, 정원을 가꾸지 않은 채 팽개쳐두어도 안 된다. 유감스럽게도 물질에 대한 부정은 종종 육신을 멸시하는 태도로 이어진다.

언젠가 없어질 사물에 대해 집착하지 말라는 말은, 고행의 가치를 강조하는 종교사상들 안에서 보는 것처럼 물질에서 파생되는 모든 가치나 육신을 미워하거나 부인하라는 뜻이 아니다. 이미 말했지만, 자신의 몸을 정당하게 사랑하고 가꾸는 일은 정신적인 삶을 소중히 하는 바람직한 자세이며, 자기개발에도 크게 기여한다.

우리가 환경을 사랑한다는 것은 환경을 개선하고 아름답게 가꾸기 위해 일정한 시간을 투자해야 한다는 것을 의미한다. 거듭 말하지만, 물질의 필요를 인정하되 육신과 정욕, 습관, 타성의 노예가 되지 않게 항상 조심해야 한다.

나는 물질적 대상에 대한 불교 철학의 해탈을 정당한 가치로 인정하고 따르지만, 사랑하는 사람에게까지 해탈의 범위를 확장하는 태도에 대해서는 나름대로 거리를 두고 있다.

물론 붓다는 해탈의 개념을 살아있는 모든 생물에 적용했다. 우리와 가까이 있는 사람들, 이를테면 부모나 배우자나 자녀들에 이르기까지 예외가 없다. 붓다는 우주와 마찬가지로 이런 모든 대상이 영원이 아닌 순간의 법칙에서 벗어날 수 없다고 말했다.

언젠가 모두 예외 없이 떠나고, 죽고, 우리 곁에서 사라지기 때문에 우리는 결국 이런 종류의 상실을 겪으며 괴로워한다. 해탈을 통한 불교의 메시지는 근본적으로 집착에서 생기는 이 모든 고통에 대해 사전 예방책이자 사후 치료법이 될 수 있다. 이런 의미에서 붓다의 가르침은 전적으로 타당하다. 우리가 고통스럽지 않으려면 어떤 것이 되었든 집착에서 벗어나는 것이 좋다.

그러나 정서적 가치의 핵심이 되는 사랑과 우정에 대해서는 어떤가. 사랑의 부재는 인간의 영혼을 삭막하게 만든다. 나는 애착이든 집착이든 우리가 어떤 방식으로나 상대에게 깊은 관심이 없으면서 사랑할 수 있다고 생각하지 않는다. 우리가 사랑하는 사람이 죽었을 때 사랑하면서 정말 태연할 수 있을까?

물론 인간적인 감정을 떠나서, 살아있는 모든 존재에 대해 종교적인 자비로 사랑할 수 있는지 모른다. 그러나 분명한 건, 그런 경우에 우리는 친밀한 관계 안에 들어가지 못한다는 사실이다. 우리는 살아있는 존재로서 인간의 감정이 있는 한 누군가를 정말 사랑하면서 그 사람에게서 전적으로 벗어날 수는 없다.

나는 20년 또는 30년 이상 수도한 불교승려들을 여러 번 만났다. 그들은 모두 불교의 가르침을 깊이 깨달은 선사(禪師)들이지만, 스승의 죽음 앞에서 끝내 슬픔을 이기지 못하고 하염없이 눈물을 흘렸다. 그들은 물론 오래전에 속세를 떠났으며 배우자도 자녀도 없다. 그러나 그들에게 스승은 사랑하는 가족처럼 소중한 사람들을 대표하는 상징적 존재다. 사실 그들의 슬픔도 우리처럼 사랑하는 사람을 잃은 인간적 슬픔과 다르지 않다.

결국 그들은 사랑하는 사람들의 죽음을 슬퍼했고, 사랑하는 사람들에게서 무관심하지 않았으며, 사랑하는 사람들에게서 완전한 해탈을 이루지 못했다. 다시 말해 우리가 부모나 아내에게서 완전히 떠나지 못하는 것처럼 그들도 사랑하는 스승에게서 완전히 벗어나지 못했다.

그들은 당연히 붓다의 메시지를 알고 있으며 그대로 실행하거나 실행하려고 노력하는 사람들이다. 그렇지만 그들 역시 사랑하는 사람을 잃고 눈물 흘리는 모든 사람처럼, 스승의 죽음에 마음의 고통을 느꼈다. 결국 이론의 한계를 드러내는 것이지만 차라리 자연스러운 일이다. 모든 인간은, 인간적인 인간이 되려면 당연히 가까운 사람들과 친밀한 관계를 맺어야 하며, 그들과 함께 삶의 씨줄과 날줄을 엮으면서 깊고 강렬한 정서적 관계를 맺고 살아가야 한다.

이것은 비단 불교 승려들에게만 해당하는 것이 아니다. 친구에 대한 예수의 애착이 복음서에 잘 나타나있다. "주님, 주님께서 사랑하시는 이가 앓고 있습니다"[04]라고 가까운 사람들이 예수에게 나사로의 고통에 대해 전해주었다. 친구가 병들었다는 소식을 들은 예수는 모든 것을 포기하고 그에게 달려갔다. 그러나 나사로가 이미 죽었다는 사실을 알고는 예수가 "심령에 비통히 여기며" 매우 괴로워했고, 마침내 '슬퍼서' 눈물을 흘렸다.[05]

예수가 흘린 눈물은 흔히 생각하듯 형식적인 눈물이 아니다. 그는 "비통한 심정에 잠겨"[06] 고통의 눈물을 흘렸다. 예수는 친구의 죽음에 대해 결코 무관심하지 않았다. 그는 크게 소리치고 단호하

---

04 「요한복음」 11장 3절
05 「요한복음」 11장 35절
06 「요한복음」 11장 38절

게 "나사로야, 나오너라"[07]라고 소리쳤고, 마침내 나사로가 살아났다. '사랑하는 친구'를 향한 예수의 사랑이 그를 살려낸 것이다. 성서에서 말하듯이 인간의 생사화복을 하나님이 주관한다면 나사로의 죽음은 하나님의 뜻이 아닌가. 그러나 사랑하는 친구의 죽음에 대해 예수는 무관심하지 않았고, 하나님에게 살려달라고 간구했다.[08]

사랑하는 존재에 대한 이런 애착이 불교의 관점에서는 인간의 나약함으로 보일 수 있다. 그러나 분명히 우리가 부인할 수 없는 것은, 그런 감정이 인간을 아름답게 만든다는 사실이다. 우리는 신이 아니며 기계도 아니다. 살아 있는 존재이며, 살아 있는 감정을 지니며, 살아 있는 가치를 추구하며, 살아 있는 사랑으로 행복을 느낀다.

이런 감정은 우리와 가까이 지내는 동물에게도 영향을 미친다. 나는 언제나 내 품을 떠나지 않던 개 구스타브가 죽었을 때 너무 고통스러웠다. 구스타브는 한 살 때 동물보호센터에서 데려온 후 8년 동안 한 번도 내 곁을 떠난 적이 없었다. 여행을 갈 때나 집필하러 시골에 내려갈 때, 일 때문에 먼 곳으로 출장을 떠날 때도 구스타브는 언제나 나와 함께 있었다. 시골집 정원에서 구스타브가

---

07 「요한복음」 11장 43절
08 「요한복음」 11장 41절

내 품에 안겨 말없이 죽었을 때, 나는 가장 친한 친구를 잃은 것처럼 가슴 메어지는 격한 고통을 느꼈다.

나는 부모나 친구의 장례를 포함해서 많은 장례식에 참석했었다. 그러나 장례식에서 슬픔을 느끼면서도 죽으면 이렇게 슬프기 때문에 아무도 사랑하지 않겠다고 생각한 적은 없었다. 또한 슬픔이 사랑을 포기하는 이유가 된다고 생각한 적도 없었다. 인간의 삶은 사랑하는 존재의 상실에 대한 힘겨운 고통을 전제한다. 그러나 그렇다고 사랑을 포기하는 것이 아니라 고통을 있는 그대로 받아들이는 것이 우리의 진정한 삶이다.

장례나 단절의 아픔은 사랑을 위해 지불할 만한 정당한 몫이다. 아픔을 피한다는 구실로 사랑을 피하는 것은 삶의 여정이 힘겹다고 행복을 포기한다는 것과 같다. 물론 우리는 인간적인 인간으로서 진정한 삶을 살기 위해서 때때로 값비싼 대가를 치른다. 그러나 인간성을 지닌 인간으로 살기 위해서는 고통을 피할 것이 아니라 있는 그대로 받아들여야 한다. 사랑은 고통보다 위대하며, 비싼 대가를 치르더라도 사랑은 우리에게 반드시 필요한 절대 가치이기 때문이다.

쓰러졌을 때
다시 돌아보라

Petit traité de vie intérieure

현대사회에 새로운 우상숭배가 생겼다. 능력·성공·승리의 우상숭배다. 오늘날의 치열한 성공 이데올로기는 우리에게 모든 분야에서 성공하라고 다그친다. 그리고 대중매체는 쉴 새 없이 성공한 사람들의 화려한 영상을 내보내며 주목받는 인생의 모델로 제시한다.

실패한 사람들은 인생을 잘못 살았던 사람들, 심지어 잘못된 악의 전형으로 여겨진다. 우리, 다시 말해 우리를 에워싸고 있는 가정과 학교, 사회는 어렸을 때부터 우리에게는 실패할 권리가 없다고 가르친다. 패자의 주장은 늘 초라한 변명일 뿐 들을 가치도 없는 소음에 불과하다. 이런 무서운 압력이 각 개인을 무겁게 짓누르고 있다.

이런 우상숭배는 18세기부터 19세기 사이에 유럽에서 태동했으며, 이는 자아실현을 앞세우는 현대사상의 그럴듯한 정신유산이다. 그때까지 종교의 전횡에 사로잡혔던 개인을 해방시키려는 계몽주의자들의 사상과 의지에서 비롯되었다. 태어나면서부터 이미 모든 사람에게 강요된 사회이념의 틀에 갇힌 인간본연의 가치를 존중하고, 자유를 통해 삶의 의미를 발견하는 인간 중심의 새로운 가치체계를 세우려는 사조였다.

뚜렷하게 세워진 질서에 따라, 그리고 그 질서 안에서 각각의 개인은 자신에게 주어지는 고유의 역할을 맡아 자신의 가치를 어김없이 드러내야 한다. 이를테면 선원은 능력 있는 선원이 되어야 하고, 구두 제조공은 실력 있는 구두 제조공이 되어야 하며, 가정 주부는 훌륭한 가정주부가 되어야 한다. 계몽주의는 개인이든 집 단이든 상관없이 변화와 성장, 즉 끝없는 완성의 개념을 행복과 자 유를 향한 가치로 부각시켰다.

1780년, 고트홀트 에프라임 레싱은 『인류의 교육』에서, 인간을 황금시대로 이끄는 자기완성은 교육과 이성의 효과적 만남을 통 해서 이루어진다고 주장했다. 더 이상 피할 수 없는 성장의 개념 은 마침내 이념적 가치로 변했다. 이처럼 새로운 이념체계 안에서 각각의 개인은 자신에게 주어진 길을 걷는다. 자신의 잠재력을 개 발해야 하고, 능력을 키우고, 재능을 발휘하고, 창조성을 함양해야 한다는 생각이 여과 없이 진리처럼 강요되었다.

프리드리히 니체는 수없이 반복해서 말했다.

네 의식이 네게 무엇이라고 말하는가? 너는 네 이성이 원하는 존재가 되어야 한다.[01]

물론 이런 생각이 근본적으로 잘못된 것은 아니다. 오히려 계몽 주의의 승리로 말미암아 개인은 태어나면서부터 이미 선이 그어졌 던 운명의 길에서 벗어날 수 있게 되었다.

---

01 니체, 『즐거운 지식』, 270문단

내 생각을 밝힌다면, 나는 계몽주의 철학에 전적으로 공감한다. 다만 나는 성공·능력·자기실현·행복의 이질적 개념들이 마치 하나의 일관된 가치처럼 의무적으로 강제 접목되면서 발생하는 사유의 일탈을 걱정한다.

내가 '지나치게 현대적'이라고 부르는 오늘날의 사회에서 사실 개인이 추구하는 목적들이 생각처럼 쉽게 달성되지 않는다. 그런데도 마치 의지만 있으면 각각의 목표가 별다른 어려움 없이 모든 사람의 손에 잡히는 것처럼 제시되는 것은 심각한 문제를 일으킨다.

오늘날 능력의 숭배는 빈틈없는 획일성을 요구한다. 모두가 능력이 있어야 하며, 능력이 없는 사람은 반드시 도태되는 것이 정당하다는 일방적 논리다. 이혼이나 실직도 심각한 개인적 결함이자 실패로 간주된다. 따라서 여자들은 너나 할 것 없이 모두 완전한 배우자이면서 훌륭한 동반자, 멋진 섹스 파트너, 살림 잘하는 주부가 되어야 할 뿐 아니라 오늘날에는 직업적인 면에서도 완벽하게 일을 수행하는 만능 여성이 되어야 한다. 그 가운데 하나라도 부족하면 능력이 부족한 것이며, 능력이 없으면 그에 따른 대가를 치르는 것이 당연한 이치가 된다.

막상 인간은 살아가면서 어쩔 수 없이 숱한 실패를 겪지만, 정작 실패하는 순간 사람들은 마침내 많은 것이 무너져버린다는 중압감을 떨치지 못한다. 이미 말했지만 절망은 직접적이든 간접적이든 목표를 이루지 못한 결과에서 비롯된다. 사회가 우리에게 부여하거나 사회규범에 따라 우리가 선택한 목표를 달성하지 못하고 자기실현을 이루지 못한 무능력 때문이라고 생각하기 때문이다.

이제 획기적인 관점의 전환이 필요하다. 실패는 치유불능의 비극이 아니라는 생각과 더불어 실패가 오히려 긍정적 요인이 될 수 있다는 사실을 받아들일 때가 되었다. 실패는 나름대로 새로운 도약을 위해 무시할 수 없는 가치가 있다. 실패가 우리에게 주는 으뜸패는 인생에 대해 겸손한 태도를 지니게 한다는 점이다.

자신이 계획하는 모든 일에 실패하지 않을 만큼 완전한 능력을 갖춘 사람은 아무도 없다. 한 번도 실패하지 않았다는 말은 달리 말하면 실패할 수 있는 위대한 도전을 한 번도 하지 않았다는 말이며, 성공이 보장된 소극적 범주 안에 갇혀 살았다는 말이 된다.

실패가 두려워 성공에 안주하는 사람은 그만큼 실패할 확률은 낮은 반면 진정한 승리를 맛볼 가능성도 그만큼 적어진다. 성공의 반복은 교만을 낳고, 교만은 필연적으로 실패를 부른다.

그와 달리 실패를 겪은 사람은 실패에 따른 고통과 함께 인생에 대한 겸손을 배운다. 우리는 겸손을 통해 인생을 있는 그대로 받아들이는 훈련을 한다. 또한 우리가 바라거나 꿈꾸는 허상이 아니라 자신에게 실패를 안겨준 인생의 참된 의미를 알게 된다.

내가 스토아 철학자들과 도교(道敎) 철학자들을 언급하며 말했던 것처럼, 진정한 고통은 일상의 실패에서 비롯되는 것이 아니라 변화에 대한 무의미한 저항, 삶의 역동성에 대한 거부, 인생의 거센 물결을 거슬리는 역행에서 비롯된다.

우리가 인생의 숱한 도전에 맞서 능동적·긍정적으로 대처하는 훌륭한 방법이 있다. 여건이 좋으면 인생을 여유롭게 즐겨라. 반면에 나쁜 상황에 처하면 사실을 있는 그대로 받아들이면서 역경이 새로운 도약대가 될 수 있도록 준비하라.

이런 의미에서 나는 실패가 인생의 장애물이 아니라 오히려 풍부한 경험을 갖춘 유능한 스승이라고 생각한다. 다시 말해 실패는 인생의 새로운 스승이 되어 우리가 걸었던 잘못된 길을 바로잡는 충실한 안내자가 된다. 실패를 경험한 인생의 새로운 안내자는 성공을 위한 삶의 법칙을 다시 만들어준다. 물론 실패는 그것을 겪는 순간을 생각하면 분명 불편한 사실이지만, 인생 전체의 여정을 두고 생각하면 반드시 필요한 사실이 된다.

실패를 진정한 삶의 인도자로 만들려면 실패를 바라보는 우리의 관점이 먼저 달라져야 한다. 각각의 실패를 인생의 연속된 비극으로 보지 말고 의식을 다잡는 각성의 기회로 삼자. 이미 벌어진 실패에 대해 원인과 결과를 끊임없이 되씹으며 부질없이 에너지를 낭비하지 말고 새로운 교훈을 이끌어 내자. 우리를 괴롭혔던 고난을 삶의 비극으로 보지 말고, 삶을 다시 성찰하면서 인생을 다른 관점에서 바라보고 배우는 기회로 삼아야 한다.

나 역시 여러 번의 실패를 맛보았다. 특히 직업적인 면에서 많은 시행착오를 겪었지만, 돌이켜보면 내가 겪은 실패가 오히려 나를 성장시키고 내 삶을 보다 가치있는 방향으로 전환시키는 훌륭한 기회를 제공해 주었다.

대입자격시험을 마치고 나서 나는 시앙스포-파리(파리 국립정치학교)에 들어가고 싶었지만 아쉽게 시험에 떨어졌다. 나는 크게 실망한 나머지 마음의 안정을 찾지 못하고 한동안 방황했다.

어느 정도 시간이 흘러 안정을 되찾은 뒤, 나는 내가 시앙스포를 선택한 이유를 곰곰 생각해 보았다. 정치학에 특별한 재능과 동기도 없이 나는 무턱대고 시앙스포와 에나ENA(국립행정학교) 출신이었던 아버지의 뒤를 따라 그 길을 택했다는 것을 깨달았다.

사실 내 마음 깊은 곳에서는 정치학보다 철학을 공부하기 원한다는 것도 알았다. 따라서 나는 한 번 떨어졌던 사람들이 다시 도전하는 관례를 따르지 않고 시앙스포에 다시 응시하지 않았다.

결국 나는 일반 대학에 들어가 철학을 공부하게 되었다. 대학에서 철학과 사회학을 공부하면서 나는 내내 만족했고 기쁨을 느꼈다. 학업에 열중했던 나는 시앙스포가 아니라 일반 대학에서 오늘날 내게 가장 소중한 지식과 연구의 발판을 다지게 되었다.

스물네 살에 나는 파리의 대형 출판사에서 잡지 부문 담당자로 일할 기회를 얻었다. 입사하고 5년이 지난 뒤 어떤 사람이 내게 문학 쪽으로 나갈 수 있는 좋은 자리를 제안했다. 나는 매우 기뻐하며 하루라도 빨리 계약하기 위해 서둘러 준비를 마쳤다.

마침내 계약하기 전에 출판사 책임자가 아버지와 함께 점심 식사를 하게 되었다. 전에 아버지의 책을 출간한 적이 있기 때문에 책임자는 아버지를 알고 있었는데, 그의 얼굴에는 불편한 기색이 역력했다. 아버지는 불안하고 당황스러운 내 기분은 아랑곳하지 않고, 나에게 좋은 자리를 주어 고맙다며 책임자에게 정중히 인사하고 자리를 떠났다.

아버지가 떠난 뒤 책임자는 즉각 생각을 바꾸더니 나에게 다른 자리를 맡으라고 제안했다. 내 인생의 성장을 위해 결정적인 기회가 수포로 돌아간 순간이었다. 충격은 쉽게 가라앉지 않았다. 나는 아버지를 원망했지만 정작 아버지는 아들 인생의 중요한 경력을 망가뜨렸다는 생각을 전혀 하지 못했다. 아버지의 잘못이 아니었기 때문이다. 내가 꿈꾸고 어릴 때부터 바라던 기회가 물거품처럼 사라지고, 나는 인생에서 재차 큰 실패를 맛보았다. 그때 겪었던 충격은 간단히 끝나지 않았다.

나중에야 나는 그가 나와 은연중에 경쟁하고 있었고, 아버지를 만난 뒤 열등감을 떨치지 못한 그가 나에게 터무니없는 지시를 내렸다는 사실을 알게 되었다. 분명 내가 인정할 만한 능력을 갖춘 사람이었지만 그는 끝내 자의식에서 나를 떨쳐내지 못했다. 그는 서투른 행동과 실수를 연발하면서 끝내 나를 장악하지 못했다. 나는 이미 나름대로 심리요법을 통해 더 이상 그의 눈길에 신경을 쓰지 않았고, 그와 같은 직장에서 근무했지만 공생 관계라는 부담을 느끼지 않았다.

사족을 그만두고 다시 본론인 실패로 돌아가자. 나는 몇 달 동안 너무 힘들게 지내다 출판이 아닌 다른 쪽으로 일자리를 옮기는 문제를 심각하게 고민했다. 내가 이미 몇 권의 책을 썼다는 생각을 떠올렸고, 출판보다는 저술이나 연구가 나에게 적합하고 내가 마음속에서 정말 원하는 분야라는 사실을 새삼 깨달았다.

마침내 나는 새로운 도전을 위해 당시의 실패를 긍정적으로 받아들이기로 마음먹고 글쓰기와 박사논문에 열중하기로 결정했다. 그러나 막상 자리를 옮기자 사무실도 없었고, 비서도 없었으며, 수입은 완전히 반으로 줄어들었다. 그때부터 몇 년 동안 나는 월말을 넘기는 게 정말 힘들었다. 하지만 지금 돌이켜 생각하면 그때 내가 내린 결정을 전혀 후회하지 않는다. 그때 심혈을 기울여 쓴 논문은 나중에 직업적인 면에서 나에게 많은 보상을 안겨 주었다. 나는 전에 비해 훨씬 자유로웠고, 내가 쓴 책은 점점 대중의 관심을 끌기 시작했다.

어쨌든 저술로 생활이 가능해지기 전까지 나는 직업에서 여러 차례 반복해서 실패를 경험했고, 이전에 익힌 '내려놓기'를 매일 실행하며 어렵게 살았다.

생활비를 벌기 위해 나는 몇 년간 한 잡지회사에서 근무하며 CNRS(국립과학연구센터)의 의뢰를 받은, '세계종교에 대한 역사철학'을 연구하게 되었다. 그렇게 오랜 기간 일하면서 나는 CNRS에 입사하는 것이 합리적인 판단이 아닐까 생각했다. 직업적으로나 경제적인 면에서 안정된 생활을 하면서도 글쓰기 작업을 계속할 수 있다는 실리적인 계산을 했기 때문이다.

그러나 나의 실패는 여전히 현재진행형이었다. 관례대로라면 당연히 붙어야 하는 시험에 또 떨어진 것이다. 박사논문을 우수한 성적으로 통과했고, 평가교수들이 만장일치로 좋은 평점을 주었는데 정작 시험에는 실패했다. 내 이름으로 출간된 자료들도 소용이 없었다. 그때까지 미디어 현장에서 일했기 때문에 나는 CNRS가 요구하는 학문적인 프로필을 갖추지 못했던 것이다.

나는 프랑스의 전형적 선입견을 내 힘으로 도저히 바꿀 수 없다고 생각했다. 그래서 나는 방향을 바꾸어 이번에는 차라리 내 기사를 출간하던 잡지사에서 제대로 직업을 얻을 기회를 가져보리라 마음먹었다. 이미 출판 분야에서 오래 일한데다 나름대로 능력도 인정받았기 때문에 내심 자신감을 가지고 시험에 응시했다. 그런데 이번에도 또 떨어졌다. 낙방 이유는 정반대였다. 지나치게 학문적인 프로필이라서 현장 중심의 미디어에는 어울리지 않는다는 이유였다. 한 번은 학문적 경력이 부족해서, 한 번은 학문적 프로필이 지나쳐서 결국 두 번 다 떨어진 것이다. 그렇다면 더 이상 갈 곳이 없는 셈이다. 두 번의 연이은 실패는 나를 절망의 깊은 수렁으로 몰아넣었다.

하지만 나는 어느 방향으로 가야 할지 너무 깊이 생각하지 않고 이해하기 힘든 상황을 그냥 받아들이기로 마음먹었다. 사실 선택의 여지도 없었고, 더 이상 원인을 캐려고 애쓰는 것은 인정하기 싫은 결과에 대해 원망만 키울 뿐 아무 도움이 되지 않는다는 것을 알고 있었기 때문이다.

그때 나는 우연히 외국인 소설가를 만나게 되었다. 그는 나의 신상에 대해 조심스럽게 몇 가지 묻고는, 어릴 때와 그리고 사춘기 때 나의 꿈이 무엇이냐고 물었다. 나는 반사적으로 어릴 때부터 내 꿈은 작가나 영화 제작자라고 말했다. 내 말이 끝나기 무섭게 그도 반사적으로 되물었다.

"그렇다면 지금 도대체 무엇을 기다리고 있나?"

그 말이 내가 지금의 직업과 만나는 결정적 계기가 되었다. 얼마 지나지 않아 나는 첫 번째 소설을 출간했다!

우리 모두는 살다보면 어떤 식으로든 질병과 만난다. 그리고 쉽게 받아들여지지 않지만 질병은 단순히 신체적 불균형을 경고할 뿐 아니라, 기능장애를 유발해 우리의 삶에 치명적 결함을 일으키기도 한다. 이런 의미에서 대부분의 환자들은 정신적·신체적으로 중복된 질환을 앓게 된다. 유전학은 많은 질병에 대해 우리가 선천적으로 병인(病因)을 지니고 있다는 사실을 밝혀주었다. 하지만 내재된 병인이 모두 드러나는 것은 아니며, 일생 동안 한 가지 병인도 드러나지 않는 경우도 있다.

대체로 병은 저절로 발생하지 않는다. 우리에게 적합하지 않은 상황을 겪으면서, 다시 말해 어떤 일로 심하게 긴장한다거나 내면에 어떤 갈등이 있을 때, 몸 안에 있던 병인이 질병으로 나타나는 경우가 많다.

가끔은 지나치게 일을 많이 했다거나 자신을 위해서 충분한 휴식을 취하지 않을 경우 과로와 긴장으로 병이 나타난다. 또한 모든 일을 갑자기 멈추고 아무것도 하지 않거나, 직업적인 일 외에 자기실현을 위한 최소한의 여유를 '잃어서' 질병이 발생하기도 한다.

부모나 주변 사람들과의 갈등 때문에 탈진해서 질병을 일으키는 경우도 있다. 갈등은 자신이 미처 느끼지 못하는 사이에 영혼을 침식해 들어간다. 우리는 그때 '위기'를 맞는다.

위기crise라는 단어는 그리스어 크리시스crisis에서 유래했으며, '분별하거나 선택할 필요성'을 의미한다. 실패와 절망, 질병은 우리에게 위기를 전하며, 위기가 닥치는 순간에 우리는 뭔가를 바꿔야 한다. 또한 위기는 "그 일이 더 이상 그대로 지속될 수 없다"는 것을 우리에게 전하며, 서둘러 어떤 선택을 할 때라고 일러준다. 이런 의미에서 생각하면, 시련과 위기는 내가 앞에서 말했던 것처럼 우리에게 좀 쉬라고 명령하고, 스스로에게 물어보고 이제 방향을 바꾸라고 명령하는 훌륭한 스승이 될 수 있다.

내가 직접 겪은 것은 아니지만, 나는 매우 심각한 질병을 앓은 사람들을 많이 알고 있다. 그들은 무서운 질병과 싸우기로 결정을 내리기 전에 그대로 주저앉는 경우가 많았다. 위기가 닥치면서 맞서 싸우겠다는 적극적 대처를 생각하기보다는 두려운 싸움을 은연중에 피하고 싶어 했다. 싸움에 이길 자신이 없었기 때문이다.

질병이라는 위기에 맞서 그들의 투쟁은 의학적 치료만으로 끝나는 것이 아니다. 때로는 심리 치료가 필요하고, 때로는 영적 탐색과 자기성찰의 시간을 통해 질병과 맞서야 한다. 이런 위기를 잘 극복하고 거기에서 완전히 벗어난 사람들은 전보다 훨씬 행복하고, 훨씬 강해지고, 훨씬 균형 잡힌 모습을 보인다.

삶의 모든 분야에서도 마찬가지다. 위기의 순간이 닥치면 뭔가를 반드시 바꿔야 한다. 바꾸지 않고 그대로 두는 것은, 마치 잘라내지 않으면 저절로 없어지지 않는 쓰레기를 썩고 악취가 나게 그대로 방치하는 셈이다. 일반적으로 위기가 절정에 이를 때 수술을 하게 되고, 수술은 어쩔 수 없이 심한 고통을 동반한다. 직업적인 문제이든 정서적인 문제이든 또는 육체적 건강에 관계된 것이든, 위기를 맞는 순간 우리는 다음과 같은 중요한 질문을 스스로에게 던지는 계기가 되어야 한다.

위기의 순간, 내 삶에 대해 근본적인 질문을 받는 순간 나는 무엇을 바꿔야 하는가?

제대로 이해해야 한다. 나는 지금 실패나 질병이나 고통을 찬양하려는 것이 아니다. 그런 것들은 그 자체로서 절대 선한 것이 아니라 부인할 수 없는 분명한 현실일 뿐이다. 물론 나는 누구에게도 일부러 위기를 겪으라고 권하지 않는다. 직업을 잃고, 소중한 사람을 잃고, 심각한 병에 걸린다는 사실이 얼마나 고통스러운 일인지 나는 잘 알고 있다. 그렇지만 그런 위기들이 오히려 기회가 되어 자신을 훈련시키고 더욱 자라게 하며, 눈가리개를 치우고 삶을 다른 각도에서 바라보게 만드는 소중한 계기가 될 수 있다.

나는 이런 주제에 대해 그리스도교의 일부 종파에서 주장하는

'고행주의'를 인정하지 않는다. 그들의 주장은 복음서의 메시지를 제대로 파악하지 못한 오류에서 비롯된, 명백한 허구이기 때문이다. 예수는 결코 고통을 찬양하지 않았으며, 복음서에 드러난 예수의 행동을 보면 어떤 순간에도 마조히즘적 태도를 발견할 수 없다.

예수는 진실, 곧 하나님의 뜻을 충실하게 따르기 위해 고난을 받아들인 것이다. 가혹한 시련 앞에서 예수도 마음의 고통을 숨기지 않았다. 그는 십자가의 고난을 앞두고 마음이 괴롭다고 제자들에게 토로했고, 두려운 고통의 '잔'이 지나가기를 바라며 하나님에게 이렇게 기도했다.

"지금 내 마음이 괴로워 죽을 지경이니 너희는 여기 남아서 나와 같이 깨어 있어라." 하시고는 조금 더 나아가 땅에 엎드려 기도하셨다. "아버지, 아버지께서는 하시고자만 하시면 무엇이든 다 하실 수 있으시니 이 잔을 저에게서 거두어주소서. 그러나 제 뜻대로 마시고 아버지의 뜻대로 하소서."[02]

자신이 겪을 고통이 너무 크기 때문에 예수는 "땅에 떨어지는 핏방울 같이" 땀을 흘리며 고통의 잔이 지나가기를 간절히 기도했다. 그리스도교의 오랜 역사가 그랬던 것처럼, 고행주의자들은 예수의 수난을 그릇되게 해석했다. 그들은 예수가 진리를 충실히 따

---

02 「마태복음」 26장 38~39절

르기 위해 자발적으로 받아들인 시련을 마치 하나님을 기쁘게 하려는 자발적 희생인 양 의미를 왜곡시켰다.

수 세기 동안 희생의 신학은 예수의 수난을 이렇게 설명했다. 따라서 "하나님을 기쁘게 하고 그리스도의 가르침에 충실하려면 의례적으로 고통을 추구해야 한다"는 생각이 파생되었다. 결국 많은 사람은 고행을 신앙의 절정에 이르는 고결한 행위라고 여겼다. 오늘날에도 여전히 일부에서는 하나님을 사랑하려면 반드시 고난을 겪어야 된다고 주장한다. 이는 터무니없는 주장이며 성서를 잘못 해석한 명백한 오류다. 소크라테스의 경우와 마찬가지로 예수와 관련된 모든 사실이 분명히 말하는 것은, 의도적으로 고통을 즐기는 것이 아니라 원치 않던 시련과 고통이 마침내 사랑과 진리의 계시가 될 수 있다는 가르침이다.

지금, 여기에서
시작하라

Petit traité de vie intérieure

시간은 마치 신비스러운 궁사가 쏜 화살처럼 지나간다. 무엇을 하든 시간은 반드시 흐른다. 우리는 시간의 화살을 멈추게 할 수도 없고, 빠르게 날아가게 할 수도 없으며, 방향을 바꿀 수도 없다. 우리는 종종 과거의 공간에 들어가서 지난 기억을 뒤지는 경향이 있다. 마찬가지로 자신을 미래의 영역에 두고 자신이 하고자 하는 것, 되고자 하는 것을 미리 상상하기도 한다.

물론 이해할 수 있는 일이다. 하지만 시간의 개념으로 실제로 과거와 미래를 인정하기 위해서는 하나의 전제 조건이 있다. 과거와 미래라는 두 시간의 영역이 현재 시점의 특성, 다시 말해 실제로 존재하는 유일한 시간의 영역으로서 현재의 고유한 특성을 침해하지 않아야 한다.

달리 말해 과거는 지나간 시간으로서, 미래는 다가오는 시간으로서 현재의 삶과 중요한 관계를 지닌다. 그러나 과거는 이미 지나간 시간이고 미래는 아직 오지 않은 시간이기 때문에 존재하는 시간이 아니며, 따라서 우리가 행동하며 대처할 수 있는 살아있는 시간이 아니다. 이런 의미에서 시간에 대한 올바른 인식은 현재의 삶을 가치 있게 이끌기 위해 매우 중요하다.

많은 현인들이 시간의 관계성을 상기시키며 현재의 중요성을 강조했다. 현재는 시간의 화살이 흐르는 시점이며, 우리가 행동할 수 있는 영역으로서 창조가 가능한 유일한 시간의 범주가 된다. 우리가 현재 시점에서 이끌 수 있고 이끌어야 하는 행동에 대해 말할 때 나는 단지 일상적인 일을 말하는 것이 아니라 관조와 명상, 집중, 생산적 사유를 포함해서 말한다.

그런데 과거의 상처에서 벗어나지 못하고 다가오는 미래에 대한 두려움을 떨치지 못한다면 우리는 현재에서 늘 고통스러운 삶을 살 수밖에 없다.

과거를 통합한다는 말은 과거를 잊으라는 뜻이 아니다. 자신이 겪은 사건들은 어떤 식으로든 자신의 삶을 기록하는 개인역사를 구성한다. 노화 현상이나 알츠하이머처럼 치매를 일으키는 병적인 경우가 아니라면 과거의 사실은 자신의 기억에 남아 현재와 지속적인 관계를 맺는다.

과거의 사건들이 현재의 시점 안에 기억의 형식으로 여전히 존재한다면, 과거를 그대로 방치하지 말고 현재와 새로운 관점에서 만나게 해야 한다. 우리의 태도와 행동에 부정적인 영향을 끼치는 혼란스러운 감정과 느낌을 진정, 완화시키는 것이 중요하다.

우리는 개인의 자기실현과 심리적 균형에 심각한 문제를 일으키는 '억압된 감정'에 대해 잘 알고 있다. 과거를 통합한다는 말은 과거를 기억한다는 뜻이고, 과거와 더불어 살아간다는 뜻이다. 그러나 과거를 잊지 않고 분명히 기억한다는 말이 과거에 지배당하며 산다는 말과 동의어가 되어서는 안 된다.

과거는 이미 지나간 시간이며 더 이상 존재하지 않는 시간이다. 마찬가지로 과거의 사건은 이미 끝난 사건이며 지금 존재하는 사건이 아니기 때문에 과거의 사건 자체가 현재 개인의 삶에 직접적인 영향을 끼치지 못한다. 단지 사건의 결과, 다시 말해 이미 지나간 사건의 흔적이 기억을 통해 영향을 끼칠 뿐이다.

결국 과거로 인해 현재의 삶이 지배당하는 것은 사건의 불가피한 위력 때문이 아니라 과거의 기억이 주는 추상적 의미 때문이다. 중요한 건, 사건은 피할 수 없는 현실로 나타나지만 기억은 피할 수 있고, 바꿀 수 있고, 조정할 수 있는 현재의 의지적 행동에 영향을 받는다는 점이다.

따라서 과거를 기억하되 과거를 되씹으며 끊임없이 반복하는 것은 어리석은 일이다. 설령 그것은 좋은 기억이라 해도 마찬가지다. 좋은 기억이든 나쁜 기억이든 과거는 지금의 시점이 아니고 살아있는 사건이 아니다. 비록 새겨두고 싶은 좋은 기억이라도 지나치게 과거에 얽매이면 의식이 과거에 종속되기 때문에 현재의 삶이 능동적일 수 없다.

우리는 특히 지나친 후회를 경계해야 하고, "… 했더라면!"이라는 말을 반복하지 않도록 노력해야 한다. 우리 모두는 크든 작든,

중요하든 사소하든 많은 잘못과 오류를 범했고, 여전히 범하며 살고 있다. 그리고 잘못된 행동과 판단을 유감스럽게 생각하는 것은 일면 정당한 반응이다.

하지만 잘못을 돌이킨다면서 과거에 얽매이거나 이끌리지 말아야 한다. 다만 과거를 사실로 인정하고 받아들이면서 잘못을 반복하지 않도록 과거에서 교훈을 이끌어내야 한다. 우리는 이미 시효가 지난 과거의 오류와 잘못으로 다시 돌아갈 수 없다. 그리고 삶과 세상의 법칙은 우리가 방황했던 교차로에서 방향을 바꾸기 위해 다시 시간의 경로를 거스르는 것을 허용하지 않는다. 다시 말해 과거의 오류로 괴로워하는 것은 쓸데없이 시간과 에너지를 낭비하는 것이다.

"그 시간에 내가 차를 타지 않았더라면, 그때 그 길이 아닌 다른 길로 갔더라면 이런 사고는 없었을 텐데….."

그렇게 생각하는 것은 아무 소용이 없다. 이미 사고는 났고, 벌어진 사건은 피할 수 없는 사실이 되었다. 결과가 비극적일 수 있지만 이미 모든 상황이 종료되었다. 이제 인정하는 것 외에 더 이상 다른 방법은 존재하지 않는다.

그리고 결과를 인정하면서 마침내 비극적인 사건은 과거의 사실로 돌아간다. "내가 이런 잘못을 저질렀단 말인가?" 하는 후회는 정신을 파괴하는 독약이며, 우리가 긍정적으로 변화하고 계속 살아가기 위해 필요한 힘을 집중하지 못하게 방해한다.

문제가 되는 것은 후회만이 아니다. 우리는 지난 사건에 대해 다른 사람을 탓하거나 원망과 증오를 품으면서 자신을 과거의 잘못에 얽매인 인질로 만들 수 있다. 원망은 우리의 마음을 고통과 원한으로 가득 채우며, 후회와 마찬가지로 자신의 삶을 실현하거나 재실현하는 것을 방해한다. 삶의 방향을 다시 과거로 몰아가기 때문이다.

내가 이미 말했던 것처럼 지난 과거는 이미 존재하는 시간이 아니며, 과거에는 더 이상 우리가 행동할 수 있는 공간이 없다. 결국 과거를 돌이키는 것은 존재하지 않는 허상을 바라보며 현재의 자신을 파괴시키는 것일 뿐이다.

우리의 삶은 언제나 하나의 시점, 즉 현재의 범위에서 실현된다. 현재의 가치와 중요성을 강조하는 가장 두드러지는 예를 들면, 이혼하고 다시 재결합한 부부의 경우를 들 수 있다. 상대의 잘못이 무엇이든 우리를 떠났거나 우리가 떠났던 상대에게 다시 사건의 책임을 돌리는 한 우리는 상대와 함께 건강하고 조화로운 관계를 맺을 수 없다. 다시 과거로 돌아가 과거의 잘못을 서로 되새기는 한, 현재의 삶을 결코 아름답게 가꿀 수 없다.

우리가 겪을 수 있는 정신적 외상이나, 의도적 잘못에서 비롯되지 않았더라도 내면에 새겨진 상처, 또는 우리가 억울한 희생양이 되었던 부당한 사실들을 과소평가하려는 것이 아니다.

우리 모두는 형식이나 정도의 차이는 있지만 너나없이 고통을 안고 살아가며, 어떤 경우에는 그 고통이 쉽게 치유되지 않는 심각한 상처일 수 있다. 그러나 시간과 더불어 상처를 치유하는 방법을 배워야 하며, 미련 없이 과거를 떨쳐내고 다음으로 넘어가려고 과감하게 시도해야 한다.

물론 말처럼 쉽지 않고 생각처럼 간단하지 않을 수 있다. 그리고 자신의 힘으로는 도저히 해결할 수 없다는 무력감에 빠질 수 있다. 그런 경우에는 치유를 위해 종종 전문적인 도움을 받아야 한다. 다행히 유사한 증상들에 대해 효과적으로 치료하는 기술이 개발되어 있다.

우리는 우리 자신 및 우리의 과거와 더불어 화해하는 방법을 배워야 한다. 물론, 잊어버리라고 다그치려는 것이 아니다. 잊어버리는 훈련은 일시적으로 위로가 될지 모르지만 근본적인 치유가 되지 않는다. 다시 기억이 떠오를 때 자칫하면 고통이 더 커질 수 있다.

기억하지 않고 잊어버리는 일이 중요한 것이 아니라 기억 자체가 고통을 주지 않도록 사실에 대한 인식이 달라져야 한다. 즉, 없앨 수 없는 기억을 약물이나 기타의 방법으로 억지로 없앨 것이 아니라 기억에 대한 해석과 관점을 근본적으로 바꿀 수 있는 방법을 찾아야 한다.

효과적인 치료를 위해서는 과거를 억지로 잊게 만드는 폐쇄적 방법을 쓸 것이 아니라 오히려 우리의 무의식에 억눌려있는 사건들을 적극적으로 들춰내야 한다. 잠재된 사건은 은연중에 실패를 반복하게 하거나, 병이 악화되는 것처럼 더욱 심각한 결과로 되살아나기 때문에 먼저 의식의 표면으로 과거의 사건을 끌어올려야 한다. 그리고 억눌린 채 숨어있는 사실들의 실체를 분명히 알아야 한다. 사실을 인정하는 것은 물론 고통스러운 과정이지만 근본적인 치유를 위해 반드시 거쳐야 하는 불가피한 전제조건이다.

매우 오래된 전통적 방법들이 있다. 나는 그 가운데서 특히 불교와 인도의 기술을 중시한다. '시각화' 훈련을 통해 정신적 외상을 일으킨 사건들에 의식의 빛을 비추며 사실을 직시하는 훈련이다. 이 기술은 상처를 성공적으로 극복할 수 있도록 과거의 사건들을 부드럽게 어루만지며 사실의 모습을 서서히 변화시키는 방법이다. 이를테면 분노·슬픔·원한이 있던 자리를 사랑·평온·용서로 대체시키는 것이다.

정신분석 같은 방법들은 치유를 위해 적잖은 시간을 요구하며, 의식화(意識化)와 대화를 통한 의식의 해방에 초점을 맞춘다. 치료 목적은 같지만 보다 현대적인 방법들이 있다. 게슈탈트 심리학 같은 심리요법과 심리-감정치료법이 있으며, 정신집중효과학이나 최면요법처럼 긍정적 사유를 응용하는 다양한 치료법이 존재한다.

극도의 두려움과 불안, 정신적·신체적 질병이나 반복되는 실패 강박증으로 꼼짝 못하고 있을 때 우리는 어떤 방법을 선택하든 서둘러 치료를 받아야 한다.

다른 사람의 이야기가 아니다. 나 역시 이 가운데 여러 증상이 중복되었고, 과거의 어두운 터널을 벗어나기까지 수년 동안 다양한 치료를 받았다. 지금도 여러 흔적이 남아있기는 하지만 과거의 어떤 상처도 이전처럼 내 삶을 마비시키지 못한다.

고통스러웠던 과거의 사실은 이제 지나간 사실로 남아있을 뿐 더 이상 내게 고통을 주는 현재의 사건이 아니기 때문이다. 흔적을 지니고 사는 것을 너무 부담스럽게 생각할 필요가 없다. 물론 그것이 아름다운 훈장은 아니지만 치욕의 낙인도 아니다. 단지 현재의 우리를 실현하기 위한 과거의 소중한 경험일 뿐이다.

많은 정신분석학자와 정신의학자 가운데 나는 특히 미국인 볼비와 프랑스인 보리스를 생각한다. 내가 이미 암시했던 것처럼, 그들은 물리학 용어인 탄성에너지의 개념을 심리치료에 도입했고, 적극적인 치료를 위해 도구로 사용했다. 물리학에서 인용한 탄성에너지의 개념은 충격에 대한 물리적 저항을 의미한다.

이 단어는 그리스어 레질리오resilio에서 유래하며, '튀어오르다'

또는 '충격에 저항하다'라는 뜻이다. 인문학에 차용되면서 '탄성에너지'는 정신적 외상을 겪은 뒤 다시 원래의 모습을 되찾는 능력을 가리킨다. 인간은 이런 내적 능력을 바탕으로 긍정적인 의식을 통해 충격에 저항하고, 절망에서 벗어나고, 다시 '도약한다.' 그리고 더욱 멀리 나가기 위해 정신적 외상을 오히려 내면의 성장을 위한 디딤돌로 사용할 수 있다.

요약하면, 보리스가 말했던 것처럼 탄성에너지는 '고통을 변형시키는' 능력이 되어 실제 고통으로 느끼던 상처를 추상적 관념으로 바꾸고, 형태 자체를 이미 지나간 과거의 흔적으로 바꾼다. 이런 변형은 삶의 신비스러운 법칙 가운데 하나가 된다.

상처·고통·실패는 이렇게 형태가 바뀌면서 자기 내면에서 더욱 심층적인 원동력이 되며, 의심의 여지없이 새로운 도약을 위한 강력한 힘이 된다. 상처의 치유를 통해 획득한 탄성에너지는 마침내 더 강한 의지, 더 많은 열정, 더 큰 비전으로 자기실현을 이룰 수 있게 도와준다. 내면의 고통은 상처를 치유하는 순간, 고통에 갇혀 지금까지 살았던 타성적인 삶이 무의미했다는 것을 일깨워주고 자신의 삶에 새로운 동기를 부여한다. 그때, 지금까지 우리가 겪은 실패는 미래의 성공을 향해 나아가는 데 든든한 발판이 된다.

내가 바로 증인이다. 앞장에서 고백했던 것처럼, 나는 서른여섯 살 때 직업을 구하면서 연이은 실패로 마음이 괴로울 때 예상치 않았던 이상한 꿈을 꾸었다.

나는 한 증기기관차의 기관실 안에 있었다. 아버지가 기차를 운전하고 나는 보일러에 쉴 새 없이 석탄을 집어넣고 있었다. 나는 아버지의 지시에 따라 움직였고 아버지는 위에서 계속 소리쳤다. 마침내 기차가 움직이기 시작했는데 조금 가다가 갑자기 궤도를 벗어나려 했다. 나는 겁이 났고, 몹시 불안했다.

그리고, 갑자기 꿈이 바뀌면서 아버지가 사라졌다. 이제 지시하는 사람은 바로 나 자신이었다. 그것도 증기기관차가 아니라 멋진 초고속열차 …, 테제베(TGV)를 운전하고 있었다. 나는 밀밭과 들판, 강을 가로질러 시속 400km로 힘차게 달렸다. 정말 날아갈 것 같은 기분이었다.

꿈을 꾸면서 내 안에서 힘이 솟구치는 것을 느꼈고 마음속에 기쁨이 넘쳤다. 꿈에서 깨어났을 때 나는 그날이 게슈탈트 심리치료의 첫 단계를 이수한 날이라는 것을 떠올렸다. 나는 3년 동안 게슈탈트 심리치료를 받았는데, 아버지와 연관된 강박증을 치유하는 데 결정적인 도움이 되었다.

비록 고통스러웠지만 나는 내가 겪은 강박증이 오히려 더욱 멀리 나아가기 위한 튼튼한 도약대가 되었다는 사실을 깨달았다. 물론, 우리를 옭아매는 강박증에 갇혀 있으면 우리는 마음대로 움직일 수 없고, 상처에 얽매여 쉽게 벗어나지 못한다. 강박증은 우리를 꼼짝 못하게 묶는 사슬이기 때문이다. 하지만 강박증은 분명히 내면의 에너지를 지니고 있으며, 그 에너지는 우리가 강박증을 이겨내는 순간 고스란히 긍정적 가치로 보상된다. 나는 증기기관차의 조수였다가 사슬을 풀면서 마침내 멋진 테제베 기관사가 되었다!

만약 내가 혼란스럽고 힘든 삶을 살지 않았다면, 나는 더욱 가치 있게 성장하기 위한 자산들을 굳이 내 안에서 찾으려 애쓰지 않았을 것이며, 다른 사람과 부정적인 관계에서 벗어나려고 발버둥치지도 않았을 것이다. 굳이 새로운 변화를 꿈꾸지 않았을 것이며, 따라서 지금처럼 만족스러운 자기실현을 이루지 못했을 것이다.

이미 완전한 관계, 더 이상 바랄 것이 없는 관계 안에서 살았다면 나 역시 다른 사람들처럼 타성적인 삶을 살았을지 모른다. 결국 내가 정말 원하는 일을 직업으로 택하기보다는 주어진 대로 편하고 쉬운 일을 택했을지 모른다. 나에게 내면의 상처가 있었고, 고통스러웠지만 상처를 치유하자 마침내 오늘날 내가 변했듯이 나는 아버지와 편안하고 긍정적인 관계를 맺을 수 있었다.

당연히 힘들지만, 이제 과거를 후회하며 물리도록 되새기지 말고 긍정적으로 과거를 바라보자. 과거는 분명 우리 자신과 삶의 가치를 실현하기 위해 더욱 성장하도록 우리에게 주어진 훌륭한 기회가 될 수 있다.

과거만이 우리의 삶을 오염시키는 원인은 아니다. 미래 역시 우리의 삶을 꼼짝 못하게 마비시킬 수 있다. 우리는 모두 미래를 향해 달려가려는 기본적 성향이 있다. 미래로 도약하는 여러 방법 가운데 긍정적인 처음 단계로 나타나는 현상이 바로 꿈이다.

우리는 갖고 싶은 집, 일하고 싶은 직업, 만들고 싶은 가정을 꿈꾼다. 꿈을 꾸는 동안에 우리는 마냥 들뜨고 더없이 행복하다. 그러나 많은 사람은 꿈을 꾸면서 현재를 망각한 채 그저 상상에 이끌리곤 한다. 꿈을 꾸되 말 그대로 꿈만 꿀 뿐 꿈을 이루기 위해 필요한 일을 행동에 옮기지 않는다. 현실이 되지 않는 꿈은 단지 허황된 공상에 지나지 않는다. 그런 꿈은 더 나은 삶을 위한 이상이 아니라 성장을 가로막는 장애가 될 뿐이다.

나도 오랫동안 그런 과정을 겪었다. 앞서 말했던 것처럼, 나는 어릴 때부터 소설과 영화 시나리오를 쓰고 싶었다. 좋은 소설을 읽고 좋은 영화를 볼 때마다 나는 매번 다른 사람들을 감동시키는 소설가가 된 나 자신을 머릿속에 그리면서 행복한 상상의 날개를 펼쳤다. 하지만 열한 살에 썼던 어설픈 단편이 고작이었다. 나는 그때까지 열심히 꿈만 꾸었을 뿐 사실 아무것도 쓰지 않았다.

나는 자신에 대한 확신이 없었기 때문에 실행에 옮길 엄두를 내지 못했다. 문제는 확신의 부족만이 아니었다. 보다 근본적인 문제는, 상상을 통해 나 자신을 유명한 작가로 만들면서 가상의 즐거움을 미리 맛보았기 때문에 정작 실행에 옮기는 데 방해가 되었다. 실제로 유능한 작가가 되기 위해 힘든 과정을 택하기보다는 내가 만든 상상의 작가에 스스로 만족한 것이다.

나는 다시 꿈꾸기 시작했다. 그러나 몇 년이 지났지만 내 인생에서 전혀 달라진 것이 없다는 사실을 깨달았다. 나는 꿈과 현실의 괴리를 보면서 점점 불행해졌다. 이미 앞장에서 말했던 것처럼 나는 내면의 상처를 떨치지 못했기 때문에 꿈을 실제 행동으로 옮기기 위해서는 과감한 시동이 필요했다.

우리 모두 꿈을 꾸어야 하지만, 현실에 대한 일종의 대체를 만들어 실행을 가로막는 허황된 꿈을 경계해야 한다. 꿈은 종종 우리를 상상에 가두고 의식을 부드럽게 잠재운다. 꿈에 안주하게 만들면서 우리가 의지적인 행동을 하지 못하게 방해한다.

다른 부정적 요소들, 이를테면 불안이나 긴장, 두려움도 장벽이 되어 우리가 적극적인 행동을 하지 못하게 가로막는다. 지나치게 순진하거나 무턱대고 낙관적인 태도를 보이는 것보다는 내일을 걱정하고 앞날을 나름대로 예측하면서 있을 수 있는 장애를 고려하는 것이 정당한 태도일 수 있다. 앞날을 진지하게 고민하는 것을 두고 소극적 자세라고 비난하기보다는 오히려 삶에 대해 책임 있는 자세로 보아야 한다.

정말 해로운 것은, 미래에 대한 깊은 성찰이 아니라 실패의 씨앗이 곳곳에 뿌려져있다고 지레 짐작하는, 섣부른 예단이다. 끝내 실패할 수밖에 없다고 미리 단정하며 미래에 대해 두려워하는 그런 판단은 종종 너무 단호해서 현재에 살고 있는 우리를 불행한 존재로 만든다.

입학시험을 치르며 떨어지리라고 미리 생각하는 학생, 면접도 보기 전에 채용시험에서 떨어질 것으로 확신하는 구직자, 사랑하는 사람에게 퇴짜 맞을 것을 지레 겁내는 연인이 이런 유형에 해당한다.

이런 태도는 내일에 대한 두려움에 마음이 온통 빼앗기기 때문에 결국 현재의 기쁨을 누리지 못하게 만든다. 아울러, 미래에 대해 섣부른 두려움을 지닌 사람들은 대개 과거에 대한 후회로 마음이 오염된 사람들이다. 과거에 얽매이거나, 꿈을 꾸지만 마음속에서는 미래를 두려워하는 사람들은 대부분 현재의 삶을 바르게 살지 못한다. 현재의 진정한 기쁨은 상처를 떨치고 과거에서 벗어나는 사람들, 미래를 두려워하지 않고 다가오는 현재로 만들면서 공상의 미래에 갇히지 않는 현재의 사람들에게 주어지기 때문이다.

부정적인 생각은 상황을 악화시키고 원치 않는 결과가 나올 가능성을 더 크게 만든다. 당신은 면접시험에 떨어질 것으로 생각하는가? 그렇게 생각하기 때문에 당신은 그런 방향으로 처신하게 된다. 자신감을 잃은 채 잔뜩 긴장해서 시험을 치르기 때문에 결과적으로 불안한 태도나 마음가짐을 은연중에 드러내게 되고, 당신은 아마 시험에 떨어질 것이다.

한 운전자의 이야기다. 인적이 드문 시골에서 자동차 바퀴가 터진 것을 알았지만 그에게 잭이 없었다. 가장 가까운 마을도 족히 5km 이상 떨어져 있었다.

한여름의 뜨거운 햇볕이 내리쬐는 들판에서 그는 오랫동안 도움을 기다렸지만 아무도 지나가지 않았다. 결국 마을까지 걸어가기로 마음먹었다. 그는 길을 걸어가다가 근처에서 카센터를 발견해 정비사에게 잭을 빌리고 싶었다.

그런데 갑자기 불안해졌다. 기껏 카센터까지 갔는데 정작 정비사가 잭을 빌려주지 않으면 어떡하나 하는 생각이 들었다. 길을 걸어가는 동안 불안은 점점 커졌다.

마침내 마을에 도착해 카센터를 발견했지만, 자기도 미처 깨닫지 못하는 사이에 그는 정비사가 도와주지 않으리라 확신하고 있었고, 그런 확신이 얼굴에 고스란히 묻어났다. 결과적으로, 정비소의 문에 들어서자마자 정비사가 얼굴을 붉히며 퉁명스럽게 말했다.

"잭을 어떻게 사용하는지는 압니까?"

다가오는 사건을 나름대로 연상하고 전개과정을 마음속에 그려 보는 방법은, 문제가 되는 사건에 대해 긍정적이든 부정적이든 뚜렷한 영향을 미친다. 잘 되리라 생각하고 면접시험장에 가면 자신 있게 최상의 컨디션에서 시험을 치르게 되고, 실제로 호의적인 상황이 전개된다.

긍정적인 생각이 발휘하는 의외의 능력은 스포츠에서 두드러지게 나타난다. 좋은 성적을 거두는 선수들은 대부분 긍정의 연상훈련을 실행한다. 그들은 시합에서 이기는 극적인 장면을 마음에 그리는데, 이 '그림'은 결과적으로 승리의 가능성을 그들에게 추가로 제공한다.

나는 미래에 대해 불안하게 생각하기보다는 낙관적으로 꿈꾸는 경향이 있다. 그렇지만 나도 다른 사람들과 마찬가지로 가끔은 부정적으로 생각하는 결점을 숨기지 못한다. 나는 부정적인 생각이 들면 그것을 해소하기 위해 즉시 행동으로 옮기는 방법을 배웠다. 명상과 정신 집중을 통해 나 자신의 문제를 해결하는 것이다.

예를 들면 텔레비전 방송에 출연하기 전에, 사실 나는 두려움이 없지 않다. 방송이 시작되기 전에 잠깐 혼자 지내는 습관이 있다. 이때 나는 방송에 출연해 평온하고 자연스러운 내 모습을 연상시키려고 노력한다. 이런 심리적인 준비는 대부분의 경우에 매우 효과적이다.

나는 비행기 여행을 좋아하지 않아서 가능하면 비행기를 피해 기차를 이용한다. 하지만 장거리 여행을 할 때는 선택의 여지가 없다. 그럴 때 나는 여행하기 전에 내가 목적지에 무사히 도착하는 모습을 미리 연상하고 난 뒤 비행기에 탑승한다. 비행기 여행은 언제나 고통스럽지만 연상 작업을 마치고나면 나는 한결 편안한 마음으로 비행기에 오른다.

현재의 살아있는 기쁨을 누리기 위해 우리는 때때로 과거와 미래에 대한 생각을 떨쳐내야 하고 후회와 불안, 몽상에서 과감히 벗어나야 한다. 말하자면, 스토아 철학에 심취했던 2세기 로마 황제 마르쿠스 아우렐리우스가 선언한 다음의 지혜로운 금언을 우리의 삶에 적용하는 것이다.

네 인생의 모든 사건을 부여잡고 너 자신을 요동시키게 내버려두지 말라.[01]

스토아 철학자들은 그리스어로 프로소케prosoché, 이를테면 '지금, 여기에서'의 가치개념을 인생의 근본적인 태도라고 말했다. 이 말은 삶의 매 순간에 기울이는 주의와 과거와 미래에 대한 집착에서 벗어난, 현재 시점에 대한 집중을 의미한다. 과거와 미래에 대한 집착은 헛되고 해로운 열정의 근원이기 때문이다. 스토아 철학

---

01 마르쿠스 아우렐리우스, 『명상록』, VIII, 36

자들은 현재의 살아있는 가치를 강조했으며, 우리가 행동하는 유일한 영역인 '지금, 여기에서'의 개념을 중시했다.

'지금, 여기에서'는 현재의 시간뿐 아니라 현재의 공간을 의미하며, 시간과 공간을 망라해 실제로 행동할 수 있는 유일한 범주를 의미한다. 다시 말해, 우리는 현재의 터전 위에서 움직일 수 있고, 현재의 시간과 공간 안에서 행동할 수 있다.

기원전 1세기에 고대 로마의 시인 호라티우스는 지혜로운 명언을 남겼다. 라틴어로 '카르페 디엠Carpe Diem'이라는 구절인데, 문자적으로 해석하면 "그날 뽑아라"가 되고, 의역하면 "현재를 잡아라" 또는 "오늘을 즐겨라"가 된다. 카르페 디엠은 호라티우스가 지은 서정단시(짧은 연가) 『송시(Odes)』에서 발췌한 것으로, 그의 작품 가운데 가장 널리 알려진 구절이다.

우리가 말하는 동안에 질투의 시간이 사라진다.
내일을 믿지 말고 오늘을 잡아라.[02]

오직 현재의 순간만이 창조적인 시간이다. 우리가 진실로 인생을 즐길 수 있는, 다시 말해 우리가 진정한 기쁨을 누릴 수 있는 시간은 오직 '지금, 여기에서' 뿐이다.

삶의 기쁨은 과거의 기억이나 미래의 꿈에서 비롯되는 것이 아

---

02   호라티우스, 『송시』, I , 11, 7

니다. 과거와 미래는 아름다운 감동의 근원이 될 수는 있지만 현재의 살아있는 기쁨을 주지 못한다. 현재의 기쁨이라는 개념은 지극히 짧은 시간이나 단절된 시간의 단편을 의미하는 것이 아니다. 연속되는 현재를 말하며, 현재의 순간들은 선적(線的)인 시간성을 넘어 영원한 현재를 말한다.

마침내 우리는 위대한 종교들이 말하는 영원한 행복이 무엇인지 이해할 수 있게 된다. 자신 그리고 세상과 더불어 평정(平靜), 조화, 평화, 위로가 영원한 행복을 이룬다. 이것이 바로 불교 선사 틱낫한이 '순간의 충만'이라고 부른 행복 개념이다. 우리가 다른 것을 생각하면서 실행하는 매우 일상적인 몸짓들 안에서 발견했던 은총이다. 틱낫한은 현재의 행복에 대해 이렇게 설명했다.

당신이 한 잔의 차를 마실 때, 현재의 순간을 음미하며 과거나 미래를 잊어라. 당신의 찻잔에게 미소를 지으며, '내가 찻잔을 들고 있다'고 단순하게 생각하며 조용히 찻잔을 들어라. 당신이 아무 생각하지 않고 찻잔을 들었기 때문에, 당신이 육신과 생각을 모두 내려놓았기 때문에, 당신은 지금 삶의 최상의 순간과 만나고 있는 것이다.[03]

---

03 틱낫한, 『내 안에서 평화, 걸으면서 평화』, 알뱅미셸, 2006, p. 31

18.

오늘을 늘 내 인생의
마지막 날로 삼아라

Petit traité de vie intérieure

참된 평안은 내면의 평화, 즉 마음의 평온이며 저절로 얻는 것이 아니라 획득하는 것이다. 나는 이 책을 쓰면서 줄곧 평안에 대해 말했으며, 평안을 얻는 유일한 조건은 존재하는 사실들을 있는 그대로 받아들이는 것이라고 말했다. 삶에 '예'라고 대답한다는 말은, 불가피한 일을 긍정한다는 말이다. 다시 말해 우리에게 주도권이 없는 일을 애써 거부하지 않고 사실로 받아들인다는 말이다.

우리가 피하려야 피할 수 없는 가장 불가피한 일은 바로 죽음이다. 우리가 자신의 생명을 아무리 크고 깊게 사랑한다고 해도, 최소한 육신은 언젠가 존재하지 않는다는 사실을 분명히 알고 있다.

이성적으로는 그것을 분명히 알면서도 그런 생각을 자연스럽게 받아들이는 사람은 매우 드물다. 프로이트가 말했던 것처럼 우리의 죽음은 솔직히 말해서 '생각할 수 없는' 사실이며, 우리는 마치 언제까지나 죽지 않을 것처럼 생각하며 살고 있다.

초기 인류는 죽음에 대한 불안 때문에 무덤을 만들었으며, 무덤 안에 온갖 도구와 장식품, 장신구들을 함께 넣어서 죽은 사람이 다른 세상에 갈 때 동행하게 했다. 이런 행위는 세상의 마지막을 맞아 세상에서 죽는 것이 완전한 종말이 아니라는 희망을 나타내고, 사람과 다른 동물을 근본적으로 구별하는 특징이 되었다.

유대 그리스도인의 정신문화라는 부식토에 새겨진 서양문화에서는, 죽음이 영원한 끝이 아니라 다른 세상에서 새로운 삶을 위한 시작이라고 확신했기 때문에 죽음을 자연스럽게 받아들였던 때가 있었다. 그때는 죽음이라는 강요된 이별이 영원한 단절이 아니라 일시적 헤어짐이라는 희망을 품고 살았다.

오늘날에는 상황이 많이 달라졌고, '새로운 삶'의 신앙에 대해 서서히 회의가 생겼다. 우리 마음에 죽음에 대한 불안이 싹텄고, 죽음이 완전한 종말이자 전적인 소멸이라고 인식하면서 죽음에 대해 극한의 두려움에 휩싸였다. 죽음은 가장 큰 금기(禁忌)였기 때문에 사람들은 죽음을 대하면서 자신의 죽음이든 다른 사람의 죽음이든 가능하면 죽음을 숨기려고 했다.

반면에 다른 영역에서는 '저 세상'에 대한 확신이 끊임없이 이어져왔다. 환생과 윤회를 주장하는 동양의 종교문화에서 죽음은 완전한 종말이 아니라 새로운 시작으로 받아들여졌다. 즉, 동양의 종교에서 죽음은 대부분의 신자들에게 삶을 마치는 마지막이 아니라 연속된 삶에 포함되었으며, 윤회를 이루는 하나의 과정으로 인식되었다.

아르노 데자르댕은 나에게 이런 주제에 대한 동서양의 근본적 차이를 분명히 일깨워 주었다. 그의 주장에 따르면, 서양 사람들은 죽음이라는 단어에 삶이라는 단어를 반대 개념으로 대립시킨 반면, 동양 사람들은 죽음이라는 단어에 다시 태어난다는 의미로 환생의 개념을 대립시켰다.

그들에게 출생과 죽음은 영적 생명의 두 실재이며, 그것은 출생 이전에 이미 시작되어 죽음 이후에도 여전히 계속된다. 얼마나 큰 위로를 주는 믿음인가! 그러나 죽음과 생명의 두 과정은 서로 타협하기가 쉽지 않고, 이것을 사실로 깨닫기 위해서는 동양의 영적 훈련을 체계적으로 학습해야 한다.

물론 유대교·기독교·이슬람의 일신교에서도 죽음이 끝이 아니라는 종교적 언약을 제시한다. 하지만 그들은 삶과 죽음을 순환적 과정이 아니라 선적인 관점에서 설명하며 시작과 끝이 존재한다는 형이상학적 개념을 주장했다.

더욱이 그들은 이 세상의 죽음 이후에 존재하는 미래의 삶에 대해 거의 말하지 않았으며, 새로운 세상의 모습에 대해서도 거의 설명하지 않았다.

나는 신앙이 깊으면서도 못내 죽음을 두려워하는 그리스도인들을 많이 보았다. 그들이 겪어보지 않은 미지(未知)를 두려워하기 때문이며, 사실 그들의 불안과 두려움은 충분히 이해가 된다.

보이지 않는 세상을 존재하는 사실로 단정하는 확신은 과학적 사고에 물들은 현대인, 특히 눈에 보이는 현상만을 사실로 인정하고 과학이라는 새로운 우상을 숭배하는 서양인들에게 무모한 맹신으로 보이기 때문이다.

나는 매우 드물기는 하지만, 죽음을 두려워하고 다가오는 미지의 순간을 못내 불안해하면서도 차분하게 죽음을 기다리며 담담하게 살아가는 사람들을 보았다. 아베 피에르가 바로 그런 경우다. 그는 열일곱 살부터 마음속으로 죽음을 기대하고, 새로운 세상을 진정으로 기다리기 시작했다.

피에르 신부가 어떤 계시나 환상을 통해 사후 세계를 분명히 안 것은 아니지만 그는 분명 미래의 충만한 세계와 하나님과의 아름다운 만남을 갈망하며 살았다. 이 세상의 죽음 후에는 우리를 괴롭히며 우리의 영혼에 족쇄를 채웠던 심적·육적 속박에서 완전히 벗어날 수 있다고 확신했다.

피에르 신부는 영혼의 족쇄가 풀리고 삶의 끈질긴 속박에서 벗어나는 순간, 자신은 마침내 내면의 삶을 아름답게 살 수 있고, 충만한 영혼과 더불어 진실로 사랑하며 살 수 있다고 확신했다. 죽음을 새로운 출생으로, 보다 아름답고 보다 평온하며 사랑이 넘치는 새로운 시작으로 열망했던 피에르 신부는 2007년에 다른 성인들처럼 평온히 잠들었다.

잘 알려지지 않은 소크라테스의 담론서 가운데 하나인 『파이돈』에서 플라톤은 신성한 죽음에 대해 이렇게 말했다.

이 기쁨은 영혼의 순수함을 간직한 채 육신에서 벗어나는 '진정한 철학자'들에게만 주어진다(82c). 왜냐하면 그는 살아있을 때 육신의 광기에서 벗어나 이미 자유로운 존재였기 때문이며(67a), 그의 영혼은 육신의 눈으로 보이지 않는 관념적인 것을 볼 수 있기 때문이며(64e), 사물의 순수한 본질을 알 수 있는 능력이 있기 때문이다(67b). 이런 현인은, 자신의 소중한 영혼이 육신을 타락한 거래에서 벗어나기 위해 일생동안 다른 사람들보다 열심히 살았다(65a).

사실 우리들 대부분은 이런 삶을 살지 못한다. 나도 그리스도인이다. 이미 여러 차례 밝혔지만 나는 그리스도와 마음으로 친밀한 관계를 맺었다. 따라서 나는 죽음 이후의 새로운 세상이 존재한다고 믿으려 한다. 그러나 솔직히 말해서 나는 새로운 세상에 대해서 감각적·이성적 확신이 없다. 이성의 비평적인 관점에서 분명히 말한다면 나는 새로운 세상에 대해 어떤 확신도 없다. 나의 이성은 천국의 존재에 대해 착각과 오류라고 귀띔하며, 죽음 이후에 아무 것도 존재하지 않는다고 말하고 있기 때문이다. 내 안에서 이런 의심이 좀처럼 떠나지 않고 있으므로 마지막 순간에 나의 신앙적 믿음이 이길지 이성적 의심이 이길지 도무지 알 수 없다.

하지만 내가 자신 있게 말할 수 있는 것은, 누구든 죽음을 뛰어넘는 새로운 차원의 형이상학을 이성적으로는 믿지 못한다는 사실이다. 내가 죽음 이후에 존재하는 다른 세상을 느끼거나 깨달을 수 있는 방법은 이성이 아니라, 이성적으로 인정하지 못하는 초월적인 무엇일 수밖에 없다.

모든 철학의 전통들은 영적인 여정 외에도 죽음에 대한 보편적 불안에 맞서는 방법을 가르쳐준다. 죽음을 두려워하지 말고, 죽음이 삶과 연결된 한 부분이라는 사실을 받아들이라는 것이다. 요약컨대, 우리는 죽음에 대한 불안과 두려움을 억지로 없애려 하지 말고 우리가 언젠가 당연히 죽는다는 생각을 하며 살아가려고 노력해야 한다. 결국 죽음에 대한 분명한 인식이 철학의 가장 중요한 목적이 아닐까?

몽테뉴가 다음과 같이 말할 때, 그는 죽음의 의미를 분명히 깨달은 것이다.

철학한다는 말, 다시 말해 참된 지혜를 사랑한다는 말은 바르게 죽는 방법을 배우는 것이다.[01]

자신을 무신론자라고 분명하게 선언한 초기 철학자 가운데 그리스 철학자 에피쿠로스가 있었다. 그는 인간의 죽음이 육신뿐 아니라 영혼까지 포함한 개인의 완전한 소멸이라고 주장했다. 그럼에도 그는 제자들에게 죽음을 두려워하지 말라고 가르쳤다. 그가

---

01 몽테뉴, 『수상록』

그렇게 말한 근거는 두려움이 죽음을 막을 수도 없거니와, 한편으로는 살아있다는 명백한 사실에서 파생되는 희락과 완전한 즐거움을 방해하기 때문이다. 죽음에 대한 두려움은 유익하지도 않으며 무의미한 저항일 뿐이다.

에피쿠로스는 메네세에게 보낸 편지에서, 그때까지 자신이 주장했던 내용을 이렇게 정리했다.

죽음은 우리에게 아무것도 아니라는 생각에 익숙해져라. 사실, 감각 안에서만 선과 악이 존재할 뿐이다. 살아있는 감각이 없으면 선과 악에 대한 느낌도 없기 때문이다. 그런데 죽음은 이미 감각이 사라졌다는 것을 의미한다.

죽음이 우리에게 아무것도 아니라는 생각은 언젠가 죽을 수밖에 없는 삶을 두려워하지 않고 행복하게 이끄는 지혜가 된다. (…) 삶이 끝나면 더 이상 두려울 것이 없다는 사실을 알게 될 때 우리는 삶에 대해 더 이상 두려울 것이 없다 (…) 왜냐하면, 존재하지도 않고 어떤 고통도 주지 않는 것에 대해 미리 고통스러워하는 것은 헛된 일이기 때문이다. 죽음이라는 가장 무서운 악은 우리가 의식하지 않을 때는 우리와 아무 상관이 없다. 왜냐하면, 우리가 살아있을 때는 우리에게 죽음이 존재하지 않고, 우리에게 죽음이 왔을 때는 우리가 존재하지 않기 때문이다.

삶과 죽음은 함께 공존하지 않기 때문에, 존재하지 않는 죽음을 미리 두려워할 이유가 없으며, 죽음이 존재할 때는 우리가 존재하지 않아 감각이 없기 때문에 두려워 할 이유가 없다.

죽음은 살아있는 사람을 위해서도, 죽은 사람을 위해서도 존재하지 않는다. 지혜로운 사람은 삶을 두려워하지 않으며, 죽음도 두려워하지 않는다. 죽음이 닥치는 순간, 두려움도 이미 떠나기 때문이다.

지혜로운 사람은 살아있는 동안에 죽음을 준비하는 사람이다. 여기서 '준비'라는 말은 서서히 다가오는 죽음을 맞기 위해 살아있는 동안 능동적으로 행동하는 것을 의미한다. 마침내 죽음이 찾아왔을 때, 우리는 최선을 다해 인생을 살았다고 생각하면서 후회 없이 떠나야 한다. 그러기 위해서는 자신에게 주어진 삶을 '잘 살아야 하며', 정당하고, 바르고, 옳은 방식으로 자신의 삶을 이끌어야 한다. 다시 말해, 거짓된 행동으로 삶을 왜곡시키면서 자신에게 주어진 삶을 마치 다른 사람의 삶인 양 그릇되게 살거나 세상에 종속되어 살지 말고, 자신이 삶의 주인이 되면서 가능한 한 "진실 안에서 살아야 한다."

정말 두려운 것은 죽음이 아니라 자신이 잘못 살았다고 후회하면서 죽는 것이다. 나는 매일 아침 죽음을 준비한다. 그러나 죽음을 생각하며 불안을 떨쳐내려고 미리 임종연습을 위해 준비하는 것이 아니다. 나의 죽음을 미화시키기 위해 죽음을 아름답게 장식하려는 것도 아니다. 단지 죽음의 의미를 깨닫고 죽음을 준비할 때 삶을 가장 아름답게 살 수 있다고 생각하기 때문이다.

나는 죽음의 진정한 의미를 깨닫고 삶과 통합된 관계로 파악한 스피노자의 주장을 죽음을 준비하는 바람직한 태도라고 생각한다.

자유로운 사람은 죽음 외에 아무것도 생각하지 않는다. 진정으로 자유로운 사람의 지혜는 죽음을 준비하며 사실은 죽음에 대해 생각하는 것이 아니라 역설적으로 삶에 대해 깊이 성찰하는 것이다.[02]

나는 아침에 일어날 때마다 오늘이 내 인생의 마지막 날이 될지 모른다고 생각한다. 그래서 오늘을 인생의 많은 날 가운데 하루의 의미로 받아들이지 않는다. 오늘이 나에게 주어진 시간의 전부이며, 남은 인생의 전부라고 생각하기 때문이다.

다시 말하지만, 어제는 이미 지나갔고 내일은 아직 오지 않았다. 그리고 내일은 영원히 오지 않을지도 모른다. 오늘을 제대로 사는 것이 인생을 제대로 사는 것이다. 오늘 사랑하며 사는 것이 일생을 사랑하며 사는 것이다. 오늘 후회하지 않고 사는 것이 일생을 후회하지 않고 사는 것이다.

오늘을 잘 살기 위해서는 이런저런 사건들에 휩쓸린 채 수동적으로 살지 말아야 한다. 무턱대고 상황에 이끌려 사는 것이 아니

---

02   바루크 스피노자, 『윤리학』, IX, 50

라, 자신을 그리고 사실을 '충분히 의식하며' 사는 것이다. 나에게 주어진 삶의 가치를 포기하지 않는 가운데 가능한 한 가장 멋진 방법으로 오늘의 삶을 사는 것이다.

혼란스럽게 만드는 감정들, 슬프거나 괴롭거나 불안하거나 분노하거나 미워하는 부정적 감정에 휘둘리지 않으면서 나와 다른 사람들을 위해 후회하게 될 행동을 하지 않으면서 사는 방법을 말한다.

마르쿠스 아우렐리우스의 말을 다시 인용한다.

금방 삶을 떠날 누군가처럼 행동하고 말하고 생각해야 한다.[03]

오늘을 가치 있게 사는 사람은 분명한 특징이 있다. 그는 마치 자신에게 '어제'가 있었던 것처럼 다가오는 '내일'이 있다고 생각하면서 많은 시간을 헛되이 꿈꾸며 사는 사람이 아니다. 이미 말했던 것처럼, 꿈은 현재가 아니며 오늘이 아니다. 꿈이 가치를 지니기 위해서는 어떤 방식으로든 현재와 관계를 맺어야 한다. 오늘이 없는 꿈은 절대로 내일을 약속하지 않는다.

오늘이 인생의 마지막 날이 될 수 있다고 생각하며 사는 삶은 부정적·소극적 태도와는 거리가 멀다. 마찬가지로 죽음을 준비하

---

03 마르쿠스 아우렐리우스, 『명상록』

며 살아가는 삶은 부정적 퇴행이 아니라 연속된 오늘, 영원한 오늘을 살아가는 적극적 태도이며 행복한 삶을 위한 지혜가 된다.

요컨대 밤이 되면 평온히 잠드는 것처럼 인생을 평온하게 살아야한다. 어쩌면 내일 잠에서 깨어나지 못할지 모른다. 그날그날 살면서 내 삶에서 마지막을 받아들이는 것이 내가 살아가는 방식이다. 죽음을 매일 준비한다고 말하면서 사실 내가 날마다 준비하는 것은 죽음이 아니라, 죽음을 두려워하지 않고 죽음에 속박당하지 않는 자유로운 삶이다.

웃어라, 웃어라, 또 웃어라

Petit traité de vie intérieure

유머는 사람의 가장 소중한 특성 가운데 하나다. 사람은 말을 배우기 전에 태어나면서부터 이미 웃을 줄 안다. 아기의 첫 웃음은 특별한 의미 없이 만족을 표현하는 것이지만, 어린 아기는 옹알이하기 전에 우스꽝스럽다고 느껴지는 상황을 보면 얼굴에 웃음꽃을 활짝 꽃피운다. 아기는 일상적인 상황에서 벗어나거나 어처구니없을 때 웃게 되는 희극의 특성을 인지한다. 아기에게 웃음을 유발하는 요인은 예상한 것과 달라진 상황의 간격을 의미한다.

웃음은 분명 정신적 특성을 지니기 때문에 철학자들은 웃음의 연구에 적잖은 비중을 두었다. 그러나 대부분의 철학자들이 기질적으로 잘 웃지 않는 것처럼, 웃음에 대한 그들의 연구도 너무 엄숙하거나 말 그대로 우스운 경향이 없지 않다.

르네 데카르트는 그의 마지막 저서 『영혼의 열정』에서 세 장을 웃음 연구에 할애하며 제법 신랄하게 웃음을 분석했다. 스피노자는 『윤리학』 4권에서 웃음의 가치를 한껏 찬양하며 웃음에 '순수한 기쁨'이라는 수식어를 붙였다. 그는 웃음을 집착의 원인이 되는 두려움에서 벗어나기 위해 필요한 자유의 무기라고 소개했다.

나아가, 데카르트는 웃음이 인간을 선하게 만드는 유용한 도구하고 주장했다.

인간의 미덕이 원하는 만큼 인간은 선하게 행동하도록 노력해야 하며, 사람들이 원하는 것처럼 기쁘게 살아야 한다.[01]

앙리 베르그송은 『웃음』에서, 희극적 웃음과 조롱의 웃음을 구별하며 웃음의 다양한 형태와 의미를 분석했다. 또한 우리는 여러 정신과 의사들이 웃음의 효능을 치료에 응용하기 위해 많은 관심을 보였다는 사실을 알고 있다.

1579년 파리에서 로랑 드 주베르가 의학서 『웃음론』을 출간하며 건강에 유익한 유머의 효용성을 찬양한 이후 많은 의사가 웃음의 치료 효과에 깊은 관심을 보였다.

그러나 나는 스피노자의 의미 있는 몇 구절을 제외하고는 웃음에 관한 다양한 이론에 만족할 수 없다. 대부분 핵심에서 벗어난 단편적 내용들이며, 더욱 심각한 문제는 유머의 가장 소중한 가치를 간과했기 때문이다. 다시 말해, 유머를 통해 현실과 의식적인 거리를 두면서 내면의 삶에 매우 유익한 영향을 주는 유머의 실제 효과에 주목하지 못했다고 생각한다. 유머는 현실을 그대로 묘사하는 직접적 서술이 아니라 현실에서 벗어나 다른 관점으로 바라보는 여유에서 비롯되며, 현실이 강요하는 긴장에서 떠나 새로운 해석을 시도하는 것이어야 한다.

---

01 스피노자, 『윤리학』, IX, 50

여기에서 굳이 일반적 의미의 재미있는 코믹과, 세련된 정신적 특성 및 신랄한 아이러니를 담은 익살을 구별할 생각은 없다. 내용이 판이하게 다르지만 모두가 다른 차원에서 나타나는 특별한 형식의 지적 표현이며, 개인들의 균형 있는 의식을 위해 기능한다는 점에서 비슷하기 때문이다.

우리는 유머 감각이 전혀 없는 사람들이 주변에서 갈등을 일으키는 것을 종종 보게 된다. 우리는 그들에게서 본능적으로 사람을 냉정하게 만드는 인간애의 결핍을 느낀다.

유머의 가장 중요한 기능은, 개인들 사이에 우호적인 인간관계를 맺게 한다는 것이다. 서로 모르고 지내거나 어색하게 지내던 사람들이 유머를 통해 가까워지고 마음을 주고받는 친밀한 사이로 발전한다. 유머에 담긴 정신적 특성 때문이다. 유머는 단순히 재미있는 농담이 아니라 서로의 마음을 열게 하고 마음을 나누게 하는 가교(架橋)가 된다.

나는 처음 여행하는 나라에서 가끔 길을 잃곤 하는데, 그럴 때 나는 그 나라 말을 할 줄 모르기 때문에 매우 난감해진다. 언젠가 여행하다가 길을 잃고 비를 흠뻑 맞은 채 거리를 헤맸던 적이 있다. 내가 생각하기에도 정말 우스꽝스러운 모습이었다. 큰 배낭을 등에 맸는데, 앞에서 말했던 것처럼 키가 작았기 때문에 조금 과장해서 말하면 배낭이 땅에 질질 끌릴 지경이었다. 게다가 온몸에 비를 쫄딱 맞은 내 모습은 누가 봐도 웃음이 나왔을 것이다.

지도를 보고 나름대로 열심히 길을 찾아 헤맸지만 별 소용이 없었다. 빗줄기는 더욱 거세지고 밤이 되자 사방이 칠흑같이 어두워졌다. 나는 정말이지 웃을 여유가 없었다. 하지만 경직된 내 마음을 바꾸는 데 한 마디, 가벼운 몸짓 하나로 충분했다. 내가 길을 묻기 위해 다급하게 그 거리의 카페로 들어갔을 때 어떤 사람이 던진 한 마디가 짜증스럽던 상황을 단번에 바꿔놓았다.

그는 카페 문을 밀고 들어오는 내 몰골을 보자마자 마치 기다렸다는 듯 배꼽을 잡고 웃으며 내 모습을 그대로 흉내 냈다. 카페에 있던 손님들이 모두 박장대소했고, 나도 덩달아 웃을 수밖에 없었다.

그의 악의 없는 행동과 예상치 못한 몸짓이 난처한 상황을 아무 일도 아닌 것처럼 바꿔주어 카페에 있던 사람들이 마음껏 웃을 수 있었다. 그들은 각자 마음의 장벽을 허물고 저마다 내가 처한 상황과 연관이 있다고 느끼게 되면서 생면부지의 나를 도울 방법을 찾느라 바빴다. 전혀 예상치 못한 이 사건의 발단은 그저 한 남자의 장난기어린 행동으로 충분했다.

그의 간단한 유머로 모든 일이 순조롭게 진행되었다. 그 카페에 있던 사람들은 내가 한 번도 본 적 없는 외국인들이었다. 하지만

한 남자의 유머로 인해 우리는 모두 어릴 적 동무들처럼 마음을 열었고, 남의 일이라고 생각하지 않고 서로 앞장서 나를 도와주려고 했다. 마침내 나는 혼자 안절부절못하며 발을 동동 구를 필요가 없어진 것이다.

유머의 진정한 가치는 즐거운 시간을 갖는 데 있는 것이 아니라 서로 모르는 개인들이 마음을 나누고 친밀한 관계를 맺는 데 있다. 유머는 사람을 모으고, 즉각적으로 연대를 이루며, 사회적이든 문화적이든 이질적인 장벽을 일시에 허문다. 따라서 유머는 연민이나 지식과 마찬가지로 인간의 소중한 미덕이다.

나는 달라이 라마가 유럽의 지성인, 언론인과 만나는 자리에 참석했던 적이 있다. 달라이 라마는 단순한 성품에도 불구하고, 아니 어쩌면 그때문에 오히려 많은 사람에게 깊은 인상을 남기고 청중들에게 적잖은 권위를 드러내는 인물이다.

달라이 라마와의 만남이 시작될 즈음에는 언제나 묵직한 침묵이 흘렀다. 달라이 라마라는 인물이 주는 중압감과 더불어 다루는 주제의 민감성 때문이었다. 그의 등장에는 예외 없이 첨예한 정치적 문제가 뒤따른다. 그를 언급할 때마다 언제나 티베트의 지도자라는 위치와 세계 강국으로 자리한 중국의 위상이 대립하며 어딘지 모르게 엄숙한 분위기가 감돈다.

매번 모임이 있을 때마다 달라이 라마가 농담을 던지면서 엄숙한 자리의 침묵을 깨고 웃음이 터진다. 파안대소하며 웃는 그의 모습을 볼 때마다 즉각적으로 효과가 나타난다는 것을 알게 되었다. 모임에 참석한 사람들이 달라이 라마에 뒤질세라 함께 웃음을 터뜨리는 순간, 달라이 라마의 모임은 이미 성공했다고 봐야한다. 순식간에 냉기는 걷히고 모든 사람 사이에서 감정의 일치가 일어나기 때문이다.

유머의 두 번째 가치는, 앞에서 말했던 나의 일화에서 본 것처럼 현실에 일정한 거리를 두면서, 문제가 된 상황을 심각하게 여기지 않게 만드는 유머의 힘에 기인한다. 현실에 얽매이지 않고 일정한 거리를 두고 현실을 대하는 것이 얼마나 필요한 일인지 모른다. 낯선 나라에서 전혀 모르는 사람들과 더불어 나의 희한한 모습을 관람객의 입장으로 바라보면서 나는 그 상황을 심각하게 생각하지 않고 도리어 편히 웃을 수 있었다. 웃음은 단 몇 초만에 짜증을 말끔히 씻어주었다. 유머는 이처럼 비극적 상황을 새로운 분위기로 바꾸는 특별한 가치가 있다.

사실 인간의 삶은 질병·실패·부조리·착각이 뒤엉킨 비극이며 마침내 죽음을 맞으면서 절정에 이른다. 우디 앨런이 말했듯이, "삶은 종종 참을 수 없이 힘겹지만 최악은 삶이 멈추는 것이다!"

우리는 의식의 전환을 통해 어떤 상황의 극적이며 불합리한 특성을 강조하면서 상황을 바꿀 수 있다. 그리고 상황에 대한 인식을 바꾸면서 우리를 억눌렀던 상황이 오히려 우리를 웃게 만들며, 가끔은 눈물이 날 정도로 허심탄회하게 웃을 수 있다.

물론 비극적인 상황에서 단지 웃는다고 현실을 바꿀 수 없지만, 우리가 품었던 생각은 분명 바꿀 수 있다. 다시 말해 우리는 종종 고통을 토로하며 상황을 원망하지만, 사실은 상황이 문제가 아니라 그 상황을 고통스럽게 바라보는 생각이 문제일 때가 많다.

예를 들어 자동차 사고가 나면 예상치 않았던 비극적인 상황들이 생길 수 있다. 그때 상황을 바라보며 사실을 인정하고 다음 단계로 넘어가면 그 상황에서 벗어나 새로운 일을 할 수 있지만, 상황에 사로잡히면 고통의 수렁에서 빠져나올 수 없다. 그때 우리는 과거의 사실 때문에 현재의 고통에 머무르게 된다. 하지만 일정한 거리를 두고 바라보면 견딜 수 없다고 생각했던 고통에서 어느 정도 벗어날 수 있다.

많은 영적 전통들이 현실에 유머로 대응하는 방법을 구하면서 그들의 가르침에 유머의 범주를 포함시켰다. 무슬림 사회에서 매우 유명한 나스레딘 호자는 다른 이름으로 '게하' 또는 '고하'로 불리는 인물이다. 그는 순진한 체 넉살을 떨며 익살스러운 유머를 자유자재로 구사한 인물이었다.

나스레딘 호자의 이야기는 부모가 자녀에게 교훈삼아 전해주기도 하고 친구들 사이에서 유행하기도 한다. 그가 주인공으로 등장하는 많은 일화는 수피교도 사이에서 흘러나온 내용들이며, 위대한 영적 스승들의 교훈으로서 가치 있는 정신적 유산이 되었다. 수피교도들은 많은 단편을 지었으며, 특히 유머를 통해서 깊은 영적 메시지를 전파했다.

그중에서도 나는 이 일화를 꽤 좋아한다.

회교국의 최고 통치자 칼리프가 죽은 지 얼마 안 되었을 때의 일이다. 왕좌가 아직 비어있을 때 행색이 남루하기 짝이 없는 거지가 궁에 들어와서는 보란 듯이 왕좌에 앉았다. 대제상은 거룩한 왕좌를 욕보인 거지를 붙잡으라고 호위 군사들에게 명령했다.

그러자 거지가 대답했다.

"내가 칼리프보다 높다."

그 말에 대제사장이 깜짝 놀라 소리쳤다.

"그런 무엄한 말을 하다니! 칼리프 위에는 선지자뿐이다."

기다렸다는 듯 거지가 당황한 기색 없이 태연하게 말했다.

"내가 선지자보다 높다."

대제상은 흥분해서 어찌할 바를 몰랐다. 그는 거지를 즉각 끌어내라고 명령한 뒤 거지에게 소리쳤다.

"뭐라고! 감히 그런 말을 입에 담다니! 선지자 위에는 하나님뿐이다, 하나님!"

거지는 이번에도 놀란 기색조차 없이 곧바로 응수했다.

"나는 하나님보다 높다."

대제상은 이제 거의 쓰러질 지경이 되어 말했다.

"불경이다, 불경! 하나님 위에는 아무것도 없다. 저 놈을 끌어내 당장 죽여라!"

마침내 거지가 말싸움에 마침표를 찍으며 말했다.

"정확히 말했다. 내가 바로 아무것도 아니기 때문에 내가 하나님보다 높다는 것이다!"

아시아에서는 선불교의 유명한 경전들을 살펴보면 가끔 앞뒤가 맞지 않으면서 유머 있는 구절 뒤에 심오한 교훈이 담긴 경우를 보게 된다. 스승이 제자들에게 전달하는 단문이거나 간단한 질문 형식의 짧은 문장으로 되어있다. 이런 글들의 목적은 현실에 대한 사람들이 고정관념을 바꾸고, 제자들의 고착된 자아를 지적해 불교의 깨달음에 이르게 하는 것이다.

다음은 유명한 경전들에서 발췌한 몇 가지 예다.

할 것이 아무것도 없다면 너는 무엇을 하려느냐?

한 손으로 박수치면 어떤 소리가 들리는가?

네게 부족한 것을 네가 가진 것 안에서 찾아라.

경전들의 날선 특징을 넘어서 불교 승려들이 사원에서 서로 주고받았던 재미있는 단편도 많다.

티베트 승려 '시킴'이 그중에 한 이야기를 내게 들려주었다.

두 승려가 함께 길을 걸어가고 있었다. 한 승려는 나이가 많았고, 다른 승려는 젊었다. 그들은 물살이 거센 개울에 도착했다. 거기서 두 승려는 개울을 건너지 못해 안절부절못하는, 매우 아리따운 여인을 만났다.

여인은 그들에게 개울을 건널 수 있게 도와달라고 간청했다. 당황스러워하는 젊은 승려를 아랑곳하지 않고 늙은 승려는 여인에게 자기 등에 업히라고 선뜻 제안했다.

개울을 건너고 나서 두 승려는 다시 아무 말 없이 길을 걸었다.

하루 일과가 끝나고 저녁이 되자 젊은 승려가 늙은 승려에게 따졌다.

"스님은 순결을 서약한 승려인데 어떻게 젊은 여인을 등에 업을 수 있습니까?"

늙은 승려가 그에게 대답했다.

"나는 그 여인을 2분쯤 등에 업고 나서 완전히 잊어버렸다. 그런데 너는 하루 종일 걷고도 지금까지 그 여인을 생각하고 있구나."

나는 유머의 절정을 종교적이든 아니든 상관없이 유대인들의 농담에서 발견했다. 자조적 색채가 농후한 유대인의 예리한 유머 감각이 어디에서 비롯되었는지 자문해 보았고, 그들이 들려주는 영적·실존적 특성을 지닌 유머의 특별한 여유가 도대체 어디에서 나왔는지 궁금했다.

유대인들은 자신들과 하나님, 그리고 삶을, 다시 말해 그들에게 소중한 모든 것을 누구보다 역설로 바라보았다. 나는 거기에는 두 가지 원인이 있다고 생각한다.

하나는 역사적 이유에 근거한다. 유대인들은 오랜 세월을 거치며 끊임없이 박해를 받았기 때문에 고통을 이기기 위해 특별한 아이러니를 발전시켰다. 자신들에 대해, 다른 사람들의 멸시의 눈길에 대해, 오랜 불행에 대해 현실과 거리를 두고 웃는다는 것은 그런 모든 상황을 절대적 운명으로 보지 않고 상대적 사건으로 단순화시키는 효과적 방법이 된다.

두 번째는 종교적 이유에 근거한다. 유대인들은 자신들이 수신인이라고 주장하는 거룩한 사명에 대해 막중한 압박감을 느낄 수밖에 없었다. 성서는 분명 하나님·전능자·우주의 창조자가 유대 민족과 유일한 언약을 맺었다고 말한다. 너무 엄청난 사건이어서 그 중압감을 생각하면 차라리 웃는 것이 낫다!

자신들이 하나님이 선택한 유일한 민족이라고 모든 사람 앞에서 당당하게 증언하는 것이 너무 버거워서 차라리 역설적 유머를 통해 말과 행동 사이, 거룩한 부르심과 개인의 믿음 사이의 간격을 감당한다.

회당에서 나와서 하나님에게 영광을 돌리는 유대 랍비의 이야기가 그런 근간을 표현한다.

랍비는 유대인으로 태어나게 해주시고 사명을 수행하라며 자신을 선택해 주시고 자신에게 하나님을 믿을 수 있는 신앙을 주신 하나님에게 감사드린다.

이런 생각에 잠겨 산길을 걷던 랍비가 그만 발을 헛디뎌 계곡에서 떨어지고 말았다.

낭떠러지로 떨어질 뻔했지만 다행히 나뭇가지 하나를 붙잡았다. 그러나 너무 약해서 언제 부러질지 몰랐다. 끝이 보이지 않는 낭떠러지를 내려다보며 랍비가 겁에 질려 소리쳤다.

"누구 없소? 누구 없소?"

조용했다. 랍비가 다시 소리치자 무슨 소리가 들리는 듯했다. 높은 곳에서 거룩한 음성이 들려왔다. 저 높은 곳에서 들려오는 미세한 음성이었다.

"내 아들아, 네가 부르는 소리를 들었다. 아무것도 두려워하지 말고 가지에서 손을 떼어라. 천사가 너를 끌어안고 낭떠러지 밑으로 안전하게 내려다줄 것이다."

랍비가 아래를 보았지만 아무것도 보이지 않았다. 덜컹 겁이 났다. 랍비가 다시 소리쳤다.

"당신 말고 다른 누구 없소?"

그리스 철학에서 아이러니는 유용한 무기 가운데 하나다. 유명한 키니코스학파(견유학파)는 아이러니를 자신들이 주장하는 가치 전도의 방법으로 사용하는 멋진 용례를 만들었다. 궁정에서 호의호식하면서 아름다운 미덕을 말하는 철학자들의 위선을 조롱하기 위해 그들은 극단적으로 가난한 삶을 살았다.

그들은 실례를 들어 가르치고, 장황한 담론을 피하며 알쏭달쏭한 문장들과 신랄한 아이러니를 사용해 제자들을 가르쳤다. 4세기에 아테네에서 살았던 시노페의 디오게네스는 키니코스학파에서 가장 유명했던 철학자였다. 그는 대낮에도 등불을 들고 거리를 돌아다녔는데, 사람들이 그 이유를 물으면 서슴지 않고 "사람을 찾고 있다"고 대답했다. 또한 '거절에 익숙해지기 위해서'라며 아테네 광장의 움직이지 않는 조각들 앞에서 구걸하는 것도 마다하지 않았다. 사람들의 무관심과 냉정을 비꼰 아이러니의 실행이었다.

디오게네스가 사기꾼에게 걸려들어 노예가 되어 에진느로 끌려갔다. 무엇을 할 줄 아느냐고 묻는 노예 상인에게 디오게네스가 이렇게 대답했다.

"나는 사람을 다스릴 줄 안다. 주인을 구하는 사람에게 나를 팔아라."

자신은 노예가 되어 다른 사람들에게 다스림을 받을 사람이 아니라는 역설적 표현이었다. 디오게네스의 지혜에 존경심을 느낀

상인은 즉시 그를 풀어주었다.

마침내 가난한 철학자를 만나기 위해 알렉산드로스 대왕이 찾아왔다. 알렉산드로스 대왕은 일광욕을 하던 디오게네스를 만나게 되고, 두 사람 사이에 유명한 대담이 이어진다.

대왕이 그에게 물었다.

"무엇을 원하는지 말하라. 네가 원하는 것을 모두 주리라."

디오게네스가 얼굴을 찌푸리며 대답했다.

"아무것도 필요치 않으니 햇볕이나 가리지 말아주십시오."

놀란 대왕이 물었다.

"너는 내가 무섭지 않느냐?"

디오게네스가 되물었다.

"당신은 누구십니까? 선한 사람입니까, 아니면 악한 사람입니까?"

알렉산드로스 대왕은 당연하다는 듯 주저 없이 대답했다.

"나는 선한 사람이다."

그 대답을 기다렸다는 듯 디오게네스가 대왕의 질문에 답했다.

"정녕 그렇다면 선한 사람을 누가 두려워하겠습니까?"

훗날 알렉산드로스 대왕은 "내가 만일 알렉산드로스가 아니었다면 주저 없이 디오게네스가 되고 싶었을 것이다." 하고 말했다고 한다.

디오게네스의 아이러니에 이어 우리는 그보다 조금 전에 살았던 소크라테스와 다시 만난다. 디오게네스와 마찬가지로 소크라테스 역시 상대방을 설득시키기 위해 디오게네스와 같은 무기를 사용했다. 이야기를 듣는 사람을 바른 생각과 의식으로 이끌기 위해 유머와 풍자가 소크라테스의 유일한 수단이 된 듯하다.

그는 이렇게 고백했다.

말이 달리도록 자극하는 등에처럼 언제 어디서나 쉴 새 없이 당신들 하나하나를 자극하고 민감하게 만들기 위해서 나를 택하신 것 같다.[02]

반면에 서양의 오랜 영적 전통 안에서는 유머가 그다지 철학자들의 강한 무기가 되지 못했다는 점이 유감스럽다. 간간이 나타나는 영적 언어를 빼고는 서양철학에서 유머가 가르치는 수단으로 사용된 적이 거의 없다. 몽테뉴, 스피노자, 특히 니체 같은 철학자들이 아이러니를 사용했지만, 그들의 교수법은 서양철학 전체의 흐름에서 보면 작은 예외일 뿐이다.

서양의 정신문화에 오랫동안 영향을 끼친 그리스도교도와 무관하지 않다. 유대인, 불교도, 무슬림의 사조와 달리 그리스도인들의 정신세계에서는 이상하게 유머가 배제되었다. 실제로 복음서를 아무리 뒤져도 유머의 흔적은 좀처럼 찾을 수 없다.

---

02 플라톤, 『소크라테스의 변명』, 30d · 31a

움베르토 에코가 한 수도사에게 던진 다음 질문이 함축된 의미를 담고 있다. 그의 질문은 듣는 사람에게 무언가 잔잔한 충격을 준다.

"그리스도는 한번이라도 웃은 적이 있는가?"

복음서를 보면 예수가 눈물을 흘렸고, 포도주를 마셨고, 음식을 즐겨 먹었고, 화를 냈다는 기록이 있으며 예수가 기뻐했다는 구절도 암시되었지만…, 정작 그가 웃었던 기록이 있는가?

내가 생각하기에는, 많은 무리와 함께 광야와 들녘에서 어울리며 고락을 함께한 랍비 예수가 강대상에서 설교하는 교황처럼 지나치게 형식적인 권위를 드러내며 짐짓 엄숙하게 행동했을 것 같지 않다. 제자들이 예수의 유머에 대해 아무 기록도 남기지 않았던 이유는 제자들이 예수의 촌철살인의 유머를 제대로 이해하지 못했거나, 예수가 의도적으로 제자들이 깨닫지 못하게 말했던 것 같다. 아니면 보통 사람처럼 웃는 하나님의 아들을 소개하는 것이 거룩하지 않다는 제자들의 자의적인 판단에 따라 삭제되었다고 본다.

어쨌든 한 인간으로서 희로애락의 모든 정서를 표현했던 예수가 유독 웃지 않았다는 어설픈 단정은 나는 받아들이기 힘들다.

그리스도교의 전통이 해학이나 유머를 인정하지 않았던 반면 그리스도교의 대중적 지혜서들과, 다행히 유머를 잃지 않았던 일부 성직자들이 교황과 추기경, 신부, 수도사, 종교인을 희극의 무대에 등장시키며 유머를 발전시켰다.

나는 가톨릭의 재미있는 유머를 소개하면서 이 장을 마치게 되어 매우 기쁘다.

한 수도사가 초원을 지나다 사나운 사자와 맞닥뜨렸다.

수도사는 하나님에게 도와달라고 간절하게 기도했다.

"주여! 이 사나운 맹수에게 그리스도의 마음을 부어주소서!"

그러자 놀랍게도 기적이 일어났다.

어슬렁거리며 다가오던 사자가 갑자기 걸음을 멈추고 수도사 앞에 무릎을 꿇었다. 그러고는 두 손 모아 공손히 기도했다.

"하나님! 이렇게 맛있는 음식을 주시니 정말 감사합니다. 아멘!"

20.

세상을 구원할
아름다움을 찬양하라

Petit traité de vie intérieure

나는 이 책의 시작부터 지금까지, 인간성을 함양하기 위해 지식과 선의 탐구, 진리와 사랑의 탐구가 중요하다고 일관되게 주장했다. 그렇지만, 인간의 미덕과 불가분의 관계이면서 충분히 강조되지 않은 또 하나의 본질적 가치가 있다. 내 생각에는, 각각의 사람을 위한 심층적·보편적 가치로서 '아름다움'을 빼놓을 수 없을 것 같다.

철학이 존재한 이래 동서고금의 사상가들과 현인들은 아름다움이 내면의 삶에 부여하는 효과에 주목했다. 나는 철학에 대한 나의 논리를 전개하기 위해 플라톤의 말을 자주 인용해왔다.

플라톤에게 있어서 말로 형용할 수 없는 '절대' 가치는 진정한 진리, 진정한 선의, 진정한 아름다움, 이를테면 진선미(眞善美)의 세 유형에 근거한다. 사람들은 저마다 '이상의 세계'로 자신의 영혼을 이끌기 위해 이 세 가치를 깊이 성찰하고 열망한다. 결과적으로, 진선미의 세 유형은 우리가 추구하는 가치 있는 삶의 원형이 된다.

플라톤의 『향연(Le Banquet)』에 나오는 예문을 보면, 소크라테스는 육신의 아름다움에서 영혼의 아름다움으로 옮겨가는 과정을 설명했다. 그는 무엇보다, 우리의 내면에 존재하는 아름다움을 강조했다.

플루타르코스는 철학자이자 엄격한 도덕가로 잘 알려진 인물이다. 사상가였을 뿐 아니라 서기 1세기에 델포이 신전에서 아폴론을 섬기는 사제였던 플루타르코스는, 플라톤의 사유에 대한 근본적인 의미를 분명히 이해했다.

세상은 가장 위엄 있고 가장 거룩한 사원이다. 본질적으로 인간은 세상에 태어나면서부터 그들이 만든 부동(不動)의 조상(造像)들이 아니라, 신성한 지성이 창조한 살아있는 대상들을 깊이 성찰하기를 원한다. 또한, 살아있는 대상들은 감각적 이미지를 지니기 때문에 우리가 마음으로 느낄 수 있다. 눈에 보이지 않는 실체도 그 안에 삶과 행동의 원리를 담고 있다.

살아있는 대상에는 해와 달과 별 같은 우주와, 끊임없이 물이 새로워지는 강, 동식물에게 먹을거리를 충분히 공급하는 땅 등 우리가 살고 있는 자연이 모두 포함된다. 이런 위대한 실체들에 대한 성찰이 행복한 삶을 위한 가장 완벽한 입문이 되며, 내면의 삶에 마음의 고요와 불변의 기쁨을 전파한다.[01]

자연을 관조하고 자연의 아름다움이 우리 마음에 불러일으키는 경이로운 감정을 그대로 느끼면서 우리는 일상의 굴레에서 벗어날 수 있다. 당신은 이런 아름다움이 곳곳에 있다고 생각하는가?

자연에는 추함이 존재하지 않는다. 추함은 인간이 살아가는 세상에 속할 뿐이다. 더욱이 자연의 아름다움은 무상으로 주어진다.

---

01   플루타르코스, 『영혼의 고요에 대하여』, 477cd

반면에, 돈을 지불하고 사야하는 예술 작품들은 인간의 탐욕과 만나면서 때때로 추한 모습을 지니게 된다.

우리 주변에 펼쳐진 아름다움을 보려면 무엇보다 눈을 크게 뜨고 마음을 여는 방법을 알아야 한다. 석양의 아름다움과 푸른 잎을 비추는 눈부신 햇살을 바라보면서 우리는 진정한 아름다움을 깨달을 수 있다.

아름다움의 대상과 근원은 자연에 국한되지 않는다. 때로는 미소 짓는 아이의 얼굴에서, 때로는 노인의 얼굴에 피어난 주름에서 아름다움을 느끼지 않는가? 거리를 걷거나 골목길을 돌아가다가, 또는 길가의 예쁜 대문을 바라보며 아름다움을 느끼지 않는가? 이처럼 사소한 것들이 내면의 삶을 바꿀 수 있다. 오가다 마주치는 어떤 이의 눈길에서, 거리에서 들려오는 음악의 선율에서 우리는 아름다운 감동을 느낄 수 있다.

종교 전통들은 '아름다움'을 거룩한 신성에 이르는 영적인 길로 생각했다. 종교적 감정의 태동을 연구한 이전의 저서[02]에서 나는 구석기 시대에, 다시 말해 대략 45,000년 전에 종교적 경이가 미적 대상에서 어떻게 발현했고 어떻게 일치했는지 자세하게 설명했다.

---

02   프레데리크 르누아르, 『종교사 소론』, 플롱, 2008

아프리카와 오스트레일리아, 유럽의 원시 동굴들의 벽에 그려진 프레스코 벽화의 아름다움을 통해 종교적 경이감이 어떻게 태동했는지 알 수 있다. 고고인류학자 에마뉘엘 아나티는 이런 동굴들을 보고 '진정한 대성당'[03]이라고 정의했다.

원시종교들은 언제나 미적 감각과 더불어 형성되었다. 완벽한 조화를 이룬 사원들이 세련되게 다듬어졌고, 형형색색의 꽃과 조각과 그림으로 아름답게 장식되었다. 서양의 예술은 종교의 적극적인 참여 없이는 성장할 수 없었다.

가톨릭교회는 화가, 조각가, 음악가, 건축가 같은 예술가들에게 아름다운 성당 건축을 주문했다. 불교, 힌두교, 유대교, 이슬람교처럼 지리적·문화적 배경이 서로 다른 각각의 종교에서도 상황은 마찬가지였다.

제르미니 데 프레의 예배당, 코르도바의 회교 사원, 앙코르와트의 불교 사원 같은 성소를 방문하면 아름다움이 어떻게 인간의 영혼을 '움직이는지' 새삼 깨닫게 된다. 또한 아름다움이 보이지 않는 무형의 가치를 일깨워준다는 사실을 알게 된다.

베르그송은 예술가를 이렇게 정의했다.

---

03   에마뉘엘 아나티, 『예술의 기원에 대하여』, 파야르, 2003, p. 10

예술가는 다른 사람보다 잘 보는 사람들이다. 왜냐하면 그들은 베일로 가려지지 않은 현실을 원형대로 바라보기 때문이다. 화가의 눈으로 본다는 것은 보통 사람들보다 잘 본다는 의미다. (…) 관습에 얽매이지 않고 생활의 편리나 실용에 연연하지 않는 사람은 무엇보다 현실을 굴절 없이 직시하려고 노력하는 사람이다. 바로 그런 사람이라야 예술가가 될 수 있다.[04]

쇼펜하우어는 인간을 불행, 비참함, 왜소함에서 건지면서 새로운 범주에 이르게 하는 예술의 능력에 특히 관심을 가졌다. 그는 예술에는 본질적으로 개인을 세상에 옭아매는 실용적 관계를 초월하는 능력이 있다고 말했다. 또한 예술에는 자신의 고정관념을 거부하는 능력을 담겨 있다고 말했다.

종속 관계에서 벗어난 특별한 지식이 존재하는가? 말 그대로 세상의 본질을 이루는 지식이 존재하는가? 모든 현상의 진정한 기초에 해당하는 특별한 지식이 존재하는가? 변화에 종속되지 않고 일관되기 때문에 영원한 진리라고 말할 수 있는 지식이 존재하는가?

간단히 말해서, 자신의 내면과 조화를 이루며 사물자체와 이성에 대해 즉각적인 객관성을 나타내는 '이데아'에 해당하는 지식이 존재하는가?

---

04 앙리 베르그송, '인간의 영혼에 대한 마드리드 총회', 1916년 5월 2일

이런 지식의 모습이 바로 예술이며 천재성의 발현이다. 예술은 이처럼 자기성찰을 통해 깨달은 영원하고 순수한 이데아, 즉 모든 현상의 본질이며 영원한 가치를 재창조한다.[05]

아름다움은 우리의 궁극적 행복에 관한 미덕이며, 종교에 국한된 가치개념이 아니다. 이른바 '저주받은' 시인 보들레르는 종교에 대한 증오를 숨기지 않았지만 마치 새로운 신을 경배하듯이 자연을 찬양했다. 그는 자연을 "영원한 것들이 의식과 감각을 전달하며 노래하는 아름다운 사원"[06]에 비유했다.

랭보는 보들레르의 뛰어난 예술성에 감탄하면서, "예술을 통해 들리지 않는 소리를 듣게 하고, 보이지 않는 것들을 보게 하는 사람들"[07] 가운데 한 사람으로 보들레르를 '최초의 견자(見者)'라고 불렀다.

나에게 아름다움은 언제나 행복의 근원이다. 얼마나 단순한 행복인가! 단지 눈을 크게 뜨고, 주위를 바라보고, 나에게 감동을 선사하는 음악을 귀 기울여 듣고, 내 안에서 가끔 솟구치는 감정을 노래하며, 시인들이 묘사하는 아름다움을 느끼는 것으로 충분하기 때문이다.

---

05 아르투르 쇼펜하우어, 『의지와 표상으로서의 세계』, III, 36
06 샤를 보들레르, 『악의 꽃』, IV
07 1871년 5월 15일에 랭보가 친구인 폴 데메니에게 보낸 편지

시와 음악은 마음의 언어와 소리의 조화를 통해 다른 예술보다 더욱 강하게 아름다움을 우리에게 전해준다. 나는 아침에 일어나서 바흐의 〈골드베르크 전주곡〉이나 케이트 자렛의 〈쾰른 콘서트〉, 헨델의 〈사라방드〉를 듣지 않고 일과를 시작할 수 없다.

저녁이 되면 잠들기 전에 시를 읽는다. 특히 보들레르나 위고의 시를 좋아한다. 그렇지만 나에게 더 깊은 감동을 주는 시인은 크리스티앙 보뱅이다. 그는 일상의 작은 일을 아름다운 시어로 표현할 줄 아는 뛰어난 시인이다. 보뱅은 특별한 명소에서 만나는 인상적인 풍경이 아니라 길가에서 민들레를 보거나 집 앞 빵집에 들어가다가 등이 굽은 노인과 마주치면 거기에서 아름다움을 표현하고 현실의 긍정적 가치를 끄집어낸다.

보뱅은 종종 생각에 잠긴 채 길을 걷는 우리가 일상에서 만나고, 메일에 답장하려고 휴대폰에 코를 박고 있던 우리가 주변에서 흔히 보는 것과 같이 곳곳에 펼쳐져 있는 작은 아름다움을 멋지게 노래할 줄 아는 시인이다.

그림이나 사진, 영상, 말, 육체, 얼굴, 악보 등을 통해서도 우리는 충분히 기쁨을 누릴 수 있다. 이런 기쁨이 바로 1세기에 시인 루크레티우스가 말한 '신성한 기쁨'[08]이며, 이런 기쁨을 통해 우리

---

08   루크레티우스, 『만물의 본성에 대하여』, Ⅰ, 28

는 뜨거운 열정을 지니며 살 수 있다. 더욱이 이런 기쁨은 원하면 누구에게나 무상으로 주어진다.

아름다움이 세상을 구원할 것이다!

도스토옙스키가 이렇게 예언했다. 시적인 표현으로, 과장된 면이 없지 않지만, "세상에서 아름다움을 발견하는 사람에게 세상은 분명 살 만한 가치가 있으며, 아름다움은 종종 숨겨진 진리와 가치를 일깨워준다. 일상에서 아름다움을 느끼는 사람이 정말 행복한 사람이다."

행복의 조건은 내 안에 있다

물론 결론을 말한 것은 아니지만 내면의 삶에 대한 철학적·영적 탐색을 마치면서 행복의 본질이라고 생각되는 부분을 좀 더 분명하게 밝히고 싶다. 나는 행복이, 주어진 여건보다 내면의 삶에 기인하며 자기실현을 통해 이루어진다고 말했다. 따라서 독자들은 내가 말한 '행복하다'는 의미가 각각의 사람들에게 자신을 알기 위한 노력과 열정, 미덕을 요구한다고 생각할 수 있다. 맞기도 하고 틀리기도 한 생각이다.

틀린 점을 먼저 말한다. 인간의 행복이 끊임없는 노력의 결실이라는 단정은 틀린 생각이다. 왜냐하면 인간의 행복은 무엇보다 자연적, 태생적 조건에 달려있기 때문이다. 이를테면 선천적으로 호르몬 이상을 타고난 사람은 사실 행복하기가 쉽지 않다. 반면에 낙천적이고 명랑한 기질을 타고난 사람은 까다로운 지혜의 탐색을 통해 행복을 추구하는 사람보다 상대적으로 훨씬 유리한 조건을 갖춘 셈이다.

다음은 쇼펜하우어가 『삶의 지혜에 대한 아포리즘』에서 주장한 내용이다.

일반적으로 사람들은 자신이 소유한 것과 보여지는 것을 행복의 조건으로 생각하지만, 사실 행복은 외적 조건보다는 자신의 존재와 개별성에 달려있다. 사람의 운명은 개선될 수 있으며, 마음이 여유로운 사람은 자신에게 많은 것을 요구하지 않는다. 반면 마음이 어리석은 사람은 영원히 어리석은 사람으로 머무르고, 서투른 사람들은 영원히 서투른 사람으로 머무를 수 있다. 그들의 삶이 실존의 세상을 떠나 꿈같은 천상의 미녀들로 둘러싸여 있기 때문이다. (…)

괴테가 말했던 것처럼, "최상의 행복은 인격이다"라는 말의 의미를 되새기게 되는 이유다. 개인의 평안을 위한 본질적 요소는 이미 자신의 내면에 있다. 자신이 느끼는 감정과 판단의 결과인 평안과 두려움은 자신의 마음과 생각에 종속되기 때문이다. 똑같은 환경이 주어져도 각각의 사람은 서로 다른 세상에서 살아간다. 이유는, 동일한 사건들이 각각의 사람들에게 서로 다르게 영향을 미치기 때문이다.

어떤 사람은 행복의 잠재 요소를 다른 사람들에 비해서 많이 지니고 태어난다. 행복이라는 단어의 어원인 그리스어 유다모니아 eudamonia가 명시적으로 설명하는 내용이다. "좋은 다이몬däimon을 지니고 있다"라는 뜻의 유다모니아, 즉 행복은 의역해서 말하면 "좋은 운명의 별을 지니고 있다"는 뜻으로 해석된다. 행복의 조건은 운명에 종속된다는 의미를 암시하는 것으로, 부분적으로는 타당성이 있지만 보편성을 지닌 정의는 분명 아니다.

반면에 선천적 조건이 아니라 내면의 진지한 탐색이 행복을 추구하는 정당한 방법이 될 수 있다. 자신에 대해 진지한 내면의 탐색은 새로운 가치를 부여한다. 다시 말해 자신에게서 소중한 내면의 가치를 발견하는 것은 행복할 수 있는 요소를 선천적으로 덜 지닌 사람들과 어린 시절을 고통스럽게 지낸 사람들이 마음의 상처를 치유하고 새로운 의식으로 전환하는 유용한 가치가 된다.

내가 개인적인 경험을 통해 설명했던 내용이 바로 이것이다. 돌이켜보면 나는 본래 낙천적 기질을 타고났던 것 같다. 단지 마음속에 새겨진 고통스러운 상처 때문에 내가 오랫동안 행복에 다가서지 못했을 뿐이다. 철학과 심리학, 나아가 영적 탐색은 나 자신을 알 수 있게 도와주었으며, 어려움을 이해하고 해결하도록 도와주었다. 이 책의 프롤로그에서 말했던 것처럼, 지혜의 탐구를 통해 나는 과거에 비해 훨씬 조화로운 삶을 살고 있다. 저마다 감수성이 다르더라도 나의 경험은 비단 나뿐만 아니라 모든 사람에게 유익하리라고 생각한다.

자신을 알고 절제하면서 다른 사람들과 바르고 사랑스러운 관계를 맺는 것은 자신의 삶을 더욱 안정되고 지속적 평안에 이르게 하기 때문이다. 내면의 근본적인 변화가 아니라 순간적인 감정에 의존할 때 우리가 느끼는 행복은 지극히 나약한 것이 되고 만다. 매우 행복하다고 느끼다가 별 것 아닌 일로 감정이 뒤틀어져 금세 행복하지 않다고 느끼게 된다. 우리는 일상의 반복되는 이런 경험을 통해 행복은 결코 완전하게 주어지는 것이 아니라는 사실을 분명히 깨닫는다.

지혜는 삶의 부침(浮沈)과 돌발적인 상황들에 대해 보다 잘 대처할 수 있게 도와준다. 또한 지혜는 행복한 순간들을 마음껏 누리게 도와주고, 고통스러운 순간에 절망하지 않게 도와준다. 우리의 마음을 지켜주고 기쁨, 슬픔과 더불어 삶을 있는 그대로 받아들이는 방법을 가르쳐주며, 가능한 한 불행하다는 의식을 떨쳐내는 방법도 일깨워준다.

또한 지혜는 유연하고 주의 깊게 삶의 연속된 순간들과 동행할 수 있게 하며, 다른 사람들과 맺는 우호적 관계의 중요성을 일깨워준다. 사람은 본질적으로 주변에 다른 사람들이 없거나 다른 사람들의 행복을 바라지 않으면서 혼자 행복하게 살 수 없다. 지혜는 결국 행복의 여건이 선천적으로 충분하든 부족하든 그것에 상관없이 우리가 이전보다 잘 살 수 있도록 도울 것이다.

마지막으로 나는 이 책에서 크게 다루지 않았던 중요한 개념을 덧붙이면서 마무리하고자 한다. 그것은 스피노자가 『윤리학』에서 말한 것처럼, '존재하는 것과 산다는 것', 다시 말해 삶과 존재의 심층에 기쁨이 존재한다는 소중한 가치다. 충만한 기쁨이 삶에 내재하기 때문에 우리는 그것을 보고 받아들여야 하며, 마침내 드러나도록 노력해야 한다.

우리는 심리학적·철학적 탐구를 통해서 기쁨이 내면에서 흘러나오는 것을 방해하는 장애물을 제거할 수 있다. 우리가 참된 진리와 선의, 아름다움이라는 삶의 원형을 탐색하려는 것은 진선미 안에서 내면의 기쁨을 맛볼 수 있기 때문이다.

인생의 참된 가치 안에서 비로소 기쁨을 느끼기 때문에 우리는 참된 가치를 깨닫기 위한 지혜의 탐구를 멈출 수 없다. 사랑을 맛보았기 때문에 사랑하는 방법을 아는 것처럼 행복을 맛보았기 때문에 행복을 알며, 행복하기 위해 우리의 내면에서 아름다운 미덕이 점점 성장하기를 바란다. 금욕에 이르게 하는 것이 기쁨일 수 있지만, 기쁨에 이르게 하는 것이 금욕은 아니다. 우리의 삶, 즉 인간의 삶은 고행과 금욕에서 기쁨을 구하는 것이 아니라, 적극적인 삶·긍정적인 삶을 매개로 기쁨을 얻고 행복을 쟁취한다.

무엇이 성공한 삶인가?

- 소크라테스와 자크 세겔라의 가상 대담 -

2009년 2월 13일, 텔레마텡(프랑스 2 텔레비전) 방송 스튜디오에서 프랑스 광고인 자크 세겔라가 이런 말을 했다.

대통령이 롤렉스 시계를 찼다고 어떻게 비난할 수 있는가? 그 나이쯤 되면 웬만한 사람이면 롤렉스를 가지고 있다. 만약 쉰 살이 되어서도 롤렉스가 없다면 그는 인생을 망친 사람이다!

플라톤이 쓴 책의 열렬한 독자인 나는 자크 세겔라의 이런 말에 대해서 과연 소크라테스라면 어떻게 생각할까 자문해보았다. 문제는 옛날 사람들이 얼마나 불행했을까 가늠하는 부수적인 잣대로서 롤렉스 시계가 그 당시에는 없었다는 사실이다. 물론 그것은 별로 중요하지 않다. 고대에 롤렉스에 해당하는 성공의 상징이 있으면 되기 때문이다. 나는 그 당시에 어떤 물건이 롤렉스 시계의 상징적 가치를 지녔을까 곰곰 생각해 보았지만 소용이 없었다.

　고대사를 뒤져보았지만 성공한 삶의 상징으로 소유해야 하는 소중하고 필수적인 것으로서 롤렉스에 해당하는 물건을 그리스-로마 사회에서 찾을 수 없었다. 물론 당시에도 부와 권력의 상징은 많았다. 집의 크기에서부터 하인의 숫자까지 다양한 기준이 있었고, 보석의 소유는 성공한 삶의 잣대로 불가결한 요소였다. 하지만 오늘날의 우리에게 성공한 삶의 상징으로 여겨지는 롤렉스처럼 어딘지 우스꽝스러운 성공의 징표는 찾아볼 수 없었다.

　나는 고대사회 연구에 뛰어난 현대사학자 가운데 한 사람인 르네 고시니René Goscinny에게 눈길을 돌렸다. '아스테릭스' 만화시리즈를 만든 고시니는 나에게 해답의 열쇠를 주었다. 고시니의 만화 『신들의 전당』을 보면 당시에 유행하던 성공의 상징은 '아트리움 (일종의 안뜰)'에 선돌을 소유하는 것이라는 구절이 나온다.

　물론 오랜 세월의 간격이 있지만, 나는 로마 원형경기장에 참관하는 소크라테스를 상상해 보았다. 사람들이 방목장에 갇힌 그리스도인들을 사자에게 던져주고, 유혈이 낭자한 검투사들의 시체를 치우는 막간을 이용해서 경기장의 연사 막시무스가 당대의 유명한 거상(巨商)이자 광고인인 야코비스 세겔리우스 보니멘투스에게 황제의 호화로운 삶에 대해 질문하자 그는 주저 없이 이렇게 대답했다.

모든 사람은 자기 정원에 멋진 선돌을 가지고 있다. 만약에 나이가 서른이 되어서도(당시에 쉰은 너무 많은 나이다) 자기 정원에 선돌이 없는 사람이 있다면, 어쨌든 그는 인생을 망친 사람이다.

군중들은 환호했고 소크라테스는 그 말을 듣고 곰곰 생각했다. 경기가 끝나자 수백 명의 시민들이 앞 다퉈 선돌을 사러 달려가는 모습을 소크라테스는 가만히 지켜보았다. 내심 당황한 소크라테스는 그들 가운데 한 사람을 붙잡고 물어보았다. 두 사람의 대화가 이렇게 시작된다.

소크라테스: 줄리우스 크레티누스(어리석은 자의 이름이다), 어디를 그렇게 바삐 달려가는지 말해주겠나?
크레티누스: 경기장에서 세겔리우스가 하는 말을 듣지 못했습니까? 나는 지금 선돌을 사려고 급히 콘도티로 가는 중입니다.
소크라테스: 왜?
크레티누스: 서른 살이 되도록 자기 정원에 선돌이 없으면 인생을 헛산 것이라고 말하지 않던가요? 내 나이가 지금 스물아홉 살이니 망설일 시간이 없어요. 다른 사람들이 나에 대해 그렇게 말하는 소리를 듣고 싶지 않으니까요!
소크라테스: 그러니까, 말하자면 자네가 그렇게 확신해서가 아니라

다른 사람들이 선돌을 사야한다고 말하니까 자네도 사겠다는
말인가? 그렇다면, 자네가 생각하기에 정말 자네는 인생을 망
쳤나?

크레티누스: (잠시 생각하다가) 아닙니다. 나한테는 사랑하는 아내와
아이들이 있습니다. 또 크지는 않지만 예쁜 집이 있고 친구들
이 많습니다. 물론 걱정거리가 있기는 하지만, 내 인생이 불만
족스럽기보다는 오히려 만족합니다.

소크라테스: 그렇다면 나름대로 성공한 삶을 살고 있다고 생각하면
서 자네는 왜 선돌을 사러 달려가는가?

크레티누스: 아마 나에 대해 다른 사람들이 그렇게 생각하지 않기
때문일 겁니다. 선돌을 정원에 보란 듯이 갖다놓으면 사람들은
분명히 내가 성공한 사람으로 생각할 겁니다.

소크라테스: 그럴 수 있겠군, 크레티누스. 일반적인 의견이 그렇
다면 자네도 그렇게 생각할 수 있겠지. 그렇지만, 그것이 사실
이 아니라는 것을 분명히 알면서도 진정한 만족을 얻을 수 있
을까?

크레티누스: 아무래도 진정한 만족은 아니겠죠. 그래도 친구들이나
이웃에서 그렇게 생각하리라는 것만은 분명합니다.

소크라테스: 자네는 정원에 선돌이 있는 사람을 알고 있나?

크레티누스: 물론이죠, 소크라테스 선생님. 하나가 아니라 여럿을

알고 있습니다!

소크라테스: 자네는 아무 의심 없이 그들이 정말 행복하고 성공적인 삶을 살고 있다고 확신하는가?

크레티누스: 절대 그렇지 않습니다. 클라우디우스는 결혼 생활이 아주 불행합니다. 루치우스는 사업이 망했다며 직업을 바꿔야겠다고 불평을 늘어놓습니다. 코르넬리우스는 큰 부자이기는 하지만 낙마 사고를 당한 후 지금까지 건강을 회복하지 못하고 있습니다. 카이우스는 아들과 불화가 아주 심해서 가정이 별로 편치 않습니다. 지금 제가 말씀드린 사람들이 정말 행복하다고는 할 수 없을 것 같습니다.

소크라테스: 그런데도 여전히 정원에 선돌이 있으면 성공적인 삶이라고 생각하나?

크레티누스: 사실 많은 사람이 그렇게 생각합니다.

소크라테스: 하지만 자네는 그 생각이 틀렸다는 것을 이미 알고 있군!

크레티누스: 네, 그렇습니다.

소크라테스: 자네가 알고 있다면 이미 다른 사람들도 알고 있는 것이네. 우리는 정원에 멋진 선돌이 있는 사람 가운데도 어리석은 사람들, 악한 사람들, 불행한 사람이 많다는 사실을 이미 알고 있네.

크레티누스: 그렇습니다.

소크라테스: 자네가 그렇게 생각한다면서 자네의 정원에 선돌이 있기 때문에 다른 사람들이 자네를 성공한 사람으로 생각하리라고 믿나?

크레티누스: 그러지는 않을 것 같습니다, 소크라테스 선생님.

소크라테스: 그렇다면 자네는 세겔리우스가 한 말이 거짓이고 어리석다는 사실을 경험적으로나 이성적으로 이미 잘 알면서 왜 선돌을 사려고 했는가?

크레티누스: (머뭇거리며) 선생님 말씀이 옳습니다. 제가 깊이 생각지 않고 군중을 좇아 부화뇌동했군요. 이제 발걸음을 돌려 집으로 돌아가겠습니다.

소크라테스: 자네가 정말 선돌을 원한다면 자네를 위해 선돌을 사러 가게. 하지만 선돌이 자네에게 진정한 행복을 안겨준다거나 성공한 사람의 징표라는 생각은 하지 말게. 만약 다른 사람들의 부러움을 사기 위해 보란 듯이 선돌을 과시하는 사람을 만나거든 그를 부러워하지 말고 차라리 연민을 느끼게. 그런 사람이야말로 정말 실패한 사람이니까!

다시 자크 세겔라에게 돌아가자. 〈텔레마텡〉의 대담 방송이 나가고 며칠이 지난 2월 20일, 그는 시청자들의 빗발치는 비난을 받으며 〈카날플뤼Canal+〉 프로그램에 출연해 자신의 실수를 인정했다.

나는 정말 어리석은 말을 했습니다. 자승자박한 꼴입니다. 사람들은 내가 대화를 잘하는 사람이기를 기대했지만 그 기대에 부응하지 못했습니다.

잘못을 인정한 것은 물론 잘한 일이다. 일부 시청자들의 격렬한 분노 앞에서 자크 세겔라가 자신의 잘못을 인정했지만 여전히 뒷 맛이 개운치 않다.

비슷한 상황을 상상해보자. 그의 옛 조상이 대중들의 분노 앞에 자신의 잘못을 고백하고 며칠 뒤 소크라테스를 만났다고 한번 가 정해보자.

세겔리우스: 당신도 이미 알고 있겠지만, 내가 사람들 앞에서 잘 못을 인정했네. 자네는 내 사과에 대해 진심을 이해할 수 있을 걸세.

소크라테스: 내가 자네의 말을 제대로 이해한 것이라면, 자네는 지 금 잘못 말했다고 인정했다는 뜻이군. 다시 말해 자네가 거짓 말을 했다거나 어리석게 행동했다고 말하지 않았다는 것이네.

세겔리우스: 무슨 뜻인가, 소크라테스?

소크라테스: 자네가 지금 유감스럽게 생각하는 것은 말을 잘못했다 는 것 아닌가?

세겔리우스: 그렇다네.

소크라테스: 그렇다면 자네가 생각한 형식에 대한 유감일 뿐 내용에 대한 반성이 아닐세.

세겔리우스: 무슨 뜻인가, 소크라테스?

소크라테스: 만약에 자네가 거짓을 말했거나 사실을 왜곡했다고 생각했다면 자네는 "나는 왜곡된 말, 거짓말을 했다"고 말했어야 하네. 그런데 자네는 단지 말을 잘못했다고 하지 않았는가? 자네가 한 말의 의미를 추론해보면 자네는 잘못을 말했기 때문이 아니라 말을 잘못해서 군중의 비난을 받았다고 생각하는 걸세.

세겔리우스: 나보고 어떻게 하라는 건지 도통 모르겠군.

소크라테스: 아닐세, 세겔리우스. 자네는 이미 잘 알고 있네. 다만 그런 말을 듣고 싶지 않은 걸세. 나는 지금 자네가 말을 잘못했다고 비난하는 것이 아닐세. 내가 자네를 비난하는 건 자네가 말하지 말아야 하는 것을 말했다는 사실일세. 물론 자네는 대중에게 좋은 인상을 주려고 한 행동일 테지만, 나는 미덕을 지닌 인간으로서, 자네가 사람들을 속인 사실을 잘못이라고 말하기를 기대하네.

세겔리우스: 자네는 나를 지나치게 비방하는 걸세.

소크라테스: 내게 진실을 말해주게, 세겔리우스. 자네는 정말 정원에 선돌이 있는 것이 성공한 삶의 상징이라고 믿는가?

세겔리우스: 간교하군, 소크라테스. 내가 그렇다고 말하면 당신은 나를 황당하다고 비난할 테고, 아니라고 말하면 내가 거짓말했다고 말하겠지. 이렇게 말하면 나를 어리석다고 여길 테고, 저렇게 말하면 내가 허풍을 떨었다고 말할 테지.

소크라테스: 일단 자네에 대한 인상이나 다른 사람들이 자네를 어떻게 생각할지는 잊고 진지하게 대답해보게, 세겔리우스. 자네가 보기에 정말 성공한 삶의 징표는 무엇이라 생각하나? 정원에 선돌을 두고 사는 것인가, 아니면 뭔가 다른 가치를 지니는 것인가?

세겔리우스: 솔직히 말해 후자라고 생각하네.

소크라테스: 선돌을 소유한 사람들이 실제로는 불행한 사람들이거나, 주정뱅이들이거나, 방탕한 사람들, 무식한 사람들이라서 사람들이 부러워하기는커녕 오히려 마음속으로 멸시하는 경우를 본 적이 없나?

세겔리우스: 그런 경우를 부인할 수는 없네, 소크라테스.

소크라테스: 그러면 다른 관점에서 말해보지. 선돌을 소유하지 않았거나 소유할 여력이 없는 사람들이 오히려 행복하고, 미덕을 갖추고, 사랑스러워서 다른 사람들이 그들을 닮고 싶어 하는 경우를 본 적이 없는가?

세겔리우스: 그런 경우를 종종 보았네.

소크라테스: 그렇다면 간단하게 결론지을 수 있겠군. 선돌이나 값 비싼 물건을 소유했다는 사실이 성공한 삶과 실패한 삶을 가르는 정당한 기준이 될 수 없는 걸세. 자네는 결국 자네 정원의 선돌만큼이나 터무니없는 부조리를 마치 진리인 양 주장한 걸세.

세겔리우스: 사실 할 말이 없네. 자네 말을 기꺼이 인정하지. 어떤 물건의 소유가 사람들을 지속적으로 행복하게 하지 못한다는 자네의 말은 전적으로 옳다네. 나는 다만 장난삼아 내가 그렇게 말하면 사람들이 어떻게 행동하는지 보고 싶었던 걸세. 역시 자네 명성은 헛된 게 아니군.

소크라테스: 자네가 자신과 주변 사람들을 관찰해볼 때 사람을 행복하게 만들고 정말 성공한 삶의 징표가 될 수 있는 게 뭐라고 생각하는가?

세겔리우스: (한동안 생각에 잠긴다.)

소크라테스: 좋은 평판인가? 황금이 가득 들어있는 금고인가? 많은 하인들인가? 아니면, 좋은 친구들과 평온하고 맑은 영혼처럼 내면적인 무엇인가? 진리와 선의와 아름다움을 깨닫는 지식이 아닌가? 미덕을 갖추고 자신과 다른 사람들을 존중하는 삶이 아닌가?

세겔리우스: 아무래도 후자인 것 같네.

소크라테스: 그러니까 결국 자네는 어리석은 자가 아니라 거짓말쟁이인 걸세.

세겔리우스: 말이 너무 지나치군, 소크라테스! 나는 일 때문에 그런 말을 했던 걸세.

소크라테스: 무슨 말인가?

세겔리우스: 물건을 팔기 위해 조금 과장되게 광고를 반복하다보니 나는 이제 거짓된 것과 진실한 것들을 구별하지 않게 되었네.

소크라테스: 그렇다면 자네는 더 이상 오류에서 진실을 분별하고, 악에서 선을 분별할 수 없을 만큼 왜곡된 어떤 것에 익숙해졌다고 인정하는 걸세.

세겔리우스: 나는 아주 어려운 일을 하고 있네, 소크라테스. 제품을 팔려면 품질을 과장할 수밖에 없다네. 나는 이미 오래전부터 진리와 선에 대해 깊이 생각하지 않았네. 내게 필요한 가치는 말을 통한 효과와 그에 따른 이익이니까!

소크리테스: 자네는 결국 돈에 집착한 나머지 그럴듯한 말을 지어내는 데 급급한 궤변론자가 된 걸세. 자네의 관심은 이제 변론술을 통해서 청중들을 설득하는 것뿐이네.

세겔리우스: 사람들은 각자의 직업이 있네, 소크라테스. 자네는 철학자이기 때문에 진리를 추구하는 게 아닌가? 반면에 나는 가끔 허풍을 떨며 돈을 벌려고 애쓰는 장사꾼이네. 각각의 사람

이 자기 일을 하면서 사는 것을 무조건 나쁘다고 할 수는 없잖은가?

소크라테스: 세겔리우스, 이제야 정직하게 말했네. 하지만 자네의 말을 들어보면 한 가지 사실을 분명히 알 수 있네. 자네나 자네 같은 부류의 사람들은 이익을 제외한 다른 가치에는 도무지 관심이 없군. 개인의 행복이나 성공한 삶에 대해 자네가 말하는 것을 들어보면 그 무지와 어리석음에 그냥 웃음만 나오는군.

세겔리우스: 아마 그 말이 맞을지 모르네, 소크라테스. 자네 말처럼 차라리 웃고 즐겁게 마시게나. 우리가 내일 당장 죽을지도 모르지 않는가!

소크라테스: 그래, 그것이 바로 우리 모두가 애써 진리를 찾아야 하는 근본적인 이유일세, 세겔리우스. 인생은 기분전환이나 하고, 덧없는 재물들을 모으려고 발버둥 치며 살기에는 너무 짧기 때문이네. 곧 사라져버릴 헛된 가치에 연연하기보다는 인생의 진정한 의미를 찾고 영혼을 풍요롭게 가꾸며 살아야 하네.

인생은 너무 짧기 때문에 우리가 정말 누려야할 진선미의 소중한 가치를 잃는다면 우리는 행복을 말할 수도, 성공한 삶을 말할 수도 없다네!

행복은 소극적 버리기가 아니라 적극적 행동에서 비롯된다

사람들은 너나없이 행복을 추구한다. 인간이기 때문이다. 인간의 특성에 대한 다양한 정의가 있다. 이성적 동물, 사회적 동물, 가인의 후예, 도덕적 존재, 영적 존재 등 많은 정의가 있지만, 인간의 고유한 가치를 고려해 보다 분명하게 정의하면 인간은 '행복을 추구하는 존재'다. 삶의 목적은 가까스로 살아남는 생존이 아니라, 적극적으로 살아가는 삶을 통해 궁극의 가치실현, 곧 행복한 삶이기 때문이다.

행복을 추구하려면 먼저 행복의 의미와 행복을 얻는 방법을 알아야 한다. 동서양을 막론하고 가장 손쉬운 접근으로 '버리기'를 주장한다. 인간의 행복을 가로막는 장애물을 먼저 버려야 행복에 이를 수 있다는, 지극히 당연한 논리에 근거한다. 따라서 욕심을 버리고, 걱정을 버리고, 생각을 버리고, 두려움을 버리고 집착을 버리고 심지어 자아와 사랑마저 버려야 한다고 말한다. 일면 타당한 주장이다. 무가치한 것들을 먼저 버리지 않고는 가치 있는 것으로 채우지 못하기 때문이다.

설령 버리는 것이 전제가 된다고 하더라도 버리는 것이 절대로 목적이 될 수는 없다. '버리기'는 다음 단계를 위한 과정일 뿐이며, 삶의 목적은 진정한 가치로 채우는 것이 되어야 한다. 다시 말해 목적과 수단이 혼동되지 않아야 한다. 수단은 수단의 위치에서 의미가 있을 뿐 목적의 자리를 탐할 때 우리의 삶은 왜곡될 수밖에 없다.

'버리기'가 분명 조용하고 평화로운 삶을 위해 소중한 수단이지만, 그 자체로 행복한 삶이라고 생각하지 않는다. 행복은 보다 적극적인 삶, 보다 가치 있는 삶, 보다 역동적인 삶을 지향하기 때문이다. 불행을 버리는 것이 행복이 아니라 행복을 얻는 것이 진정한 행복이다.

이 책은 행복하게 살기 위한 방법과 구체적인 조건들을 제시한다. 물론 책 한권으로 인간의 행복을 보장하는 완전한 지침을 기대하지 못한다. 그러나 고통스러운 삶을 살았던 저자가, "나는 과거에 비해 훨씬 행복하다"고 고백하듯 우리는 '버린다'는 소극적 포기가 아니라 '아름다운 가치를 실현한다'는 능동적 획득을 통해 보다 윤택하고 즐겁게 살 수 있다. 다시 말해, 행복을 꿈꿀 수 있다.

모두 알고 있는 '황금률'에서 능동과 수동의 명백한 차이를 느낄 수 있다.

네가 당하기 싫은 일을 이웃에게 하지 마라. 그것이 율법의 전부이며, 나머지는 주석에 불과하다. - 힐라리우스

다른 사람이 원하지 않는 일, 즉 다른 사람에게 악행을 저지르지 말라는 가르침이다. 도덕률의 소중한 가치로서 공동체에서 살아가는 모두가 지켜야하는 불문율이다. 그러나 악행의 금지만으로는 충분하지 않다. '하지 말라'는 단지 악행의 금지일 뿐 아니라 부정명령으로 결국 행위의 금지를 말한다. 우리가 보다 가치 있는 행동을 하려면 악행의 금지에 머무는 것이 아니라 적극적으로 선한 행동을 하는 것이 중요하다. 다시 말해 '하지 말라'의 소극적 금지가 아니라 '… 하라'의 적극적 행동이 바람직하다.

다른 사람이 당신에게 해주기 바라는 대로 당신도 다른 사람에게 하라. 무엇이든지 남에게 대접을 받고자 하는 대로 너희도 남을 대접하라.

악행의 소극적 금지가 아니라 선행의 적극적 명령이다. 악한 일을 다른 사람에게 하지 않는다는 금지에 머물 때, 물론 해를 끼치지 않는 도덕적 행동이 되지만 자신에게 돌아오는 보상도 없다. 반면에 적극적으로 다른 사람에게 선을 행할 때 우호적인 관계가 형성된다. 행복한 삶을 말하면서 관계의 개념을 떠난다는 것은 사실 의미가 없다.

우리는 원하든 원하지 않든 다른 사람과 관계를 떠나서 살 수 없으며, '좋은 관계'는 그만큼 내면의 삶을 윤택하게 만들기 때문이다. 그러나 적극적인 선행이 관계의 개념에 머물지 않는다. 보다 본질적 가치는, 다름 아닌 자신의 마음에 솟아오르는 기쁨이다. 다른 사람에게 선을 행했다는 의식은 분명 우리의 마음에 기쁨을 주기 때문이다. 결국 소극적 금지가 아니라 적극적인 삶을 통해 우리는 행복한 삶에 한걸음 가까이 다가서는 것이다.

능동적 삶을 강조한다는 말이 '버리기'에 대한 부정이 아니다. 버릴 것을 버리지 못하면 결국 택할 것을 택하지 못하는 딜레마에 빠지기 때문이다. 심각한 고민에 빠지고 모든 희망을 상실한 채 절망에 빠진 사람은 긍정의 삶을 살지 못한다. 따라서 버릴 것과 택할 것, 부정과 긍정, 금지와 허용의 분별력이 필요하다.

이 책의 첫 장은 "삶에 '예'라고 대답하라"는 긍정의 삶으로 시작한다. 다시 말해 인정할 사실 혹은 인정하고 싶지 않은 사실에 대해서도 먼저 받아들이라는 의미다. 저자가 자신의 경우를 말했듯이, 160cm 남짓한 작은 키가 열등감을 부추겼지만 받아들일 수밖에 없는 불변의 사실이다. 자신의 힘으로 변화시킬 수 없는 대상을 부정하는 것은 자신의 삶을 후회와 한탄의 굴레에 가둘 뿐이다. 이런 경우에 선택해야 하는 결정은 사실을 인정하고 다른 가치를 찾는 것이다. 반면에, 비만이 문제였다면 나름대로 변화를 위해 노력해야 한다. 긍정의 삶을 산다는 말은 결국 버릴 것과 택할 것을 분별하기 위해 사실을 인정하고, 사실을 바탕으로 행동을 선택한다는 말이다.

저자는 적극적인 삶의 자세를 강조한다. 보다 가치 있는 삶, 보다 행복한 삶을 살기 위해서 적극적인 행동이 전제가 되기 때문이다. 행복은 주어지는 것이 아니라 획득하는 것이다. 따라서 행복한 삶을 살기 위해 우리가 선택하는 삶은 적극적으로 그리고 능동적으로 행동하는 삶이다. 가치를 향해서, 행복을 위해서 과감하게 나아가는 삶이다.

행동하는 삶에는 분명히 위험이 따르고, 고통이 따르고, 실패가 뒤따른다. 행동한다는 의미는 이미 선이 그어진 평탄한 길을 가는 것이 아니라 때로는 가치있는 삶을 위해서 거친 길을 개척하며 나가야 하기 때문이다. 중요한 것은 고통과 실패가 행복과 모순되는 가치가 아니라는 점을 깨달아야 한다. 때로는 고통을 지나고 나서 기쁨이 있고, 실패를 겪고 나서 성공이 있다. 고통과 실패를 겪는 것이 행복과 반대의 길을 가는 것이거나 행복과 동떨어진 삶이 아니라 전체로서 하나의 삶을 이루는 부분이라는 인식의 전환이 필요하다. 다시 말해 행복과 불행이 만나고, 고통과 기쁨이 만나는 길이 삶의 여정이며, 행복한 삶을 이루는 일부가 된다.

프레데리크 르누와르의 『내면의 삶』은 출간된 첫날 프랑스 아마존의 종교·영성 부문에서 베스트셀러 1위를 차지했을 뿐 아니라 프랑스 전체 도서에서도 최고의 베스트셀러로 선정된 화제의 책이다. 책의 내용이나 삶을 바라보는 관점이 독자들의 뜨거운 호응을 받았기 때문이다. 또한, 철학서나 종교서로서 이론만이 아니라 누구나 만날 수 있고 만나기 원하는 '행복한 삶'을 주제를 담았기 때문이다.

전체 20장으로 구성된 『내면의 삶』은 행복한 삶을 살기 원하는 모든 사람을 위해 하나같이 소중한 삶의 지표들이다. 독자들의 풍요로운 '내면의 삶'을 위해서 많은 도움이 되기 바란다.

2023년 11월
옮긴이 **강만원**

내면의 삶 인생은 어떻게 풍요로워지는가
Petit traité de vie intérieure

지은이 | 프레데리크 르누아르 Frédéric Lenoir
옮긴이 | 강만원

펴낸곳 | 마인드큐브
펴낸이 | 이상용
책임편집 | 홍원규

출판등록 | 제2018-000063호
이메일 | eclio21@naver.com
전화 | 031-945-8046
팩스 | 031-945-8047

초판 1쇄 발행 | 2023년 11월 20일

ISBN | 979-11-88434-72-5   (03100)

- 잘못 만들어진 책은 바꾸어 드립니다.
- 이 책은 저작권법에 따라 보호받는 저작물이므로 무단전재와 무단복재를 금합니다.
- 이 책의 일부 또는 전부를 이용하려면 반드시 저자와 마인드큐브의 동의를 받아야 합니다.